本书是国家重点研发计划课题"基于藏区本土文化的高寒生态系统保护与技术推广模式研究"(课题编号：2017YFC0504805）的阶段性研究成果之一。

草地、牧民与草原文化

——一项来自青藏高原的研究

刘继杰 著

中国社会科学出版社

图书在版编目(CIP)数据

草地、牧民与草原文化：一项来自青藏高原的研究 / 刘继杰著 . —北京：中国社会科学出版社，2016.12（2020.10 重印）

ISBN 978-7-5161-9474-4

Ⅰ.①草… Ⅱ.①刘… Ⅲ.①藏族—民族文化—研究—拉萨 Ⅳ.①K281.4

中国版本图书馆 CIP 数据核字（2016）第 308871 号

出版人	赵剑英
责任编辑	许　琳
责任校对	杨　林
责任印制	李寡寡

出　版	中国社会科学出版社
社　址	北京鼓楼西大街甲 158 号
邮　编	100720
网　址	http://www.csspw.cn
发行部	010-84083685
门市部	010-84029450
经　销	新华书店及其他书店
印　刷	北京明恒达印务有限公司
装　订	廊坊市广阳区广增装订厂
版　次	2016 年 12 月第 1 版
印　次	2020 年 10 月第 2 次印刷
开　本	710×1000　1/16
印　张	19
插　页	2
字　数	308 千字
定　价	98.00 元

凡购买中国社会科学出版社图书，如有质量问题请与本社营销中心联系调换
电话：010-84083683
版权所有　侵权必究

羊八井牧民晨牧（李静 摄）

羊八井社区（刘继杰 摄）

墨竹工卡社区调研（杨哲 摄）

墨竹工卡社区调研（杨哲 摄）

序　言

李　静[*]

西藏素有"中华水塔""江河之源"和"生态调节之源"之称，有我国五大牧场之一的羌塘草原。广袤的西藏高原是地球上海拔最高（平均海拔4000米以上）的地区，这里不仅是野生动植物的天堂，更是一个具有丰厚沉积层的文化沃土。长期以来，藏族、汉族、蒙古族、土族、门巴族、珞巴族、羌族、回族等众多民族繁衍生息。在这里，以藏族为主体的游牧民族创造了西藏高原的草原文化，这种文化是生活在草原地区的人们以游牧、狩猎生产方式为主而产生的一系列与草、畜有关的游牧文化。草原文化植根于草原，草原是其根基，没有草原，草原文化无从谈起。一个健康的草原，才能担负起草原文化的保持与传承。以草原为主体的草地生态系统，是草原文化维持不败，并传承发展的载体。祖祖辈辈生活于青藏高原的藏族创造了独特的民族文化，在西藏高原形成的草原文化成为藏民族文化的重要内容之一。而民族文化在形成之后对民族心理和民族发展具有很大影响，因而，在西藏高原社区进行的草地管理的模式，也会受到民族文化和民族心理的影响。对待草地、家畜的管理中，如果能够尊重与顺应当地牧民的地方性知识、文化心理，势必能够使草地管理实践活动更加科学、更加有效，也更加顺利，取得的成果也更加理想，这也是草原文化在延续和传承现代文明过程的活力所在，需要引起重视。

我们研究西藏草原文化，挖掘西藏草原文化与藏族社会、经济活动之间的相互关系，不断调动人们在经济生活和适应环境中的主观能动性，凝聚其中的人文关怀、生态伦理、文化传统，尤其是关注人、畜、草之间的

---

[*] 兰州大学教授、博士生导师。中国人类学民族学研究会理事、中国人类学民族学研究会心理人类学专业委员会主任、兰州大学民族心理学研究中心主任。主要从事民族心理学及民族学专业的教学与研究工作。

生态链关系，对于西藏高原草地的可持续利用、对于藏族社会的有序发展具有重要意义。作为中国乃至全球重要生态区的西藏，其在全球生态系统中具有重要意义。"青藏高原夏季加热对大气环流的影响，进一步加强了欧亚大陆尺度的加热对大气环流的影响，对中亚的干旱和东亚的季风起着放大器的作用，而青藏高原荒漠化的加剧与东北亚地区频繁的沙尘暴事件，青藏高原冬季积雪面积的增加与中国东部第二年夏季梅雨时间的延长，可能存在某种联系，尽管这些联系仍然存在不确定性，然而这种不确定性所产生的灾害，可能会给社会经济的发展带来重大影响。"[1] 在世界经济一体化的今天，西藏也进入现代化发展的进程中。其传统文化也面临着冲击与挑战，包括牧区的发展以及地方性传统知识在草地利用中的作用。西藏高原是我国的生态脆弱区，经不起干扰和破坏。据科学家推测，西藏高原的草地也正面临着退化危机。草原文化也极易受到外来文化及外来经济的影响。西藏草地的管理与发展模式、牧业经济模式的逐渐转型等都影响到了草原文化的传承与发展。在此时，反思我们对待草原、牧民及家畜等的方式，挖掘游牧民族草地利用的生态智慧，对于改善处于紧张的人、畜、草的关系是具有积极意义的。

我们这项来自青藏高原的研究成果——《草地、牧民与草原文化》，将藏民族的生态文化、生态智慧纳入草地保护与合理利用的技术研发中，从"人-畜-草"的综合关系出发，以生活在西藏高原的藏族及其游牧生活为切入点，深入牧户进行细致的田野调查，挖掘牧民有关人、畜、草关系的历史记忆以及他们希望的对待草原、草场的方式。课题组成员在调研中，多次赴西藏羊八井甲多村与墨竹工卡斯布村，深入社区、逐户调研。在草原上、在牧户家，在与牧民面对面的交流中，了解与挖掘他们对草原的认知、他们对草原的情感以及他们对草原的期待。

我们从民族学、人类学及生态学等多学科研究视野出发，研究一种来自牧民底层的经验，研究地方性知识对草地利用的益处，研究草地生态安全对西藏草原文化在现代社会传承、发展过程中的影响。探寻"青藏高原社区天然草地保护与合理利用"的民族历史文化路径及文化模式，从而建立"牧民居住地周边草地—畜群—人群"生态评价体系。在此研究基础上，建构"适合藏区民族文化特点的草地管理模式"，为"青藏高原

---

[1] 刘同德：《青藏高原区域可持续发展研究》，中国经济出版社2010年版，第5页。

社区天然草地保护与合理利用技术研究与示范"提供民族文化、民族心理为主的民族文化基础，为西藏草原文化的自然、科学发展提供民族理论支持。希望该研究成果能够从文化层面上厘清藏区传统放牧系统的特点，发现传统模式与其独特文化背景的兼容性，使新的草地管理模式与其传统文化良好地契合为一体；也希望该研究成果能够为建立被藏区牧民所接受的、认可并能够积极参与到其中的草地放牧管理模式，提供有益的帮助。从民族心理上引导当地牧民认可，并积极参与到这种新的草地放牧管理模式中。新的草地管理模式能够顺利地建立并实施，很大程度上取决于当地牧民是否能够接受并积极参与其中。

本书是对西藏高原羊八井和墨竹工卡两个社区所做的研究。不同地区的藏族，由于居住地生活地自然环境、社会环境等的差异，其文化特征与社会结构不尽相同。不同地域藏族的民族心理和文化特征更是不同，因而需要在实践中加以区别对待，突出研究的地域性和民族性。我们的项目，已经在青藏高原八个社区开展了历时五年之久的历史文献及田野调查研究。进入社区、牧户所进行的逐户调查，可以深入了解不同地域、不同社区藏族的民族心理特征和民族文化特征。因而，能够为形成青藏高原各社区天然草地保护与合理利用的技术体系，提供文化和民族心理上的支持。使最终形成的技术体系，真正做到"因地制宜、规模适度、生产诚信、优势明显、环境友好、生态安全、各具特色"。

目 录

第一章 绪论 …………………………………………………………（1）
 一 研究背景及其意义 …………………………………………（2）
 二 文化与草地、生态研究 ……………………………………（10）
 三 研究的理论基础与研究方法 ………………………………（29）

第二章 作为田野点的斯布村与甲多村 …………………………（40）
 一 斯布村与甲多村 ……………………………………………（40）
 二 调查样本的选择及分析 ……………………………………（49）

第三章 西藏经济社会变迁 ………………………………………（53）
 一 经济活动的多元化 …………………………………………（53）
 二 生活方式的多维转变 ………………………………………（66）

第四章 草地利用的主要形式及存在的问题 ……………………（76）
 一 草地利用的主要形式 ………………………………………（77）
 二 传统草地利用方式的变迁 …………………………………（85）
 三 不利于草地利用的行为 ……………………………………（97）

第五章 草地利用中的民族文化体系 ……………………………（114）
 一 藏族传统文化中的生态伦理 ………………………………（114）
 二 草地利用的地方特色 ………………………………………（135）
 三 与草地利用有关的地方组织 ………………………………（144）

第六章 藏族生态认知的影响因素 ………………………………（157）
 一 自然环境的烙印 ……………………………………………（158）

二　历史记忆的影响 …………………………………………（166）
　　三　宗教信仰的作用 …………………………………………（174）
　　四　社会发展的促进 …………………………………………（182）

第七章　牧民认知对草地利用的影响 …………………………（188）
　　一　社区居民对草原生态的认知 ……………………………（189）
　　二　社区居民对草地管理的心理认知 ………………………（201）

第八章　藏族文化对缓解草地利用风险的贡献 ………………（212）
　　一　藏族草地利用过程中的主要风险 ………………………（213）
　　二　藏族文化对降低草地利用风险的贡献 …………………（227）

第九章　草地可持续利用的民族文化反思 ……………………（244）
　　一　社会系统与生态系统的互动 ……………………………（244）
　　二　文化协从机制与草地可持续利用 ………………………（252）
　　三　文化自觉与草地可持续利用 ……………………………（259）

结语 ………………………………………………………………（273）
　　一　作为资本的藏族文化 ……………………………………（273）
　　二　藏族文化对生态系统的适应 ……………………………（274）
　　三　藏族文化与草地可持续利用 ……………………………（275）
　　四　文化向生态回归的路径选择 ……………………………（276）
　　五　构建生态文明共同体与草地可持续利用 ………………（278）

参考文献 …………………………………………………………（281）

第一章

绪　论

　　人类是生物属性和社会属性的复合体，人类对生态系统的适应过程也是创造文化的过程。作为具有社会属性的人，藏族以自己独有的生产生活方式，"通过自己所创造的全部物质财富和精神财富的综合体来实现对自然环境的社会生态适应，进而发展出由原始文化、民族文化以及现代文化这三个层次组成的规模宏大的文化体系"。① 正因为经历了与自然的长期互动，现代藏族文化中才充满了对人与自然关系的思考，这种思考的结果使得藏族在用这些智慧进行生产生活的同时，也在很大程度上有效地保护着自然环境。值得注意的是，在这个财富积累、文化发展的过程当中，环境的影响力在逐渐衰退，人类能动性的作用不断增强，但这并不意味着环境完全失去了发挥影响的能力。

　　在民族文化的影响下，藏族的社会系统与生态系统通过能量、物质、信息的转化进行着相互适应。在这种动态的适应关系中，自然环境的变迁和发展使传统社会系统的许多因素被调整得更适应自然，社会系统的变化则使人们对自然的改造方式产生变化。20世纪60年代至70年代，在"以粮为纲"的背景下，西藏许多半农半牧区和牧区开垦草地、种植粮食作物，种植业的分布范围向西北牧区推进。20世纪80年代以后，社会环境发生变化，生态环境也因为人们的实践发生变化，虽然在牧区和半农半牧区的某些地方还保留少量农业。但就总体而言，西藏种植业的范围又在一定程度上重新向东南退去，这种变化就是社会因素和自然因素相互适应的结果。

　　人类的不合理活动是导致青藏高原生态环境问题的重要原因之一。生态环境的承载力正趋于极限，同时也把生活在青藏高原的人们置于生态困

---

① 周鸿：《人类生态学》，高等教育出版社2001年版，第41页。

境之中。科学技术的显著进步和社会生产力的迅猛发展，使人类社会系统和自然生态系统之间的关系产生了根本变化，人类已经从最初的敬畏自然、依赖自然转向了对自然的"改造"和"征服"。在这一背景下，部分藏族在开发自然、利用自然的同时，也不同程度地出现了忽略传统文化，忽略人与自然和谐相处的观念以及相关实践的规定，忽略了对自然的保护。同时，正在西藏等地进行的关于草地利用和生态保护的实践，亦在事实上存在不同程度的忽略藏族文化和藏族生态伦理性的问题。这些问题对于真正解决青藏高原的生态危机、促进藏族社会的可持续发展来说是不利的，因此需要我们进行深入的反思。

一 研究背景及其意义

青藏高原是我国境内以及周边国家众多大江大河的发源地，这些大江大河构成了流域范围内几十亿人口生产生活的基础条件之一，保障着这些地区的文明发展。青藏高原局部的气候变化在更大的时间和空间范围内影响着北半球乃至全球的气候变迁，这一点已经获得相关科学研究的论证："青藏高原夏季加热对大气环流的影响进一步加强了欧亚大陆尺度的加热对大气环流的影响，对中亚的干旱和东亚的季风起着放大器的作用，而青藏高原荒漠化的加剧与东北亚地区频繁的沙尘暴事件，青藏高原冬季积雪面积的增加与中国东部第二年夏季梅雨时间的延长，可能存在着某种联系，尽管这些联系仍然存在着不确定性，然而这种不确定性所产生的灾害可能会给社会经济的发展带来重大影响。"[①] 藏族对草地的利用直接作用于生态环境，高原生态环境的变化则有可能产生一系列的影响，可能的连锁反应作用于整个人类社会的生存环境。

（一）问题的提出

从人类社会的发展历程来看，20世纪以前的人类文明演进，充满了对大自然的"征服"和"改造"。与此同时，人们也不断地反思着自身的发展路径。进入21世纪以来，这种反思进一步得到加强，人们逐渐放弃传统的"病态地追求物质技术进步的纯实利主义的文明发展目标，而转

---

① 刘同德：《青藏高原区域可持续发展研究》，中国经济出版社2010年版，第5页。

向与大自然和谐相处，与人类赖以生存的环境协调发展的道路"①。随着这种转变，后工业社会的生态文明特征越发明显，无论是社会经济的发展、人类生产生活方式的变化还是社会发展，都呈现出生态化的特征。

我们的研究从民族文化的角度出发，以拉萨境内的两个藏族村落作为调查对象，挖掘当地藏族在草地利用过程中的文化背景及其作用机制，分析其中有利于保护生态环境、能够促进社会发展的积极因素。通过研究发现，发挥藏族文化的积极作用，可以达到规约人们行为的目的，降低人们在开发利用草地过程中对自然生态的负面影响，同时可以为降低人类生境所面临的生态风险提供帮助。本研究之所以将藏族草地利用过程中的民族文化作为研究对象，主要基于以下考虑：

1. 藏族社会与自然环境互动过程中的生态危机

青藏高原的生态系统为人类社会提供生态服务功能，人类则通过自身的活动反作用于高原生态。从诞生之日算起，人类就与生存空间内的生态环境密切联系在一起。一方面，人类通过自身的主观能动性从生态系统中获取食物和自然资源以维系生存和发展的需要，享受生态系统的服务功能。分布在青藏高原的藏族，以农牧业生产为主，尤其在农村地区，居民的生产生活对草地有很高的依赖性，草地为之提供生态服务功能。从总体情况来看，藏族农村社区对草地的开发和利用方式以畜牧业为主，农业所占比重较小，牧民长期依赖草地的自然再生长和动物性初级畜产品的产出，增收主要依靠牲畜数量增长，这种生产方式过度依赖草地资源，成为藏族发展道路上的制约因素之一。另一方面，人类的行动对自然生态也产生各种影响，例如在消耗资源之后，将废弃物还给生态系统的行为，或者是人类开发行为导致的生态系统结构的变化，如垦荒、放牧、采矿等行为造成地表（或地下）生态系统的改变。

由于人口压力的增加和不当的开发利用行为等原因，青藏高原的草地生态系统遭到破坏，青藏高原正面临着严重的生态危机。生态系统具有这样一个重要属性：对生态系统高强度的使用会导致其为人类社会提供服务的能力遭到破坏，此时生态系统的服务能力就会衰退。② 随着近年来人口

---

① 江帆：《生态民俗学》，黑龙江人民出版社2003年版，第1页。

② ［英］杰拉尔德·G.马尔腾：《人类生态学——可持续发展的基本概念》，顾朝林等译，商务印书馆2012年版，第125页。

数量的增长和人们生计需求的快速提高等原因，导致青藏高原脆弱的生态系统无力承担这样的压力，使天然草地严重退化，生物多样性减少，毒草杂草蔓延，生产力不断下降，并进一步导致草地的生态服务功能减弱，这不仅制约了当地经济的发展，居民生活质量的提高，而且使青藏高原的生态安全和可持续发展面临严峻的挑战。

有研究发现，从 1986 年到 2010 年的 25 年间，青藏高原的草地资源发生了程度各异的退化，其中 1986 年至 1990 年，退化的草地面积占全部草地面积的比例为 44.43%，2001 年到 2010 年，退化草地的比例增加至 49.05%。如果仅从比例来看，退化草地的比重增长幅度非常有限，但是其中重度退化的草地比例明显增加，我们从而可以得出这样一个结论，即青藏高原的草地近年来的退化程度在朝向日趋严重的方向发展。[①] 伴随青藏高原面临的生态危机而引发的另一问题，就是以高原草场为重要基础的草原社区的社会发展危机，藏族对以草原为基础的放牧生计方式尤为依赖，草场的限制使很多藏族群众的生活相对贫困，不利于生活条件的改善。

2. 藏族文化在社会变迁中面临的困境

在漫长的历史过程中，藏族发展出一套颇具特色的高原畜牧和农耕文化体系，有自己独特的生计模式、生活空间、民族文化、社会结构与民族心理。藏族传统文化当中拥有丰富的草地利用管理方面的地方性知识，传统草地利用方式与其独特文化背景具有很高的兼容性，藏族群众则在这样的前提下形成了对草地的利用和管理的认知结果和心理体验。以上这些因素在其日常生活中均以传统文化的形式发挥着自己的作用。

社会变迁在带来巨大社会效益的同时，也使藏族文化的传承和发展受到了挑战。在很大程度上，本研究所关注的藏族文化是指其传统文化，尤其是与草地利用以及生态保护相关的内容，这些都不是现代性的产物，而是在藏族历史上长期稳定发展之后传承下来的。虽然藏族文化在历史上也曾受到过各种冲击，但藏族文化传承面临的主要危机却出现在现代社会，历史上这样的问题并不严重，现代性伴随着全球化和市场经济的发展，使藏族固有民族文化的价值和传承都受到了冲击。

例如，随着草地承包政策的推广和落实，传统的共用草场进行放牧活

---

① 于惠：《青藏高原草地变化及其对气候的响应》，博士学位论文，兰州大学，2013 年。

动的模式受到影响。草场承包对藏族群众来说是一件全新的事物，这与其一直以来共用草地的形式不同，因而在实践中带来了一些负面的后果。甲多村在草场承包后，部分群众在自家的草场周围拉起了铁丝网，将自家的草场围了起来，而这之后，人们发现当地的人际关系较以往疏远了很多。当地的传统是共用草场，在这基础上加之血缘、地缘关系的影响，形成了互助合作的关系，村民普遍比较团结，对很多村民来说，疏远的关系是无法接受的，所以他们又将铁丝网拆除，回到了共用草场的阶段。又如，马在西藏牧区生产生活中的地位下降，使马的饲养数量越来越少，传统的马文化在西藏也面临传承困境，虽然这种困境仅仅是规模缩小，而非完全消失。

市场经济的发展在一定程度上使得民族成员之间及其与其他民族之间原有的复杂社会联系逐渐转向单一的"投资—回报"关系，"当极其复杂的生态问题、文化问题和本土生态知识问题被人为地抽象化为投入和盈利的简单关系时，人类社会发展的无比丰富性，其实已经完全被扭曲"。[1]在更加注重经济利益的前提下，藏族文化对人们行为和思想的规约无疑会受到影响，固然藏族文化中确实含有应当舍弃的、与当前社会发展不符的部分，但其中能够发挥积极作用的因素也同样被影响，对社会的健康发展而言，这并不完全是一件好事。

3. 藏族文化未能在草地可持续利用的实践中发挥应有作用

简单而言，民族文化就是具有共同生活的人群在长期的历史实践过程当中逐渐形成和积累起来的，受到该群体高度认同的民族经验。[2]斯图尔特将文化内核视为文化和它所处地区的自然生态环境之间经过实践后磨合而成的文化生态耦合体，当地居民的生计方式则是其内容的主要表现。[3]传统藏族文化对现代人认知青藏高原生态环境、生产生活和社会运行仍具有指导性意义，这一点构成了藏族文化的生命力。

科学知识或者说科学技术是人类在社会生产生活实践中创造出的重要成果，同属于人类世界赖以存在和发展的宝贵财富。我们的研究重点讨论

---

[1] 杨庭硕、田红：《本土生态知识引论》，民族出版社2010年版，第138页。

[2] 费孝通：《进入21世纪时的回顾和前瞻》，《费孝通九十新语》，重庆出版社2005年版，第176页。

[3] [美]朱利安·斯图尔特：《文化生态学》，潘艳、陈洪波译，《南方文物》2007年第2期。

藏族文化以及建立在此基础上的生产技能，与本研究所涉及的普同性知识在价值上具有很大的相似性，同属于科学技术的有机成分，具有辩证统一的特性，而发展水平和适用范围的差异则构成了二者之间的区别。藏族文化与当前社会所提倡的科学知识一样，均可以在藏族草地利用和管理方式改良以及青藏高原生态保护过程当中发挥自己的作用。

近年来，为了更好地利用和管理现有草地资源，改善高原生态环境，有关部门和学者提出了诸如改良天然草地和牲畜品种、改进传统耕种与放牧方式、草地畜牧产业转型等各种措施。在这个实践过程当中，出现了对现代科学技术理解的偏差，如将现代科学技术的产物，甚至是某种具体的产品认为是科学技术本身，认为建立在这种科学技术基础上的各项措施是完全正确的，具有普遍的适用性，一经执行，就能够在生态实践中取得良好的效果。与此同时，民族文化尤其是传统文化所提倡的内容则受到忽略，认为传统文化中的知识已经很难与现实相适应。西藏草场家庭承包责任制，是以建立于东部农耕地区成功执行的土地家庭联产承包责任制为基础的，以在东部种植业生产区的成功经验在西藏以及其他各大藏区推行。集体放牧、定期迁徙的模式被打破，在推行承包制的初期，集体放牧在一些地区被废止。不可否认集体放牧，共同使用草场有自身的缺点，如产权责任不明、造成使用和管理的混乱等。但之后的实践经验则反映出集体经营仍有存在的价值。

我们在西藏的调研发现，在西藏农区作物的选择上就存在科技推广与传统地方性知识之间的一个认识问题。如矮秆品种比一般的品种具有更高的籽秆比，即矮秆作物在光合作用的过程中能够将更多的能量转化为粮食而非秸秆，而且具有更高的增产优势和抗倒伏能力，减产的风险也更小。目前矮秆青稞的代表品种"柴青1号"，它是当前产量最高的青稞品种，主要种植在格尔木地区，从产量而言推广矮秆青稞成为理所当然的选择。在西藏农区曾经大力推广过矮秆作物，但效果并不理想，并非矮秆作物无法适应西藏的环境，而是藏族群众不认可这种作物。有人将这种现象的原因归结为"文化贫困"，或者认为作为"理性经济人"的农民是受制于投入和风险因素而不愿意采用新技术。事实情况却并非完全如此，西藏的农、牧业生产联系紧密，农业并不独立存在，尤其是在牧业生产比重更高的高海拔地区，粮食收割后的秸秆往往作为牲畜在冬季的饲草而储存起来，矮秆作物虽然有更高的粮食产量，但秸秆的产量降低，这对于更依赖于牧业生产的藏族来说，意味着饲草供应减少。

正因为藏族文化在现实生活中仍具有很大的协从作用，所以，科学实践中就不能有忽略藏族文化积极价值的行为。

对西藏草地利用和管理方式的改良实践，藏族群众作为参与者，主要任务是负责执行主导者做出的决策，参与度普遍不高。普通藏族村民长期生活在特定社区，从事农牧业生产，无论是对生产方式，还是当地的生态环境都有直接而深刻的认识。虽然受制于自身文化水平，很多藏族群众无法系统地将自己掌握的知识表达出来，但他们掌握的知识却是不能忽视的。另外，从科研工作者和管理人员的角度来说，事实上他们也无法确定新技术将会对环境产生怎样的后果，而且在投入实践之前，他们的社会经验中同样缺乏以可持续方式利用技术的经历和制度，这就导致科学技术未必能够解决实际问题。

从认知心理学的角度来看，藏族群众需要以原有的生产生活经验为基础对新的社会情境进行解释。为保护青藏高原生态环境而执行的新举措，在一定程度上改变了他们固有的生计模式和生活空间，这些使得他们原有认知结构的基础被打破，原有的认知图式已经不足以为其认知社会、解释社会和做出行动提供依据，但他们多习惯以原有的生产生活经验作为认知图式来认知新的社会情境，从这一点来说，仍需重视和发挥文化的协从作用。

综合考虑西藏草地利用过程当中面临的生态压力、藏族文化在其社会认知和生产实践中的价值以及在西藏生态保护工作当中存在的一些实际问题，本研究提出应该重视藏族文化的价值和藏族群众生态经验的合理性这样一个命题，并通过在位于农牧过渡地带的墨竹工卡县扎西岗乡斯布村和当雄县格达乡甲多村这两个藏族社区的调查研究对其进行检验。

（二）藏族文化在草地利用中的研究意义

无论是从青藏高原特殊的地理位置、生态地位、地缘政治发展、民族社会特征，还是从我国的总体发展战略来看，青藏高原都具有极其重要的地位。以农牧业作为主要生计方式的藏族牧民，其开发和利用草地的过程直接影响着青藏高原生态环境的发展，因此，研究藏族群众在草地利用过程中的民族文化体系，无论是对藏族农牧业自身的发展，抑或是藏族社会、地缘政治乃至全国、全球的生态环境与社会发展，都具有重要的意义。

1. 实现草地利用的合理性和科学性

藏族农牧业生产方式及其文化形态是在其漫长的历史进程中逐渐创造、积累和发展起来的，适应草原生态环境是其重要前提，是一种能够保护草原生态的经济文化类型。在社会变迁的背景下研究西藏草地利用过程中的民族文化，不仅能够促进青藏高原生态系统和社会系统之间的和谐与良性运行，对西藏多民族社会的和谐发展同样具有现实意义。

探索变迁过程中藏族文化体系的特征及其作用，有利于藏族社会的发展。在现实生活当中，人们总是依据有关现实世界的各种经验来对其进行解释并做出反应，这些经验以"现有的知识"的形式发挥参照图式的作用。在社会变迁的进程中，现实世界的变化使这些"现有知识"不足以为其解释当前的社会事实提供足够的"参照图式"，他们需要根据实际情况做出相应的调整，重新认识社会事实以储备足够的经验来应对。在这个重新积累经验的过程中，容易导致诸如传统文化断裂、社区重构以及心理承受能力的波动等影响社区正常运行和社区成员发展的社会问题，这些都需要引起我们的高度重视。因此，我们关注的重点对于正确面对和解决民族发展中存在的问题，具有一定的现实意义。

分析与草地利用有关的藏族文化特征和功能，能够使我们在分析民族的需要和发展时得出更接近民族实际需求的结论。民族文化的形成和发展受到多种因素的影响，在形成之后会保持一定的稳定性，但并非一成不变，它会随着社会具体情况和民族的发展而产生相应变化。所处的具体情境不同，民族文化特征也会存在差异，而且民族文化在形成之后，会对民族成员的社会实践产生反作用，鉴于这种重要性，我们需要在实践中谨慎地对待民族文化。因此，调查和分析与藏族草地利用有关的社会现象和民族文化特征，探讨如何更好地引导牧民适应社会现实，如何使社会运行中的各项政策措施适应相关民族的心理特征，促使草地利用和管理模式、民族文化、生态保护实践三者更好地契合，实现综合效益的最大化。

2. 发挥藏族文化在草地利用中的作用

将天然草地开垦为土地进行耕种或直接利用天然草地资源从事放牧，历来是高原群众从事的两大主要生计方式，在这种生计方式下，生活在青藏高原的各民族成员共同创造了丰富的财富。直到今天，草地利用仍然是青藏高原各个民族赖以生存的重要基础。实现青藏高原草地利用的可持续性发展,将直接关系到青藏高原各族人民的生存与发展。

根据我们所掌握的研究资料发现,以往的研究对于藏族文化的探讨主要集中在对藏族文化具体内容的挖掘和整理,例如对宗教文化、饮食文化、伦理道德和生态文化等的研究。对于藏族生态文化的研究也多从理论的角度进行,探讨传统文化和藏族社会未来发展趋势之间的关系。从研究视角来看,已有的研究成果往往比较宏观,对藏族草地利用过程中的文化研究尤其是系统的研究数量很少。我们的研究以在西藏墨竹工卡县斯布村和当雄县甲多村这两个农牧过渡地带上的藏族村落作为研究对象,通过系统的实地调查,从生态民族学的角度出发,对藏族草地利用和管理过程当中的文化因素进行研究,分析文化因素和草地开发利用过程之间的相互关系和作用机制,强调藏族文化对当前藏族社会发展、草地开发利用以及生态保护等实践活动中仍具有重要的作用,应当对其加以重视。作为藏族文化持有者的藏族群众,在当今社会的各项生态开发和保护工作当中同样具有不可忽视的作用。

民族认知与民族文化之间存在密不可分的关系,民族认知事实上构成了民族文化的一个重要组成部分,同时,它又会对民族文化的形成和发展产生深远影响,从民族文化的发展历程来看,民族认知特点的影响一直存在着。[①] 基于这一原因,本书在研究藏族草地利用过程中的民族文化基础的同时,对其中的认知特征及其作用给予了一定的关注,拓宽了研究的视角。

同时,我们的研究认为通过"现代"与"传统"的结合可以更好地实现社会发展的目的,因而在对草地进行开发利用的同时,应当通过挖掘传统中合理的、适用于现代社会的内容并赋予其合理性,重视发挥它在现实社会中的正面价值。但是,我们也不能在赋予传统合法性的同时,认为发展现代技术与传统文化是不相容的。事实上,无论是维护传统还是促进社会发展,最终目的都需要定位在促进人们生活水平和幸福感的提高以及社会的可持续发展之上,所以不应将藏族文化代表的传统性和社会发展代表的现代性简单地对立起来。

---

① 李静:《民族认知结构研究的心理学取向》,《民族研究》2004年第6期。

二　文化与草地、生态研究

生态民族学的研究是一门描述、分析人类和自然之间关系的科学。自然环境为人类的生存以及人类文化的发展和衍续提供了基本的环境和物质保障。因此，本研究所要分析的藏族草地利用中的地方性知识，其存在和发展的过程同样依赖于特有的自然环境的制约。当然，并不是说环境决定了文化形式的外观及其进化，否则将陷入"环境决定论"的境地。简单而言，可以将环境对文化的这种作用表述为：虽然环境在文化的发展过程中起到了非常重要的作用，但它仍旧只是一种非决定性或者说非创造性的条件。

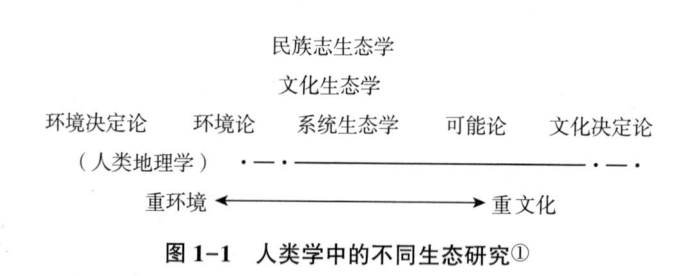

```
                    民族志生态学
                    文化生态学
  环境决定论    环境论   系统生态学    可能论    文化决定论
  （人类地理学）  ·———·———·———·———·
              重环境 ←—————————————→ 重文化
```

图 1-1　人类学中的不同生态研究[①]

宋蜀华先生在总结生态民族学[②]的主要研究内容时这样说道："人类对环境的生理与形态的适应，人口与生态环境之间的关系，营养结构与人类体质状况，资源的合理开发与充分利用，以及从不同人类群体的谋生手段出发，探讨自然资源开发与生态系统循环的关系，生态和文化的相互渗透和影响，解释生态系统的运行规律和寻求保护生态平衡的正确方法等等。"[③] 从宋先生的总结中我们不难看出，对文化系统的研究构成了生态民族学研究的重要组成部分。

---

① 谢继昌：《文化生态学——文化人类学中的生态研究》，李亦园《文化人类学选读》，食货出版社1980年版，第64页。

② "生态人类学""文化生态学""民族生态学""生态民族学"等均指向生态环境与人类文化特质、人类生物特质之间关系的研究，为行文方便，本书将其统一称为"生态民族学"。

③ 宋蜀华：《中国民族学理论探索与实践》，中央民族大学出版社1999年版，第72页。

（一）对文化与生态关系的讨论

对人类社会与自然生态系统之间关系的探讨由来已久，并且涉及许多学科，本书的研究主要集中在生态民族学的研究领域，这一领域集中了更多的对二者关系的讨论。

1. 国外研究现状

根据研究的需要，本书对国外关于人类与生态关系研究成果的梳理主要集中在生态民族学与环境史两个视角。

（1）生态民族学的研究

早期人类学研究虽然缺少系统研究人与自然关系的成果，但在许多早期人类学家的研究当中，均已涉及其中的某些方面。英国人类学家埃文斯·普理查德（Evans Pritchard）对努尔人生活方式和政治制度的研究，其主要内容是以尼罗河畔的一个部落作为研究对象，阐述这一部落如何构成有序的社群，属于对社会制度的研究。但普理查德在该书中所认为的，自然环境因素和生活方式在努尔人社会制度的构建当中发挥着重要作用，这一点事实上可以归入生态环境与文化之间关系的研究。普理查德所讨论的努尔人，其赖以生存的牛群所必需的饲草需要满足一定的自然条件才能够生长，因此雨季的努尔人村落会分散在一定的区域之内，而在雨季结束旱季来临之后，人们都集中到河流附近，他们的这种非中央集权的社会体制与这种聚落的分散、聚合方式密切联系。努尔人生存的环境系统"直接制约着努尔人的生活，并影响着他们的社会结构"[1]，面对这种生存环境，努尔人形成了自己特有的生产生活方式，积累起一套系统的文化体系。

马塞尔·莫斯（Marcel Mauss）针对因纽特人的研究也有类似发现：因纽特人的社会生活会因为季节转换分为夏季的分散期和冬季的集中期，他们的宗教形式和伦理道德的主要内容在不同时期也会有所差异[2]。雷蒙德·弗斯（Raymond Firth）同样认为自然环境对人类文化的形成和发展起了重要的作用，人类在不同的文化环境中创造了适合自己的文化类

---

[1] ［英］埃文斯·普理查德：《努尔人——对尼罗河畔一个人群生活方式和政治制度的描述》，褚建芳等译，华夏出版社2002年版，第70页。

[2] ［法］马塞尔·莫斯：《社会学与人类学》，佘碧平译，上海译文出版社2003年版。

型①。藏族文化的形成与上述研究成果中的例证类似，藏族的游牧生计需要根据气候和草场的变化进行迁徙，人们在这个基础上形成以血缘和地缘关系为主的社会组织。此外，藏民族同样是在与自然的长期互动过程中，根据自然环境的变化决定具体的生计方式，并且形成相应的社会结构与文化体系，藏族文化中的生计方式、宗教信仰、社会组织、伦理思想等都与藏族所处的自然环境相适应。

20世纪50年代以后，由于人类在发展过程中对自然环境的破坏，导致污染加剧、生态失衡等现象，人类生态环境面临的问题日益突出，同时也伴随着人类学学科自身的困境，传统人类学研究中的文化价值与模式以及结构主义解释自身固有的缺陷受到普遍质疑，引起人们的反思。在这样的背景下，人类学普遍开始涉足生态系统与人类社会及其文化之间关系的研究。生态民族学的研究对人类与环境之间的关系给予了持续的关注，自然环境与人类的生物属性、主观活动、人类社会的文化特质等诸要素之间的关系成为研究重点。

早期生态民族学研究当中，"环境决定论"的思想在整个学科当中占据了举足轻重的地位，这种观点认为"文化形式的外观及进化，主要是由环境的影响所造成的"②。环境决定论的观点过于强调环境的作用，而忽视了人类的主观意识。博厄斯（Franz Boas）等人的历史特殊论学派产生之后，提出"环境可能论"的观点，认为环境与文化之间的关系是间接性的，环境只对文化发挥限制或选择的消极作用，文化才是文化的直接原因，认为环境对文化的影响局限于引起原有文化形式当中的某些修改，文化因素则决定着刺激所朝向的方向。③ 这种观点虽然与我们观察到的实际情况并无明显矛盾，但它在作为解释框架分析现实的时候，大部分的现实都是无力解释的。④

学术界普遍将美国人类学家斯图尔德（Julian Steward）视为文化生态学学科的创始人，其《文化变迁的理论》（1955年）一书的出版，为文

---

① [英]雷蒙德·弗斯：《人文类型》，费孝通译，商务印书馆1991年版。
② 芮逸夫主编：《云五社会科学大辞典·人类学》，商务印书馆1972年版，第294页。
③ 同上，第295页。
④ [英]凯·米尔顿：《多种生态学：人类学，文化与环境》，仕琦译，《国际社会科学杂志》（中文版）1998年第4期。

化生态学建立起系统的理论和方法。① 斯图尔德通过对美国印第安人的研究，认为物理环境、开发者使用的工具、人类社会的政治结构等特质所代表的生态环境与文化的关系是不可分割的，它们之间互为因果、相互影响。他认为：

> 文化生态学与人文生态学及社会生态学不同之处在于它所追求的是存在于不同的区域之间的特殊文化特质与模式之解释，而非可应用于所有文化—环境之状况的通则。……文化生态学所呈现的不只是问题，而且也是方法。其问题是人类社会对其环境的调适究竟是需要一套特殊的行为模式，或者在某种范围之内好几套模式都可以适用。如此陈述，这项问题也使得文化生态学有别于"环境决定论"以及与之相关的"经济决定论"，如众所周知，文化生态学只把环境决定论和经济决定论看做问题而已。②

斯图尔德的部分观点为我们研究藏族草地利用过程当中的文化因素提供了理论借鉴。本研究认为藏族文化对藏族的人口发展、生计方式、经济发展、文化等同样存在互为因果、相互影响的关系，这种关系通过二者互动过程中的回馈得以表现。

随着生态民族学的发展，本学科关注的重点逐渐由注重环境研究转向注重文化发展，多线进化论的思想日益取代单线进化论，综合研究的取向逐渐代替生计方式为主的研究方向。伴随战后世界人类学研究的转向，生态民族学的研究也将关注的重点转向超地方性的历史、政治、经济等对地方社会文化的影响。吉尔兹（Clifford Geertz）于 1963 年出版的《农业过密化：印度尼西亚的生态变迁过程》，通过研究爪哇大规模甘蔗种植和蔗糖加工，以及为了支持进行开发而实施的税制和土地使用权的政策，系统分析了政治、历史因素在生态研究中的作用。③ 吉尔兹明确地提出在生态人类学的研究当中使用生态系统方法，在生物圈中的某一范围内或多个范

---

① 庄孔韶主编：《人类学通论》，山西教育出版社 2004 年版，第 135 页。

② ［美］J. H. 斯图尔德：《文化变迁的理论》，张恭启译，远流出版事业股份有限公司 1989 年版，第 44—45 页。

③ Clifford Geertz, *Agricultural Involution: The processes of Ecological Change in Indonesia*, Berkeley & Los Angeles, California: University of California Press, 1963.

围间，研究所有生命的与非生命的物质通过物质交换而展开的结合情况，进而对人类、生态系统与社会文化诸要素之间的关系进行研究，这种观点又称为"系统生态学"。① 舍姆克和伍德（Marianne Schmink & Charles H. Wood）的研究则是运用历史资料和地方志研究工农业发展、政府政策、国际援助和发展机构、多国合作和对话组织对生态变化的影响的典范之一。② 上述这种生态系统论的研究把生态民族学的研究纳入自然科学的研究领域当中，在重视人类活动的物质后果的同时，轻视人们对文化的理解，认为有些时候这种人们对周围世界文化的理解甚至是微不足道的。这种观点在其研究当中具有一定的科学性，但这种轻视民族文化作用的结论，对于中国这样一个具有悠久历史的多民族国家来说，却是不足取的。各民族的传统文化中对生态环境有深刻的理解，这些理解对各民族利用自然发展社会具有重要的作用。本项目研究的藏族，他们对草地利用和开发有深刻的理解并积累起丰富的文化，这些文化要素对理解当前藏族开发利用草地时的行为观念和保护当地生态环境的实践来说都是有意义的。

进入 20 世纪 90 年代以后，生态民族学的发展转向对极端的文化相对论的反思，认为它所提倡的跨文化比较不足取的观点并不适合人类学的研究立场，因为它否认了人性的共同根基。在后现代思潮的影响下，生态人类学在研究自然环境、人类与社会文化三者之间关系的时候更加深入，研究视角也更为多样。英国学者凯·米尔顿（Kay Milton）在其《多种生态学：人类学，文化与环境》一文当中，系统地分析了人类学学科中对人与自然环境二者间关系研究的发展历程，并讨论了该研究与当时全球公众对环境问题热议之间的关系。在米尔顿看来，生态人类学已经失去了自身的特性，"正如斯图亚德的'文化核心'的消融一样，一旦文化的各方面相互联系为人们所充分认识，生态人类学也就消融到整个人类学中去了"。③ 同时，米尔顿也强调文化多样性的作用，它使得生态民族学本身也产生了多种多样的特征，"每一种生态学体现了一种独特的理解世界的方式"。④

---

① 引自陈心林《生态人类学及其在中国的发展》，《青海民族研究》2005 年第 1 期。
② 庄孔韶主编：《人类学通论》，山西教育出版社 2004 年版，第 143 页。
③ ［英］凯·米尔顿：《多种生态学：人类学，文化与环境》，仕琦译，《国际社会科学杂志》（中文版）1998 年第 4 期。
④ 同上。

（2）环境史的研究视角

环境史的研究兴起于20世纪后半期的西方学术界，最初产生于美国，经过大约半个世纪的发展，逐渐形成以环境主义为指导的对人类历史上人与社会、自然三者互动关系的研究。对于历史上自然生态系统的发展历程、社会经济领域和环境之间的相互作用问题、国家或社会的环境政治或政策以及历史上的人们的环境意识等内容都是其研究的主要方面。[1]

美国学者唐纳德·休斯（J. Donald Hughes）认为环境史的任务是研究从古到今的历史过程中人与自然群落之间的关系，并对这一变化过程中的影响因素进行解释。在环境史的研究中，生态分析成为理解人类历史的一种方式。[2] 在《什么是环境史》一书当中，休斯对何为环境史作了进一步的说明，他认为，环境史作为历史学科的一个新兴组成，以人类历史过程中人与自然界的其他部分之间的联系作为研究对象，研究二者之间的相互影响，它将生态分析的方法引入历史研究当中，分析人与自然之间相互影响的"生态过程"。环境史的研究为我们重新认识人类历史的发展过程提供了新的视角，即人与自然关系的视角，因此它也为我们更好地理解人及其历史的影响，寻求当今环境问题的解决途径提供了基本视角。[3]

英国布里斯托大学历史系的威廉·贝纳特和彼得·科茨（William Beinart & Peter Coates）二人合著的《环境与历史：美国和南非驯化自然的比较》一书，从实证角度出发，以19世纪中期到20世纪中期的美国和南非为重点，将比较研究运用于环境史的考察当中，从一个广阔的视角描述了荒野被驯化的过程，分析了经济文化变迁和生态系统之间的相互作用与关系。[4]

西方学术界对环境史的研究虽然更多的是属于历史学范畴，但其中的很多研究同样囊括了丰富的对人与自然环境的关系、民族文化体系变迁的讨论。在研究现代生态民族学的相关问题时加入对环境史资料的应用，有利于通过借助历史的经验，在动态的历史过程当中更好地理解人与自然。

---

[1] 梅雪芹：《环境史学与环境问题》，人民出版社2004年版，第10—11页。

[2] J. Donald Hughes, *An Environmental History of the World: Humankind's Changing in the Community of Life*, London & New York: Routledge Press, Taylor & Francis Group, 2001, p. 4.

[3] 详见［美］J. 唐纳德·休斯《什么是环境史》，梅雪芹译，北京大学出版社2008年版。

[4] William Beinart, Peter Coates, *Environment and History: The Taming of Nature in the USA and South Africa*, London & New York: Routledge Press, Taylor & Francis Group, 1995.

因此，本书的研究当中，借助了环境史研究的方法，在梳理藏族相关历史文献的基础上，分析了诸如藏族农牧业生产体系形成与生态环境之间的关系等问题。

2. 中国学者的研究现状

费孝通先生的《江村经济》和林耀华先生的《金翼》这两部本土人类学研究的奠基之作，均以描述特定社区的生态环境作为研究的背景，在其后对本土社会的研究当中也涉及了民族文化与生态之间的关系。例如费孝通先生在论述江村节日的时候，这样写道：

> 很明显，各个节日总是出现在生产活动间歇之际。阳历2月份，农闲时节，庆祝"新年"15天，人们欢欢喜喜地过年，并尽亲戚之谊，前去拜年。婚礼也往往在这时候举行，人们认为这是结婚的好时光。在蚕丝业繁忙阶段之前不久的是清明，进行祭祖和扫墓。蚕第三次蜕皮时，就到了立夏，有一次欢庆的盛宴。在缫丝工作之后，插秧之前，有端阳节。阴历八月满月的日子是中秋。此时正值稻子孕穗，也是在农活第一次较长间歇期的中间。在此间歇的末尾是重阳节。农活完毕之后就是冬至了。每逢这些节日都有一定的庆祝活动，通常是同祭祖和祭灶联系在一起。①

对于这些节日的确立，"农闲"可谓是其直接的原因，在"农闲"的背后，则是受自然气候、水土条件、植物生长等自然条件支配的客观规律，这些节日均是建立在对自然气候的适应基础上，经过长期积累以后逐渐形成的。与之类似，藏族的节日文化与其生产生活也是相适应的，也会受到自然环境的影响，如藏族传统节日望果节，它是藏族预祝丰收的节日，通常在收割前几日举行，由于地理环境导致的各地农作物成熟时间不同，不同地区的望果节举行时间有异，即使是同一村落，不同年份的作物成熟时间也会不一样，这一节日是与自然环境紧密联系的。

（1）关于学科理论的讨论

从20世纪80年代后期，国外的生态民族学理论传入中国，并影响我国学者的相关研究。在翻译国外论著，介绍相关理论的同时，中国学者也

---

① 费孝通：《江村经济——中国农民的生活》，商务印书馆2001年版，第119页。

开始着手撰写生态民族学专论,系统讨论生态民族学的理论渊源、学科定位以及方法论等有关生态民族学学科建设的重大问题。

宋蜀华先生在《人类学研究与中国民族生态环境和传统文化的关系》一文中,对生态民族学进行了系统介绍,他认为,生态民族学属于应用人类学的一个分支学科,是从生态学角度研究民族共同体及其文化与其所处自然生态环境之间关系的学科,它的研究领域包括民族的生计方式、生活方式、宗教信仰、风俗习惯、人们的行为以及道德标准等物质文化和精神文化因素与生态环境的关系。[1] 庄孔韶先生在《人类学通论》中辟有专门的章节系统介绍了西方民族学的产生和发展过程,梳理其理论发展的脉络和研究方法。[2]

尹绍亭认为生态民族学是在"文化生态学基础上发展起来的。生态人类学以人类的适应——主要是文化适应,也包括生理适应为研究对象,借鉴应用生态系统的概念,在系统的结构和运动中考察各种文化、环境要素之间的相互关系和功能,以发掘和整理作为人类适应的知识和行为体系,从而最大限度地进行生态学角度的文化及其深化的阐释"。[3]

罗康隆在梳理学科发展历程之后,强调生态民族学的研究必须坚持文化中心主义的观点,以文化的视角进行分析,必须聚焦于文化和生态环境之间的相互关系。同时,他还强调资源的重要性,认为资源是环境的关键因素,自然资源自身的多样性要求人类需要以多样的生计方式与之匹配,人类生计方式多样性的一个必然结果就是带来人类在利用自然资源时的多元性。[4] 张曦把生态民族学的研究指向解读为生态意义的探析,认为"从哲学的思考、生物学的研究,到有机结合起来形成生态人类学的综合研究,关于人与自然相互关系的认识不断深入、全面,生态人类学的意义也有向生态意义回归,向形成新的观念体系以规范人类过于趋利的行为的方

---

[1] 宋蜀华:《人类学研究与中国民族生态环境和传统文化的关系》,《中央民族大学学报》1996年第4期。
[2] 庄孔韶主编:《人类学通论》,山西教育出版社2004年版,第126—150页。
[3] 尹绍亭:《人类学生态研究中历史与现状》,中央民族大学民族学与社会学学院、中国民族研究中心编《中国民族学纵横》,民族出版社2003年版,第116—135页。
[4] 罗康隆:《生态人类学述略》,《吉首大学学报》(社会科学版)2004年第3期。

向发展"。①

人类社会的文化具有能动的创新能力,在这种文化的节制之下,物质与能量的运行是内聚式的,并且是有序的、有节制的,凭借这种内聚式的运行,逐渐发育出层次有别、功能各异的物质和能量聚合单元,这就是生态民族学中的"文化制衡"的观点,通过这种文化制衡,最终形成文化与生态、文化与社会之间的耦合,从而达到维持不同民族社会发展的稳态延续,并使相关民族获得不断壮大的潜力,并与其他民族保持非对称式的运行关系。②

陆永刚认为生态民族学的研究对象应该是建立在全人类与民族文化的差异基础上的,对人类生态行为及其后果的差异的总结,"生态安全"维护则是生态民族学长远的研究对象,同时,揭示生态灾变的形成机制,以便从中发现既能够更有效地利用自然资源,又可以确保整个人类社会生态安全的对策。③

无论是对国外理论的推介还是对建构自身理论的探索,上述研究虽然还存在不同的理论观念,或是某些理论自身存在需要进一步发展的地方,但这都为我国生态民族学学科的发展和研究提供了理论上的支持和借鉴,为今后进行更加深入的研究创造了前提。

另外,对生态民族学的研究,不能仅仅将研究的焦点集中在各民族生态文化之上。正如陆永刚所提出的生态民族学的四大使命:"澄清有关生态问题理解上的各种混误""总结各民族的生态智慧与技能""探讨现代科学技术的生态利用得失""寻求传统生态技术与现代科学技术有效兼容的途径"④。要完成这些任务,如果将研究视野集中在生态文化上,确实可以提供一个更加纯粹的研究范畴,能够获得更深入的结论,但这种研究结果在民族文化整体当中的适应性以及民族成员对研究成果是否接受的问题却是需要商榷的。因此,在关注民族生态文化的同时,对民族整体的文化背景以及民族心理特征同样需要给予关注,这样不仅能够使研究成果与

---

① 张曦:《生态人类学思想述评》,《云南民族大学学报》(哲学社会科学版) 2010 年第 2 期。

② 杨庭硕等:《生态人类学导论》,民族出版社 2007 年版,第 48 页。

③ 陆永刚:《生态人类学的研究对象与任务》,《贵州民族学院学报》(哲学社会科学版) 2006 年第 6 期。

④ 同上。

民族文化更好地契合，也可以使结论更容易为民族成员所接受，研究成果也能够更具有实际意义。

(2) 关于地方性知识的研究

由于自身的人类学属性，生态民族学的应用也自然而然地打上了人类学的烙印，其主要的表现就是接纳和应用了"地方性知识"的概念，正是地方性知识的应用，使得生态民族学的研究具备了相应的理论支撑和实践路径。"基于文化适应的观点，可以认定一个民族的地方性知识都必定隐含着有效利用和维护所处自然与生态系统的生态智慧和生存技能。这些智慧与技能缺失和利用是当地生态环境恶化和恢复的关键。"[1]

罗康隆、杨庭硕等人将"地方性知识"作为其核心概念，并且一直注重应用型的研究取向，取得了丰硕的成果。罗康隆认为地方性知识中的地方性生态知识是维护生态安全的最有效的方式，因为，对特定的民族文化而言，地方性生态知识是伴随着民族发展的历程，经过不断地调适和积累而逐渐完善起来的生态智慧和技能，它以体系化的表现形式包括在特定族群的文化系统当中，对生态环境加以高效地利用和细心地维护则是其中的本质。"生态资源靠文化去定义，生态资源的配置和利用靠文化去实现，而达致区域的生态安全。……如果忽视或者在无意中丢失任何一种本土生态知识，都意味着损失了生态维护中不可替代的生态知识与技能。"[2] 自然生态环境的多样性有效地维护着地方性知识的多样性，从而导致人们利用资源方式的多样化，有利于缓解人类社会对地球资源的压力，提高人类社会可持续发展的能力。人类文化的多样性与生态安全之间存在千丝万缕的联系，文化的辐合趋同会对生态安全产生负面影响，因此，维护地方性知识的多样性，实现文化的多元并存将是一项影响人类社会前途和命运的重要问题。[3] 在文化与生态的耦合当中，探寻各民族的生态知识与生态智慧，可以为当代的生态灾变与生态维护提供理论支持与实践方案[4]。

---

[1] 吕永锋:《地方性知识：作为应用的中国生态人类学实践和反思》,《原生态民族文化学刊》2011年第2期。

[2] 罗康隆:《地方性生态知识对区域生态资源维护与利用的价值》,《中南民族大学学报》(人文社会科学版) 2010年第3期。

[3] 罗康隆:《论文化多样性与生态维护》,《吉首大学学报》(社会科学版) 2007年第2期。

[4] 罗康隆:《生态人类学的"文化"视野》,《中央民族大学学报》(哲学社会科学版) 2008年第4期。

杨庭硕将本土生态知识视为生态民族学中的特有概念，是指"特定民族或特定区域社群对所处自然与生态系统做出文化适应的知识汇总，是相关民族或社群在世代的经验积累中健全起来的知识体系"。① 不同社会群体地方性知识的产生和发展，都与其所处的特定的自然生态环境存在种种直接或间接的关系，地方性知识在形成之后，会引导和形塑民族成员的心理特征和行为表现，地方性生态知识的存在同样如此，尤其是在生态领域，引导本民族成员对生态环境的认识与生态行为，促使民族成员对生态环境做出正确的认知，合理地利用自然界的各种资源，从而达到维护生态安全、促进可持续发展的目的。

作为研究民族社会及其文化与生态之间关系的生态民族学，除了为我们提供民族社会的与特定环境之间的生态知识之外，"还可以从当地人的价值观、信仰体系、亲属结构、政治意识形态以及仪式传统等比较宽广的层面上寻找有利于环境保护、社会可持续发展的生活方式"。② 正因为地方性生态知识是除了经济与科学技术等方面之外，支撑人类社会与环境可持续发展的重要内容，搜集并分析不同民族传统文化中的生态知识，将"有助于为国家政府决策部门制定与实施有关生态环境与经济可持续发展的政策提供理论依据"。③

"就层次结构而言，各民族的本土生态知识与普同性生态知识别无二致，仅由于世人过于关注普同性知识，对各民族本土生态知识缺乏必要的关注，而误认为本土生态知识是一种无明确结构的堆积，这种理解是一种习惯性的偏见。如果对各民族本土生态知识也进行类似探讨，就会发现，各民族本土生态知识与普同性知识一样，也有极其健全而完整的内在结构，在逻辑上能自圆其说，并且在社会生活实践中同样有效。"④

虽然地方性知识在区域生态环境建设领域当中的作用是不可替代的，但是我们不能盲目地使用地方性知识，而是应该在分析具体情境之后，严格把握地方性知识的适用范围；同时，也要承认自然科学技术在特定范畴的有效性和适用性，有针对性地将地方性知识与科学文化结合起来，以达

---

① 杨庭硕、田红：《本土生态知识引论》，民族出版社2010年版，第3页。
② 袁同凯：《地方性知识中的生态关怀——生态人类学的视角》，《思想战线》2008年第1期。
③ 同上。
④ 杨庭硕、田红：《本土生态知识引论》，民族出版社2010年版，第4—5页。

到有效应对生态问题的目的。这样一来，我们就可以在最大限度内避免对地方性知识以及科学文化知识的误用，在最短的时间内，以最小的投入获得最大的效益，"如果能全面地发掘和利用各民族地方性知识，人类就能扭转当前生态环境恶化的趋势，确保自身可持续发展"。①

(3) 实证研究

兴起于西方学术界的环境史研究在传入我国之后，主要集中在史学界的研究当中，进入21世纪之后，生态民族学学者也对其表现出浓厚的兴趣。但生态民族学领域的环境史研究与历史学有明显的不同，其中最主要的一点莫过于生态民族学从田野调查入手，而历史学主要依靠文献资料分析的方法。"通过田野调查从生态环境的角度去认识人类文化的变迁，或从文化的视角去解读生态环境的变化，这便是人类学生态环境史研究的途径。"②

在进行理论构建的同时，生态民族学领域的研究者们依靠长期的田野调查，通过实证研究使生态民族学的研究更具系统性和中国特色。尹绍亭、崔延虎、杨圣敏、麻国庆、杨庭硕、罗康隆等人均在这个范畴内进行过研究。如尹绍亭在《一个充满争议的文化生态体系——云南刀耕火种研究》《森林孕育的农耕文化——云南刀耕火种志》《人与森林——生态人类学视野中的刀耕火种》等论著当中对云南少数民族的刀耕火种文化进行了系统的研究，通过研究，他认为刀耕火种是云南山地民族适应当地特殊生态环境的产物，并且发展出了一套以适应性的生产技术体系为代表的地方性知识体系，"山地民族长期的生产实践使刀耕火种农业生态系统达到了社会结构、技术结构以及生境结构之间的协调与统一，其功能满足着特定历史条件下山地民族生存的需要"。③ 在具有丰富资源的山地自然环境中，曾经给山地民族提供了刀耕火种的广阔舞台，但是在森林被划为国家保护区之后，大片的坡地沦为"不毛之地"之后，刀耕火种失去了存在的基本条件，从而表现出延续时间短、消亡时间快的特征。

1984年，中国《自然保护大纲》将"生态脆弱地区"定义为"担负

---

① 罗康隆、黄贻修：《发展与代价》，民族出版社2006年版，第142页。

② 陆萍问，尹绍亭答：《阅尽山林求学问：人类学学者访谈录之四十五》，《广西民族大学学报》（哲学社会科学版）2007年第3期。

③ 尹绍亭：《试论当代的刀耕火种——兼论人与自然的关系》，《文化生态与物质文化》，云南大学出版社2007年版，第57—71页。

独特作用的、面积小或相对于其他区域而言并非经常脆弱的特殊的生态系统"①。在研究"脆弱生态系统"的过程中，讨论其自然属性的同时，也应该重视其所处的特定的文化因素，因为"对某一民族文化而言似乎很脆弱的生态系统，对另一种文化而言也许并不那么脆弱。脆弱与不脆弱关键在于人类凭借什么样的文化，用什么样的方式去利用它，或者如何对它构成冲击"②，特定生态系统的脆弱与否，与民族文化密切相关。地方性生态知识是当地人经过长期的历史发展之后，经过历代民族成员的集体选择之后逐渐积淀下来的当地知识，表征为特定地区人们的日常生活中的具备合理性的常识，因此，在维护自然生态系统延续的过程当中，需要将其特殊性与相应的文化系统相对应，使生态系统达到稳态延续的目标。

人类与自然环境的关系一直是其无法忽视的一大课题，民族学工作者始终在尝试阐释人类及其文化与自然环境之间的相互关系，并且产生了文化生态学、生态人类学、民族生态学、人类生态系统等诸多理论流派，人类学领域的生态环境史研究，正是利用这些理论研究人类与自然环境的互动过程。③ 正因为环境史研究在内容和方法上与生态民族学研究当中隐含着某种相似性与亲和性，二者共同致力于探索人类与环境之间的相互关系的同时，又不失各自学科特定的研究视角、目的与方法，在学科认知上构成互补，因而，关注环境史研究有助于我们拓宽生态民族学的研究视野与方法。

（二）与藏族草地利用相关的研究

分析和解决青藏高原生态问题，不能排除全球气候变化等宏观因素的影响，但也不能仅仅局限于经济发展和现代性模式等途径，亦应当纠正现实中存在的不足，例如在发展过程中忽视本土人群的主体性地位、基于特殊的自然生态而形成的文化体系被忽略以及在环境保护和生态治理过程中对民族文化不够重视等。

---

① 引自罗康隆《生态民族学在中国》，石群勇《文化自觉与文化生态保护》，民族出版社2011年版，第21页。

② 杨庭硕、吕永锋：《人类的根基——生态人类学视野中的水土资源》，云南大学出版社2004年版，第380页。

③ 尹绍亭、赵文娟：《人类学生态环境史研究的理论和方法》，《广西民族大学学报》（哲学社会科学版）2007年第3期。

1. 对藏族生态观念的研究

从传统文化角度对藏族生态观念的研究一直是藏族文化研究的一大重点领域，研究成果也非常丰富。生态伦理（或生态观）是指"人们对自己与所处的自然、生态系统之间关联性的判断和态度。这样的判断和态度，在不同民族间会显得很不一样，但对同一民族而言，却不仅能够得到所有成员的认同，而且直接规约着该民族的经验积累和认知成果分类，并成为解释各种生态现象的逻辑推理依据。……需要注意的是，各民族本土生态知识中的生态观不仅是历史的产物，而且还会延伸影响到当代相关民族的思想与意识，并一直规约着相关民族技术技能的积累，指导着该民族成员的生态行为"。① 简单而言，藏族传统生态伦理主要包括苯教和藏传佛教中的生态意识，如藏传佛教中的众生平等、放生护生的思想等；藏族民间文化习俗中的生态道德意识，如藏族传统文化中的生态法则、生活禁忌等，这些内容有利于保护环境以及促进人与自然的和谐相处。②

南文渊在《高原藏族生态文化》③《藏族生态伦理》④ 等论著当中详细梳理了藏族生态伦理的起源及其发展，并结合藏族群众的生产生活，介绍了蕴含在藏族宗教信仰、生计方式、禁忌习俗等诸多方面中的生态伦理，进一步解释了这些生态伦理在藏族日常生活和生态环境保护当中的重要性，认为人与自然、人与社会的和谐构成了藏族生态文化的两大主题。当代生态伦理学与藏族传统的生态伦理都主张尊重自然，实现人与自然的和谐，虽然当代生态伦理学是工业文明的产物，而藏族生态伦理则是经过历史演进形成的一种方式，尊重和挖掘藏族传统文化中的生态伦理价值，发挥其作用，不仅可以保护青藏高原生态环境，也可以为生态文明建设服务。⑤

藏族传统生态思想为保护青藏高原脆弱生态环境起到了重要的作用，

---

① 杨庭硕、田红：《本土生态知识引论》，民族出版社2010年版，第5页。
② 贾秀兰：《藏族生态伦理道德思想研究》，《西南民族大学学报》（人文社会科学版）2008年第4期。
③ 南文渊：《高原藏族生态文化》，甘肃民族出版社2002年版。
④ 南文渊：《藏族生态伦理》，民族出版社2007年版。
⑤ 南文渊：《从现代生态伦理学的发展看藏族传统生态伦理在现代社会中的作用》，《青海民族学院学报》（社会科学版）2004年第4期。

但现代社会的迅速发展使之面临经济发展和文化多元性的巨大冲击，藏族文化的重要性则要求我们必须思考如何保护藏族原有的自然生态和文化生态，将人类社会发展和生态保护的需要真正结合起来，使藏族的生态伦理从单纯、消极保护转移到合理地开发利用、建立动态平衡的生物系统，使人与自然重新回到现实的统一。

藏族生态伦理的发展先后经历了若干不同的阶段，分别是原始生态伦理、苯教生态伦理、藏传佛教生态伦理以及现代生态伦理阶段。由于藏传佛教在藏族历史上的重要性，促使藏传佛教生态伦理成为其传统社会中生态伦理的主流，而且在当今藏族多元化的生态伦理体系中，仍发挥着不可替代的作用。藏传佛教生态伦理的核心是建立在"因缘论""六道轮回"说、"因果报应论"以及其他藏传佛教哲学基础上的彻底的生命平等观念。藏族群众在藏传佛教生态伦理的作用下，通过自身实践将内化的影响转变为外在的实践，以实际行动保护藏区的自然生态环境，不仅为当代藏族的生活和发展做出了重大的贡献，而且长江、黄河中下游地区的经济和社会发展都享受了这种福利。[①]

2. 宗教角度的研究

宗教信仰在经过特定仪轨和活动之后，逐渐深入信仰者的世俗生活当中，并在一定程度上规约着信仰民众的社会行为，同时影响着人们对客观事物的认知。王彩霞等人在深入调查之后，认为甘南地区的宗教信仰影响着人们对草地功能的认知，佛教、伊斯兰教、基督教、道教和无宗教信仰者等不同宗教信仰者对草地重要性、生产功能和生态功能一致性以及人与草地之间关系等方面的认知存在明显差异，但所有宗教信仰者均认为人为因素是草地退化的主要因素。之所以如此，是因为人们认知草地功能时会自觉或不自觉地运用宗教观念来约束自己的潜意识，认为要改变当前牧区日益严峻的草地退化现状，就需要吸取宗教中丰富的生态智慧，发挥宗教界在草地管理中的独特作用。[②] 与现实中宗教信仰的作用相似，历史上的藏传佛教以及相应的寺院制度的存在和运作，也在一定的情境下影响着藏族地区的生态环境，它在客观上起到了促使藏区人口发展和由此产生的物

---

① 刘俊哲：《藏传佛教生态伦理试析——兼论藏传佛教生态伦理与儒、道及西方生态伦理之同异》，《西南民族大学学报》（人文社会科学版）2007年第2期。

② 王彩霞、郭雅婧、郭正刚：《宗教信仰对人们认知甘南草地功能及管理方式的影响》，《草业科学》2011年第6期。

质生活资料需求的增长与当地生存环境之间趋于平衡的作用。①

关于藏族地方性知识中宗教信仰与藏区生态环境之间关系的研究还可参阅何峰主编《藏族生态文化》②，刘俊哲《四川藏族价值观研究》③，尕藏加《藏传佛教与青藏高原》④，南文渊《高原藏族生态文化》⑤《古代藏族关于自然崇拜的观念及其功能》⑥《藏族神山崇拜观念浅述》⑦ 等论文和专著中的论述。限于篇幅，此处不再一一介绍。

3. 农牧业生产方式的研究

对藏族这样的以畜牧业为主要生计方式的民族来说，草原牧场以及畜牧管理方面的知识是不可或缺的，这些知识建立在牧民对自然进行观察、实践以及创新的基础之上，在经过代际传递之后，逐渐积累起一套适用于本地的畜牧文化。藏族传统的生产生活方式、人生价值观与高原生态环境是高度适应、互为依存的，是自然、神与部落的复合体，否定传统生活，一味追求现代的富裕的生活方式不一定是合理美好的。⑧ 美国学者丹尼尔·米勒（Daniel Miller）结合藏族牧民的生活和放牧习惯，认为藏族依赖其本土知识，在青藏高原严酷的自然环境中发展出一套复杂的草原与家畜的管理方式，这套与草地利用有关的地方性知识是动态的，会随着新的知识积累不断获得更新。因此，本土知识在草地管理当中具有重要的意义，草原科研及管理人员应当在实践当中对于游牧民族的传统经验有更加深入的了解，并且需要把这些经验与现代管理技术结合在一起。⑨

藏族传统游牧生计方式当中的轮牧传统，适应了气候和植物生长的季

---

① 邹志伟、侯甬坚：《民国时期拉卜楞寺僧侣制度与甘南藏区环境初探》，《西北人口》2012年第2期；杨晨：《藏传佛教寺院经济及其社会影响》，《青海民族学院学报》（社会科学版）2007年第2期。

② 何峰主编：《藏族生态文化》，中国藏学出版社2006年版。

③ 刘俊哲：《四川藏族价值观研究》，民族出版社2005年版。

④ 尕藏加：《藏传佛教与青藏高原》，江苏教育出版社2004年版。

⑤ 南文渊：《高原藏族生态文化》，甘肃民族出版社2002年版。

⑥ 南文渊：《古代藏族关于自然崇拜的观念及其功能》，《青海民族研究》（社会科学版）2001年第2期。

⑦ 南文渊：《藏族神山崇拜观念浅述》，《西藏研究》2000年第2期。

⑧ 南文渊：《藏族牧民游牧生活考察》，《青海民族研究》1999年第1期。

⑨ ［美］丹尼尔·米勒：《游牧民族的本土知识及经验对中国西部草原牧场发展策略的重要性》，《草原与草坪》2001年第4期。

节性变化，滇西北地区的藏族群众在和自然的相处过程当中，总结出一套实用的地方性生产知识体系，根据滇西北特定的环境改造自己的游牧生活，形成定居于亚高山盆地，在高山、亚高山之间轮牧的游牧特征。这种传统的轮牧方式有效地维系着草地的再生产和人类的传统围栏农业。在过去的半个多世纪当中，滇西北藏族的生产生活发生剧变，同时出现自然生态恶化、传统知识衰退的局面，轮牧传统的衰退使牲畜过于集中，导致草地退化，充分挖掘和尊重民族传统知识有助于退化草地恢复。[1] 三江源地区的藏族群众根据当地的特殊生态环境，形成了特有的"多畜并放""转场浅牧"的方式，有效地避免了对三江源地区脆弱生态的过多影响，使覆盖在整个草原表层的泥炭层和腐殖质层得以保持，从而稳定了高寒草原的长年冻土带，但是近半个多世纪以来的草场产权制度的变化和"网围栏工程"的推进，却使得当地生态环境的薄弱环境受到冲击，使三江源地区的生态安全受到威胁。若是能够从生活在该区域内的藏族群众的地方性知识中寻求生态智慧和生态技能的帮助，寻求适用的解决方法，当地脆弱生态环境同样可以得到恢复。[2]

4. 其他视角的研究

除上述研究视角之外，与我们的研究相关的成果还包括以下几个方面。

（1）藏族习惯法与草地开发利用

包括习惯法在内的藏族传统法律制度，对协从草地利用与生态环境做出了很多详细的规定。因而，在讨论当前藏族草地利用与其生态安全的关系时，探寻藏族牧区生态习惯法文化的现代内生机制，思考其对藏族牧区生态法制的可能贡献，可以为藏区政府的生态规划和决策提供翔实的法律民族志材料，在维系藏区生态安全的同时，也利于促进社会公平的实现。[3] 马晓琴等人立足于青海藏区的习惯法，认为在传统习惯法与现行环保法之间形成良好的互动与调适，能够使现代人重新认知并重构已经被扭

---

[1] 吴兆录等：《轮牧传统衰退——滇西北藏区亚高山草地退化的人文因素》，《云南地理环境研究》2005年第6期。

[2] 罗康隆、杨曾辉：《藏族传统游牧方式与三江源"中华水塔"的安全》，《吉首大学学报》（社会科学版）2011年第1期。

[3] 常丽霞：《藏族牧区生态习惯法文化的传承与变迁研究——以拉卜楞地区为中心》，民族出版社2013年版，第4页。

曲或遗失的地方性知识,发挥本土人群的主体性作用,可以达到有效治理地区内生态环境和社会和谐的目的。[1]

随着社会的变迁,社会主义法制建设在藏族社会中得到普及,传统习惯法的作用范围已经大大缩小,国家法律成为最重要的权威。但传统习惯法的规范性仍在藏族农牧业生产当中起着一定的作用,部分法律以历史记忆的形式得以留存至今。对普通藏族群众而言,这些法律条文或许已经完全模糊,他们能够了解的,仅仅是前人流传下来的关于什么能做什么不能做的表述,挖掘藏族历史记忆中对习惯法的理解,有利于加强习惯法中的合理成分在当今社会的积极作用。

(2) 对草场产权制度的研究

草场产权制度与草地利用密不可分,西藏草场退化的多种原因当中,过度放牧可谓是其中最直接的原因。有学者从草场产权制度出发,认为引起过度放牧的根源是草场产权制度的"公共性",草场产权制度在改革之前缺乏必要的理论准备、产权制度设计上存在的"先天"缺陷以及制度供给的"滞后性"特征都是造成草场使用和保护过程陷入无序状态的重要原因,在这些因素的作用下,诱发了牧民掠夺式的经营行为,使草场被长期过度使用。实质上,西藏50多年来草场的产权制度的变化是随着制度环境而出现的变化,制度的需求和现实的供给之间出现失衡,变迁的主体通过博弈,使新制度适应现有的制度环境,促进绩效改革的产权制度,形成新的均衡[2]。

西藏耕地的产权已经明确,草场产权制度改革的重点——草场家庭承包责任制——在西藏仍处于事实上的推行阶段,通过我们的调查发现,牧民对此并不能完全理解(有些藏族群众甚至完全不理解)。草场产权制度对西藏草地开发利用尤其是畜牧业生产的影响是巨大的,因此,确实需要建立一种既能够保证牧民利益,又能够有利于生态保护的制度体系,在这个过程当中,必须重视藏族传统习俗、伦理道德、思想观念等非正式制度的作用。

(3) 地方性知识与社区治理

宗喀·漾正冈布等人从社区治理的角度,将藏族的地方性知识理解为

---

[1] 马晓琴、杨德亮:《地方性知识与区域生态环境保护——以青海藏区习惯法为例》,《青海社会科学》2006年第2期。

[2] 参见范远江《西藏草场产权制度变迁研究》,四川大学出版社2009年版。

藏区社会发展的民间力量，包括民间组织、藏族习惯法、神山圣水崇拜、宗教仪式、节日庆典、礼仪和身份认同以及藏传佛教中的因果报应、循环转世等思想和实践等。作为藏区社会发展所需的一种资源，地方性知识在当前藏族地区的发展和维护藏族内部稳定等方面发挥着不可忽视的作用。鉴于地方性知识的重要性，在构建和谐藏区的过程当中，应当注重获取地方性知识，尊重知识的多样性，促进藏族的和谐发展。①

上述藏族地方性知识的功能并不局限在维护社会内部的稳定，对于藏族草地开发利用的过程，同样具有很大的帮助。以藏族的习惯法来说，其中就包含着许多与草地开发利用有关的规定，对于违反这些规定的行为，明确规定了处罚的措施；又如其神山圣水的崇拜，限制了对特定地区的开发，客观上起到了保护当地生态环境的作用。

不同学者从自身的研究角度出发，对藏族文化在草地开发利用过程中的作用和意义作了细致的考察，探讨藏族文化与当前社会发展中的环境保护、社区发展、传统文化变迁等方面的关系，但这些研究对民族成员的关注甚少。作为民族文化的所有者和身体力行者，藏族群众在民族文化发挥作用的过程当中起到的作用是决定性的，民族文化的作用直接地体现在民族成员的行为方式之中，民族成员是否接受、在何种程度上接受以及在何时、何地选择接受藏族文化，直接影响藏族文化能否发挥作用以及发挥作用的程度。因此，我们不仅需要承认藏族文化对于解决"地方性问题"的重要性和主体性，同时，也不能忽视背后的民族成员的作用，作为所有者，民族成员真正发挥着主体的作用。

既然强调民族成员的作用，就不得不提及民族心理的重要性。特定的民族文化在形成之后对相应的民族心理产生着持续的作用。在具体的情景模式下，民族成员的心理特征都有不同的表现，从而影响其行为、对生态的认知等方面的表现和特质，所以，在讨论民族文化因素与生态环境之间关系的同时，也应该重视民族心理因素的重要性。这是一种更深层次的、更为内在的、更为现实的因素，因为民族心理的稳定性使其传承至今，而现世社会的民族成员，又会因为当下的特定情境，表现出与其先民有异的心理特征来。这就导致现世的民族成员在接受和解读藏族文化的时候产生

---

① 宗喀·漾正冈布、何乃柱：《地方性知识与藏区和谐社会的构建——以民间或非政府组织为视角》，《藏学学刊》2008 年第 4 辑。

不同于以往的特征，进而使藏族文化在现实问题中发挥作用的途径和程度有所差异。

基于以上考虑，我们认为重视传统文化的价值，在具体的情境下分析藏族文化、生态环境保护和社会发展中出现的问题，可以使我们的研究成果不仅更能适应当地民族文化的特征与需要，而且更能够被本土民族成员所接受，能够提高研究成果的科学性和应用价值，促进研究成果的推广。就目前为保护生态环境所作的对西藏草地利用的一些改良而言，能否使各项措施顺应民族心理的需要，才能够让社区居民积极参与其中，能够达到的效果才会更理想。因此，我们在关注民族文化的同时，也需要厘清如何处理社区居民在实践过程中有可能产生的一些不悦后果和消极心理体验，如何在"再社会化"的过程中，提高民族成员面对变迁的心理适应性等问题。

三 研究的理论基础与研究方法

我们的研究旨在梳理藏族草地利用过程中的地方性知识的总体情况，分析藏族传统文化中的生态知识对草地利用的影响，发现其中适应时代发展和草地利用需要的民族文化因素。同时，以位于西藏自治区墨竹工卡县扎西岗乡的斯布村以及当雄县格达乡的甲多村这两个藏族社区为调查对象，通过实地调查，研究文化在当地草地利用过程中所表现出来的积极或消极作用，分析如何借民族文化，更加有效地促进藏族文化和生态环境诸多要素之间和谐共生，达到可持续发展的目的。

（一）研究涉及的相关理论

根据我们的研究主题以及相关论证的需要，本研究所涉及的理论主要有文化资本理论、地方性知识理论、风险社会理论等。

1. 文化资本理论

发展，需要一定的资本，这里的资本是从广义上进行理解的，是一种为发展提供基础的存在。其中"自然资本"也就是自然的总体，包括"资源、植物、动物和生态系统——能够提供人类物质和非物质的丰富服务"。人造资本是"传统上被归入资本的东西，即工厂、机械、道路等等"，可见这里所谓的人造资本是一种具有基础设施性质的人类创造物。

"人力资本是体现在人脑里面的知识和技术。"① 除此之外，文化资本对于社会发展来说，同样是不可忽视的要素。

文化资本理论是布尔迪厄（Pierre Bourdieu）社会学思想的重要内容之一。布尔迪厄在对马克思的资本理论进行非经济学的解读后，认为仅从经济资本的角度对社会进行分析难以得到全面而深刻的认知，于是，他提出了"文化资本"的概念。布尔迪厄并没有对文化资本进行明确的界定，但从他的运用来看，他所指的是与文化或文化活动有关的有形或无形的资产，乔纳森·特纳将其定义为"那些非正式的人际交往技巧、习惯、态度、语言风格、教育素质、品味与生活方式"。② 在布尔迪厄的社会学研究当中，场域（field）是其基本的单位，他以资本（capital）作为工具，对场域进行分析，并将其扩大到整个社会。布尔迪厄认为，资本的存在和发挥作用，离不开一定的场域，"资本依赖于它在其中起作用的场，并以多少是昂贵的转换为代价，这种转换是它在有关场中产生功效的先决条件"③。现代社会的资本类型可以分为三种基本形态：能够立即并且直接转换成金钱的经济资本，在某些条件下能够转换成经济资本的文化资本以及以社会义务组成的、同样可以在一定条件下转换成经济资本的社会资本，这三者分别以财产权、教育资格和某种高贵头衔的形式被制度化。④

布尔迪厄认为，人类社会的历史发展具有积累性的特征，用资本的概念可以理解和表征人类社会的历史性和积累性，在布尔迪厄看来：

> 社会世界是一部积累的历史，如果我们不把它简化成行动者之间瞬间机械平衡的不连续系列，如果我们不把行动者仅仅看成可以互换的粒子的话，那么，我们必须把资本的概念伴随这一概念的积累物及其全部效应重新引入社会世界。资本是积累的劳动……资本是一种铭

---

① ［英］埃里克·诺伊迈耶：《强与弱：两种对立的可持续性范式》，王寅通译，上海译文出版社 2006 年版，第 9 页。

② ［美］乔纳森·特纳：《社会学理论的结构》（下），邱泽奇等译，华夏出版社 2001 年版，第 192 页。

③ 包亚明：《文化资本与社会炼金术：布尔迪厄访谈录》，上海人民出版社 1997 年版，第 192 页。

④ 同上。

写在客体或主体的结构当中的力量,也是一种强调社会内在规律的原则,正是这一点使得社会游戏(大部分社会游戏,包括经济游戏)超越了简单的碰运气的游戏,而碰运气的游戏每时每刻都会提供创造奇迹的可能性。①

布尔迪厄认为文化资本和社会资本都不具有经济资本的基本特征,因此并不能将其视为真正意义上的资本,之所以将其表述为文化资本,只是体现了与经济资本的相似性。布尔迪厄"在隐喻的意义上使用资本概念,一方面承认社会空间中不同场域的自主性,另一方面(关键的方面)指出经济与非经济空间的简单划分是不准确的"。②行为者在不同场域中追逐不同的资本,就这一点而论,不存在超功利的或不关利益的公正,因此,如果人们仅关注被经济理论所承认的那一种形式,而不是引进资本的所有形式,便无法解释社会世界的结构和作用。③

文化资本是现代社会中资本的一种重要的形式,它以三种存在形式得以表征:其一,以精神和身体的持久性情的形式存在的具体的形态;其二,以文化商品的形式存在的客观的状态;其三,以一种必须被区别对待的客观化形式存在的体制的状态。④ 文化资本的积累处于具体的状态之中,通过文化、教育、修养等行为得以生成和积累,这些行为是个体经过文化劳动后的积累,因此体现出具体化、个性化的特征。客观化的文化资本通过具体形态的文化资本在物化以后得以实现,文化的内容通过能够替代、可以转移的物质载体,即文化产品的形式表现出来,这也使文化资本具备了可传递的特征,如印有藏传佛教经文的印刷品,就成为藏传佛教知识传递的重要载体。布尔迪厄所指的制度化的文化资本乃是通过学术资格的形式所取得的,有别于自学者的文化资本的一种形式,这种体制化的文化资本形成了文化与社会权力的张力。

藏族草地利用中的文化能力资本,是指以精神或肉体为载体的持久形

---

① 包亚明:《文化资本与社会炼金术:布尔迪厄访谈录》,上海人民出版社1997年版,第189页。

② 李全生:《布迪厄的文化资本理论》,《东方论坛》2003年第1期。

③ 包亚明:《文化资本与社会炼金术:布尔迪厄访谈录》,上海人民出版社1997年版,第190页。

④ 同上。

式存在的藏族地方性知识。这种类型的地方性知识，需要通过个体的学习才能够获得，无法由他人替代。藏族草地利用过程中文化能力的获得，需要通过教育来获得，这种教育通过在畜牧业生产生活的具体实践当中习得，并以之指导自己在利用草地获得生计所需这一过程中的观念和行为。藏族草地利用文化资本的物质化形态，是指藏族群众在生产生活中所创造的、被赋予一定意义和象征性的包括建筑、工具、书籍、器械、艺术创作等物质性的、客观存在的文化形态，与观念性的文化和文化能力相对。这种物质化的文化构成了文化能力和制度化形态的文化资本传承的一种方式，使二者为世人所认知和认同。在每一社会结构当中，都存在一定的制度，具体到藏族的草地利用，其中的制度性文化资本就是通过这种制度所确定的，将民族成员个体层面的文化能力转换成集体层面客观形态的文化资本。制度性的文化资本使藏族草地利用得以建立起系统的文化体系，并使这种体系得以运行延续。

无论哪一种形态，文化资本对藏族成员以及藏族社会整体的发展都具有重要的作用。对民族成员来说，他/她在出生伊始并不具备"社会人"的属性，所具有的只是基于生理反应的本能，只有在接受了前人创造的文化之后，完成文化资本主体的转换，实现文化的传递和延续等过程，才完成了"生物人"向"社会人"的转变。藏族文化资本的作用不仅局限于促进个体的社会化，同时还反映在对藏族社会发展的干预，那些能够适应社会发展需要的文化资本能够促进藏族社会的发展，反之，那些与社会发展趋势相悖的文化资本，则容易阻碍藏族社会的发展。正如本书所要研究的影响藏族草地开发利用过程产生的藏族文化，其中提倡的保护生态环境、提倡人与自然和谐相处的内容能够促进草地利用保持在可持续发展的范畴内，而诸如"惜杀惜售""寡欲利他"以及对"彼岸世界"的追求等观念，虽然在历史上对解决藏族社会存在的社会问题、维护社会稳定有一定的正面价值，但对当前的草地开发利用来说，其负面作用正在增加。

2. 地方性知识理论

当今社会蓬勃发展的后现代主义催生了不同学科在解释理论和现实过程中的偶然性、局域性和多元论的预设，这种趋势消解了人们对知识可靠性和确定性的追求，解构着知识的普世性意义，使人们转而倾向于对多元化的知识的解释与深描。发端于吉尔兹的地方性知识理论即脱胎于这样一种后现代的多元主义叙事框架之中。"地方性知识"这个术语最早出现在克利福德·吉尔兹1981年在耶鲁大学斯托尔斯讲座上发表的论文——《地方性知识：比较观点下的事实与法律》，素以多元阐释著称的他，并没有为"地方性知识"这个术语提供明确的释义，导致学术界对此争论颇多[①]。姑且不论吉尔兹带来的争议，其"地方性知识"与"阐释学"的理论为我们理解和解释文化提供了新的视角。

吉尔兹在其阐释人类学理论中提出用新的符号手段，即"地方性知识"，以新的认知角度和"深描"的方式对文化进行认知。在他看来，人类学者在对某种特定文化进行解释的同时，持有这种文化的当地人也有自己的解释，人类学者的解释，往往是对当地人所作解释的解释，基于本地人的观点来解释本地人的文化。在吉尔兹看来，地方性知识不具备普遍性，因而无法超出特定文化和地域的范畴，具有相对的独立性和特殊性。在吉尔兹看来，"这种地方性不仅指地方、时间、阶级与各种问题而言，而且指情调而言——事情发生经过自有地方特性并与当地人对事物之想象能力相联系"。[②] 无论地方性知识的概念本身，还是它所指称的对象，其中均体现出地方性知识是现代社会的产物，表现为集传统性与现代性为一身的混合物[③]。

民族文化的产生和发展强调语境的作用，在不同语境下的民族中具有不同含义。在吉尔兹看来，知识的生成总是需要不同的情境，并且依靠情境进行辩护。因此，我们在考察知识的过程中，与其关注普遍的准则，不如着眼于知识形成的具体情境条件，如时间、空间、民族、地方组织、具体问题或者知识本身在发挥作用时的具体情境等。本研究在草地开发利用的语境下研究藏族文化，此时的民族文化可以理解为与藏族放牧和农耕有

---

① 这方面的讨论可以参见张静《"雷格瑞事件"引出的知识论问题》，《清华社会学评论》（特辑）》2000年第2期；李雪《吉尔兹真的错了吗？——吉尔兹认识论原则再探》，《开放时代》2006年第2期；张静《解读吉尔兹——回应李雪的批评》，《开放时代》2006年第5期；卢晖临、李雪《如何走出个案——从个案研究到扩展个案研究》，《中国社会科学》2007年第1期；陈闯创《哪个是"真实"的吉尔兹》，王铭铭《中国人类学评论》（第4辑），世界图书出版公司2007年版，第190—194页。

② [美] 克利福德·吉尔兹：《地方性知识：阐释人类学论文集》，王海龙、张家瑄译，中央编译出版社2000年版，第273页。

③ 巴战龙：《地方知识的本质与构造——基于乡村社区民族志研究的阐释》，《西北民族研究》2009年第1期。

关的生产技能、乡规民约、民间习惯法、宗教信仰、对民族文化的认同以及农牧业生产背景下的民族心理特征等。

民族学领域中的地方性知识，大致可以分为两种：一种是和地域密切相关的知识，这种知识是特定地域所固有的、与民族及其文化密切相关和共存的，较强的地方性影响着它们的可传播性，使之不具有可传播性，或者只具有很弱的可传播性；另一种地方性知识则是可以传播的，也可以分为两种：其一是弱可传播性的地方性知识，其二是强可传播性的地方性知识，也就是我们通常所说的普遍知识。[1] 由于自身力量较小，不足以抗衡传入地固有的地方性知识，弱可传播性的地方性知识往往会在传入后受到传入地固有地方性知识的冲击，从而发生变形或者部分丢失，而强可传播性的地方性知识，通常会以普遍有效性的身份出现在传入地固有的地方性知识面前，并引起当地人的兴趣和接纳。但是，"恰恰这部分强可传播性的知识往往携带着大量的意识形态的东西一起输入传播地。当人们沉浸于这部分知识所带来的益处之时，其思想意识也许已经悄悄地发生了变化"。[2] 藏族社会的开放性以及现代社会日益频繁的族际交往互动、信息传播等，使具有普世性意义的强可传播性地方性知识不断进入藏族社会，并引起藏族群众的接纳。这种接纳并非是简单地全盘接受，而是经过民族成员的重新认知和阐释，最终以适应藏族社会需要的形式得以表现。

我们在研究中使用了"地方性知识"的理论，将"藏族地方性知识"界定为具有藏族文化特质的、流传于藏族生活地域内的知识体系，它是一种表述地方文化的、系统的知识体系，这种知识体系的表达异于"普世性知识"，涵盖了地方文化中的诸多方面，除了受制于适用范围的、特定民族的传统知识以外，还应包括经过当地社会理解与解释之后的"普世性知识"。由于藏族与其他民族的交往，这种地方性知识中的某些成分可能具有多民族的特性，但总体而言，它是为藏族群众所独有的，具有浓郁的地方性和民族性的特征，它是一种具体的知识，在与地方性相联系之后，才具有意义。

巴战龙先生通过考察张掖市肃南裕固族自治县明花乡的地方知识之

---

[1] 次仁多吉、翟源静：《论地方性知识的生成、运行及其权力关联》，《思想战线》2011年第6期。

[2] 同上。

后,将明花这一乡村社区的地方性知识分为类官方知识、大众知识和传统知识三类。① 我们经过考察之后发现,斯布村和甲多村的地方性知识与巴战龙先生的划分体系相类似,因而文中从其说,以之作为所要书写的藏族地方性知识的分类标准,并对具体内涵重新进行了界定。

(1) 传统知识。传统知识最初是由社区当中年长的一代人持有、传播和解释的,通过他们的解释和实践,逐渐在年青一代和整个社会当中传播开来,年轻人则通过与长者的接触得以认知、理解、解释和传播传统知识。通常而言,当地的传统知识涉及社区的历史、族群记忆、生计方式、风俗习惯、乡规民约等诸多方面的内容。传统知识的传播在历史上主要通过口口相传实现,现代教育方式和传播方式的兴起,使传统知识的所有权并不只限于年长的一代,人们可以通过多种方式获得,并根据自己的理解有选择性地接受或不接受,最终与大众知识交织在一起。

(2) 大众知识。大众知识也即社区全体居民的知识,故而其持有者包含了所有生活在斯布和甲多农村社区的居民。村民在通过大众化的媒介进行解释和传播的过程当中,大众知识受到主流社会文化价值的影响很深,同时也掺杂着来自传统知识的解释、价值判断以及民族群体心理的影响。大众知识具有很高的复杂性和兼容性,但因为地方性知识中各方面内容的差异性,故而它并不能完全代表地方性知识的全部内容。

(3) 类官方知识。这类知识最初由国家利益的代理人和代理机构在当地持有、传播和解释,这个过程当中,最初的持有者在进行传播和解释过程中,严格遵循国家的意志,通过一段时间的传播,普通藏族群众也逐渐接受其中的解释,在日常生活中自由地理解和运用。由于其中经历了一个重新理解的过程,所以这类知识在通过普通群众的日常言行进行再阐释的时候,会表现得与官方知识有所差异,因而将其称为类官方知识,但是其总的方向是与官方知识保持一致的,其中的差异仅仅是解释途径的不同,在本质上它仍体现官方知识的意志。

我们的研究坚持使用"地方性知识",而非"地方性生态知识"或"本土生态知识"等直接与生态有关的名词,还基于这样一种考虑,就通常情况而言,"各民族的本土生态知识大致包含生态观、知识框架、传承

---

① 详见巴战龙《地方知识的本质与构造——基于乡村社区民族志研究的阐释》,《西北民族研究》2009 年第 1 期。

机制以及直接体现在生产、生活实践中的技术与技能等四大层次"①，本研究除了在这四个层次内讨论藏族草地利用过程当中的生产生活方式、乡规民约、宗教信仰、神山圣水崇拜、传统法制等直接与生态相关的地方性知识之外，还涉及藏族传统与现实社会中的各种制度性因素和民族认知特征等其他地方性知识。这样就导致"地方性生态知识""本土性生态知识"等概念并不能完全囊括书中将要表述的内容，故而我们在研究过程中使用了能够涵盖更多内容的"地方性知识"，以求达到尽量避免这种局限性的目的。

3. 风险社会理论

1986 年，德国社会学家乌尔里希·贝克出版了《风险社会》一书，在书中他首次系统地阐述了风险社会的思想。他认为现代社会就是一个风险社会，"现代性正从古典工业社会的轮廓中脱颖而出，正在形成一种崭新的形式——（工业的）'风险社会'"。②他认为风险社会"是这样一个社会，它断言，工业化所造成的副作用具有可控性，这的确是一个设计精妙的通过制度化的解决方法预防不可预见事情的反思程序。也就是说，风险社会是一个设计巧妙的控制社会，它把针对现代化所造成的不安全因素而提出的控制要求扩展到未来社会。在风险观念的影响下，未来遭到了全面侵蚀"。③而在吉登斯看来，"当今全球化的时代，是一个充满不确定性因素和风险危机的时代，风险已渗入当代社会的方方面面，风险社会成为全球化时代的重要表征。"④

所谓风险，简单而言就是可能发生的危险。伴随人类社会的产生，对人类而言便已经产生了风险，随着社会的发展，风险现象也在不断地发展。"各种风险其实是与人的各项决定紧密相连的，也就是说，是与文明进程和不断发展的现代化紧密相连的。"⑤ 在这种情况下，自然环境和人类传统已经不再具备控制人们的能力，而是处于人类行动和人类决定的支

---

① 杨庭硕、田红:《本土生态知识引论》，民族出版社 2010 年版，第 4—5 页。
② [德] 乌尔里希·贝克:《风险社会》，何博闻译，译林出版社 2007 年版，第 2 页。
③ [德] 乌尔里希·贝克、约翰内斯·威尔姆斯:《自由与资本主义——与著名社会学家乌尔里希·贝克对话》，路国林译，浙江人民出版社 2001 年版，第 124 页。
④ 刘岩:《风险社会理论新探·导言》，中国社会科学出版社 2008 年版，第 1 页。
⑤ [德] 乌尔里希·贝克、约翰内斯·威尔姆斯:《自由与资本主义——与著名社会学家乌尔里希·贝克对话》，路国林译，浙江人民出版社 2001 年版，第 119 页。

配之下。乌尔里希·贝克用了一种比较夸张的说法来阐明这个观点，即"风险概念是个致命自然终结和传统终结的概念。……在自然和传统失去它们的无限效力并依赖于人的决定的地方，才谈得上风险"。[1]

藏族的草地利用，涉及不同的风险问题，不同的人群（包括非人类社区），无论在理论上或实际上都会面临不同的风险，这些风险产生的方式和产生作用的方式都是不同的。根据吉登斯的观点，风险可以被分为两类，即外部风险和被制造出来的风险，其中"外部风险就是来自外部的、因为传统或者自然的不变性和固定性带来的风险"；而被制造出来的风险则是指"由我们不断发展的知识对这个世界的影响所产生的风险，是指我们没有多少历史经验的情况下所产生的风险"。[2] 此处所说的藏族草地利用中的风险问题，主要涉及其中的生态风险、社会风险和经济风险问题，这些风险属于外部风险和被制造出来的风险共同作用而产生的。此处首先通过在历时性的过程中讨论其历史变化过程，考察其演变的特点，从而帮助我们更好地理解现实中的风险及其他相关的问题。

当代社会的风险，从其本质上来看，更多地表现为一种人为性。根据风险社会理论的观点，伴随着人类认知客观世界能力的增强，科学技术处在一个不断进步的过程当中，这在创造社会财富的同时，也使当代的社会风险表现出人为性。这种"人造风险"之所以会造成人们的不安，缘于现代科学技术不受限制的推进。科学技术在提高人们认知、利用和预测客观世界的能力，带来巨大生产力和社会财富的同时，也给我们的社会造成了新的不确定性，无序地、无约束地利用使其犹如"脱缰的野马"一般，会给人类社会带来更大的风险，在全球化日趋发展的今天，其影响也是"牵一发而动全身"。"风险社会的概念阐明了以失去自然与文化之间的严格界限为特征的世界。今天如果我们谈论自然，我们就谈论了文化，如果我们谈论文化，我们就谈论了自然。当我们考虑全球变暖、臭氧层空洞、污染和食品匮乏时，我们看到自然不可避免地被人类活动所污染。"[3]

---

[1] [德] 乌尔里希·贝克、约翰内斯·威尔姆斯：《自由与资本主义——与著名社会学家乌尔里希·贝克对话》，路国林译，浙江人民出版社2001年版，第119页。

[2] [英] 安东尼·吉登斯：《失控的世界》，周红云译，江西人民出版社2001年版，第22页。

[3] [德] 乌尔里希·贝克：《风险社会政治学》，刘宁宁、沈天霄译，《马克思主义与现实》2005年第3期。

藏族群众利用草地的方式和过程经过了几千年的发展，风险在这个历史阶段的不同过程当中具有不同的表现形式，藏族群众对风险的认识也经历了一个变化发展的过程。在现实的背景当中，虽然农牧业生产在藏族群众的社会经济发展当中仍占据着重要的位置，但是他们早就已经脱离了前农业文明和农业文明时期进入社会主义的工业文明时期，因而对藏族草地利用中的风险分析，同样可以置于工业文明时代进行研究。

（二）多学科研究方法使用

合理的研究方法是研究得以顺利进行的重要保证。我们的研究所使用到的民族学研究方法主要有以下几种。

1. 历史文献研究。通过对与藏族有关的历史文献进行整理和分析，梳理历史上藏族农牧业生产的历史沿革、有关生态保护的本土知识等。将文献资料与现实的田野调查资料相结合，通过历时性与共时性的多重分析，更加具体地展现藏族文化在其农牧业生产与生态保护中的作用。涉及的历史文献有如下方面：由现代人书写的藏族历史，如少数民族调查组编印《藏族简史》[1]；藏族历史上形成的文献资料，如巴沃·祖拉陈哇《贤者喜宴》[2]、五世达赖《西藏王臣记》[3]、索南坚赞《西藏王统记》[4]、善慧法日《宗教流派镜史》[5]；由国外学者书写的藏族相关文献，如石泰安《西藏的文明》[6]、图齐《西藏宗教之旅》[7]；由今人根据历史文献整理的文献资料，如张济民《藏族部落习惯法法规及案例辑录》[8]《青海藏区部落习惯法资料集》[9]、赵心愚等《康区藏族社会珍稀资料辑要》[10]；近代史

---

[1] 《藏族简史》编写组：《藏族简史》，民族出版社2009年版。
[2] 巴沃·祖拉陈哇：《贤者喜宴》，黄颢、周润年译，中央民族大学出版社2010年版。
[3] 五世达赖喇嘛：《西藏王臣记》，刘立千译，民族出版社2000年版。
[4] 索南坚赞：《西藏王统记》，刘立千译，民族出版社2000年版。
[5] 善慧法日：《宗教流派镜史》，刘立千译，西北民族学院研究室，1980年。
[6] ［法］石泰安：《西藏的文明》，耿昇译，中国藏学出版社2005年版。
[7] ［意］图齐：《西藏宗教之旅》，耿昇译，中国藏学出版社2005年版。
[8] 张济民：《藏族部落习惯法法规及案例辑录》，青海人民出版社2002年版。
[9] 张济民：《青海藏区部落习惯法资料集》，青海人民出版社1993年版。
[10] 赵心愚、秦和平、王川：《康区藏族社会珍稀资料辑要》，巴蜀书社2006年版。

上的考察记,如马鹤天《甘青藏边区考察记》[①]、周希武《玉树调查记》[②];等等。

2. 实地调查研究。实地调查研究主要采用问卷调查、个案访谈、观察与参与观察、居住体验等相结合的方法。通过问卷调查我们了解到被访者对社会变迁、草地利用管理的认知和心理体验以及二者的相互适应。通过访谈、观察和住居体验,我们对此有了更进一步的认识,而且在一定程度上检验了问卷资料的可靠性,丰富了调查问卷的内容。为了解决实地调查中的语言问题,我们寻求了藏族翻译的帮助。在斯布村和甲多村担任翻译的均为当地人,熟悉社区的情况,而且有较高的受教育水平和汉语能力,斯布村的翻译是一位高中毕业生,后在当雄、拉萨等地打过工,与汉族的接触较多,甲多村的翻译于 2010 年 9 月进入石家庄的一所大专的幼师专业就读,并于 2013 年 7 月顺利毕业,同样具有很好的汉语理解和表达能力。由于这两人已经长期不再直接从事农牧业生产,而且仅两人,不具备足够的代表性,所以他们并不在问卷调查之列,仅被列为访谈对象。

3. 跨学科综合研究。在本研究成果的书写中,我们运用了民族学以及生态学的相关理论与方法,对藏族草地利用和管理进行综合研究;对藏族历史上的生态文化的分析运用了历史学的相关研究方法;同时,使用考古学研究的理论和成果考察了西藏自然环境特征和藏族农牧业起源、发展之间的关系。

4. 定性与定量研究。本研究内容的特点决定了我们必须坚持运用定性和定量相结合的研究方法,如果只有定量研究而没有定性研究,那么对民族心理的分析将是不深入的,如果只有定性研究而忽略定量研究,研究结果也将是不全面的。经过调查设计和统计学的方法处理调查数据,在数据分析的基础上,综合访谈与观察所得的材料,在社会变迁、草地利用方式不断变化这一背景下,对藏族群众的心理特征及其适应情况进行定性与定量的研究,可以使研究结果能够更好地反映现实。

[①] 马鹤天:《甘青藏边区考察记》,甘肃人民出版社 2003 年版。
[②] 周希武:《玉树调查记》,青海人民出版社 1986 年版。

第二章

作为田野点的斯布村与甲多村

与众多藏族群众生活的村落一样,斯布村和甲多村也是由经济生活和文化生活共同组成的统一体。在这个村落的范围内,村民由于长期共同居住在统一地理区域内,往往表现出较强的内聚性和归属感,这种内聚性和归属感同时还基于一定的血缘和亲缘关系。在这个共同的生活区域,村民们从事着各自的活动。随着时间范围的改变,村民们在这个空间范围里的经济和文化活动会发生一些变化。

一 斯布村与甲多村

在行政上,斯布村和甲多村均为拉萨市下属区县的管辖地,二者之间的公路里程约234公里,自东向西分别由斯布公路、318国道、109国道和304省道相连。在地理上,斯布村和甲多村均位于西藏从东南农耕区向西北畜牧区过渡的地带,其中前者位于半农半牧的墨竹工卡县境内,农耕色彩更重,后者位于拉萨辖下唯一的牧业县境内,更倚重于畜牧业。在历史上,两处都属于扎什伦布寺下属的雪林多吉颇章[1]管辖,至今仍担任着为班禅额尔德尼提供畜牧和农耕产品的责任,当地牧民均习惯性地将其称为"班禅牧场"[2]。

---

[1] 雪林多吉颇章,位于西藏自治区拉萨市,是班禅额尔德尼在拉萨市的行宫,1956年竣工。除作为行宫之外,雪林多吉颇章也负责管理属于班禅大师的、位于拉萨周边的草场、牲畜等资产。

[2] 从1965年开始,班禅牧场被收归国有,并被更名为"八一牧场",1985年国家重新落实宗教政策,牧场被重新交还给班禅,仍归扎什伦布寺雪林多吉颇章管辖。

(一) 斯布村的地理与人文环境概况

斯布村位于拉萨以东的墨竹工卡县扎西岗乡境内,大致位于东经91°37′至91°43′,北纬29°30′至29°42′之间的区域,距离墨竹工卡县城约38公里。东邻同乡的扎西岗村,东南与乃东县接壤,西南与扎囊县相邻,西部与墨竹工卡县甲玛乡毗连,北部是本县的工卡镇。海拔最高处约5400米,最低处约4150米,平均海拔约4350米[①]。

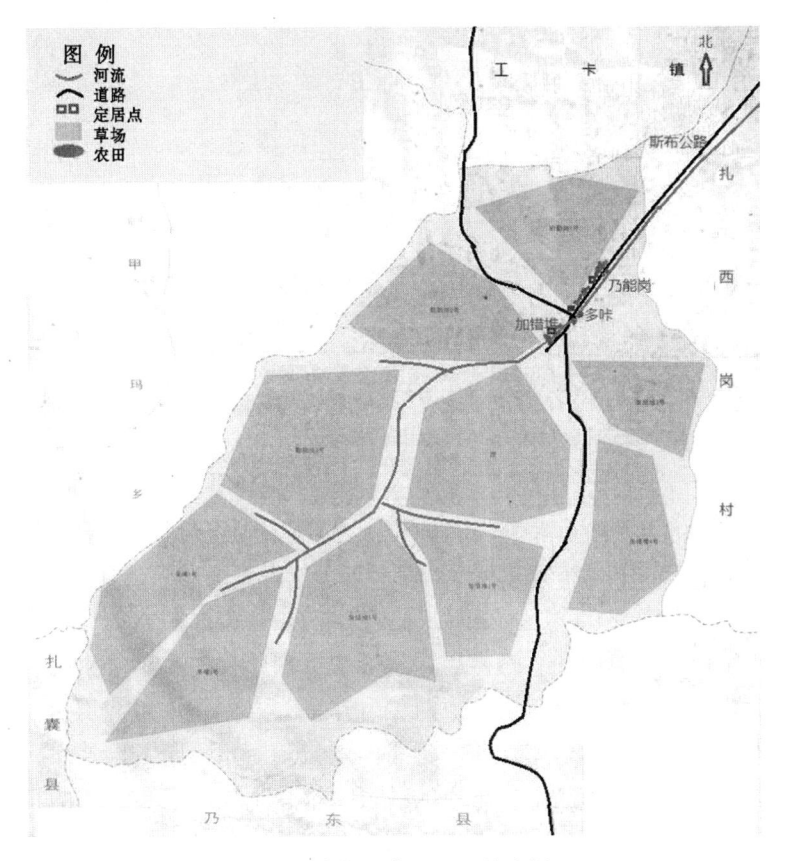

图2-1 斯布村示意图(不依比例尺)

当地最主要的河流——"斯布曲"自西南向东北横贯村境,最终在扎西岗乡乡治所在地流入拉萨河的支流墨竹曲。斯布曲水量充沛,水流湍

---

① 斯布村的经度、纬度和海拔数据来自笔者于2012年7月在当地调查期间的测量,限于测量工具和技术,数据存在一定的误差,但能够反映当地的基本情况。

急,为河谷地区的居民提供了充沛的耕地灌溉和人畜饮用水资源。据当地人介绍,斯布曲每年夏天的水量都特别大,为了祭祀"龙神",防止山洪暴发,村民自发地在河边修建了玛尼房、玛尼堆、煨桑炉和转经筒。

图 2-2　斯布曲多咔段（刘继杰摄　斯布村）

因为斯布村的村民定居点均分布在斯布曲沿线海拔 4175 米至 4270 米左右的河谷地带,所以当地人习惯上将当地称为"斯布沟"。斯布村下辖的三个村民小组分别是多咔、乃能岗、加措堆,三个小组依地势,沿河谷呈带状分布,其中乃能岗的海拔最低,加措堆最高。

从斯布村通往扎西岗乡政府所在地的"斯布公路"是村民通往外界的唯一公路。公路为碎石路面,尚未完全实现硬化,斯布公路的走向基本与斯布曲的走向一致,沿河流西侧分布,亦是西南—东北走向。2014年起当地政府组织对斯布公路进行路面硬化。斯布公路通车之后,村民外出更加方便,无论是本地出产的牲畜、粮食外运,还是外界的物资进入斯布村,都更加便捷,可以说,斯布公路的修建进一步增加了斯布村和外界的联系,斯布村自身的开放性也得到了提高。公路修建之后,本地村民中购买货运卡车、面包车以及小轿车的家庭增多,农用拖拉机得到普及。

斯布村的气候属于典型的高原温带半干旱季风气候,年平均气温 4.9℃,年均日照时数 3012 小时,平均日照百分率为 67.3%,相对无霜期

图 2-3　斯布村即景（刘继杰摄 斯布村）

为 100 天，最长不超过 120 天①。由于日照时间长，太阳辐射强烈，在植物生长的季节，光、温条件配合较好，有利于植被、作物的光合作用，积累有机质，因而有利于植物的生长，对发展农耕和畜牧业都有很大的好处。

斯布村境内常见的自然灾害主要有冰雹、大雪和冬春季节的干旱。2011 年平均降水量约为 522.1 毫米，年平均蒸发量 2018 毫米，降水少、蒸发大，水分亏缺严重。②由于周围多高山，河谷地区被高大山脉所包围，来自北方的寒冷空气被山脉阻滞和缓解，更有下垫面热力因素的影响，相比藏北高原而言，冬暖效应明显。

斯布村的主要作物有燕麦、青稞、油菜等，动物资源有藏麻鸡、野鸭、岩羊、獐子、狐狸、鲢鱼等，植物资源有冬虫夏草、贝母、小叶杜鹃、龙胆花、黄连、贝母、芹韭、人参果、红景天、沙棘等，牲畜有牦牛、藏猪、藏系绵羊、山羊、黄牛、马、驴、鸡、鸭、鹅等，境内铅、锌矿丰富。

---

①　相关气象资料由墨竹工卡县气象局、扎西岗乡政府提供。

②　同上。

图 2-4　蔬菜温室（刘继杰摄 斯布村）

表 2-1　　　　　　　　　　斯布村基本情况简表①

年份	总户数（户）	总人口（人）	劳动力（人）	耕地面积（亩）	牧畜总数（头）
2007	177	1098	312	1364.25	9835
2008	179	1119	335	1364.25	9175
2009	189	1124	348	1364.25	9107
2010	197	1138	364	1364.25	8895
2011	200	1158	382	1364.25	9117

截至 2011 年年底，斯布村共有 1158 名村民，其中可提供劳动力 382 人。当地的成年村民，在与外界的日常交往中均喜欢以"牧民"自称，对他们而言，放牧已经成为其民族身份的象征，"藏族的主要特征是放牧"是绝大多数人的认知结果。当地有村卫生室 1 个，配有村医 1 人（女性，30 岁②，她是全村唯一的医生，小学未毕业，通过自学掌握了一

---

① 表中的牧畜总数指是年年底牲畜的存栏总数，以 2011 年为例，当年牲畜存栏总数为 9117 头，出栏 903 头，合计 10020 头。相关数据由 LYL（女，25 岁，扎西岗乡政府工作人员）、SLBZ（男，47 岁，斯布村支书）提供。为保护被访者的隐私文中使用的人名均匿名处理，以被访者姓名首字母代替，特此说明。

② 指 2012 年我们调查时的年龄，以下内容提到年龄时，若无特殊说明亦指调研时被访者所提供的年龄。

图 2-5 俯瞰斯布沟（刘继杰摄 斯布村）

些医学知识，后被聘为村医，能够治疗一些常见的病症）；兽医 4 人，主要负责牲畜的防疫。另有村教学点 1 个，教师 3 人，在校大中专生 8 人，小学生 42 人，适龄儿童的入学率达到 100%。斯布村境内的扎西雪林寺有在编 6 名僧人，勤杂工和编外僧人 10 人，僧人每天的主要任务是学经、辩经，目前当地政府正在考虑逐步清退编外僧人。①

斯布村村民以畜牧业和农业为其主要生产方式，以畜牧业为主，农业为辅。其中草场承包面积 283678.4 亩，人均草场面积 241.6 亩，可耕地面积 1364.25 亩，人均可耕地面积约 1.16 亩。2011 年，斯布村人均年收入 3400 元，其中现金收入 1360 元。收入构成中以农牧业为主，外出打工收入在村民收入中也占有一定比例。②

斯布村的班禅牧场共有约 1700 头牦牛，有 21 个人在牧场放牧，另有 3 名管理人员，在斯布村加措堆村民小组有常驻办公地点。截至 2012 年，班禅牧场负责放牧的这 21 人当中有 2 人来自日喀则，其余均从本地雇用，每月有 900 元至 1000 元的工资，来自本地的这 19 人在斯布村拥有属于自

---

① 斯布村基本情况由扎西岗乡政府工作人员 LYL、GS 以及斯布村村委会成员 SLBZ、LSYD 提供。

② 此处数据由 LYL、GS、SLBZ 提供。

己的牧场和牲畜。①

（二）甲多村的地理和人文环境概况

甲多村位于拉萨市西北的当雄县格达乡境内，大致介于东经 90°03′至 90°23′，北纬 29°55′至 30°05′之间的区域，距离当雄县县治公塘乡约 120 公里。甲多村背靠念青唐古拉山脉西南端的东侧山麓，以西是班戈县那色尔乡，西南与尼木县麻江乡接壤，东部与格达乡格达村相邻，东北和羊八井镇相接。甲多村平均海拔在 4500 米以上，海拔最高的地方达到 6250 米，最低处约 4300 米，最大高度差近 2000 米。8 个村民小组的住宅当中，海拔最高的位于二组所在的地方，居住在海拔约 4717 米的地方，最低的一户居住在 4570 米的地方，海拔最低的当属一组，居住海拔最高的一户约 4520 米，最低的一户约 4436 米。②

图 2-6　甲多村晨景（刘继杰摄 甲多村）

甲多村隶属当雄县格达乡，下辖 8 个村民小组（自然村），共有 249 户，1111 人。每组之间距离较远，没有明确的分界线，牧民的牲畜时有越过彼此边界的事情发生，但由于共同使用草场，因而通常不会引起村民

---

① 根据 2012 年 6 月至 7 月在斯布村的调查结果整理，主要的被访者包括：WJ，男，雪林多吉颇章负责班禅牧场的管理人员之一；LSYD，男，45 岁，斯布村村委会主任；SLBZ，男，47 岁，斯布村支部书记；LS，男，62 岁，斯布村班禅牧场管理员之一。

② 甲多村经度、纬度和海拔数据来自笔者于 2012 年 8 月在当地调查期间的测量，数据存在一定的误差。

间的矛盾。该村属于牧业村，牲畜及其相关产出（如肉、奶、毛、皮、干牛粪等）构成村民收入的主要来源，有少量耕地，种植青稞，不过产出均为自食或喂养牲畜之用，商品率很低。当地气候恶劣，交通不便，经济基础较差，发展滞后。2011年年底，全村共有牲畜19098头，人均纯收入5000元。①

甲多村境内多河流，这些河流均起源于念青唐古拉山，遍布甲多村境内各地，其分布特征主要表现为西部河网密布，东部相对较少，水流充沛。多湿地，尤其是在第四、第五村民小组境内。由于自然条件和经济条件的限制，当地基础设施建设落后，每个村民小组之间没有公路相连，村民们在草原上寻找便于通行的地方，在不便通行的地方铺设石板、石块，但经常被河水冲垮。

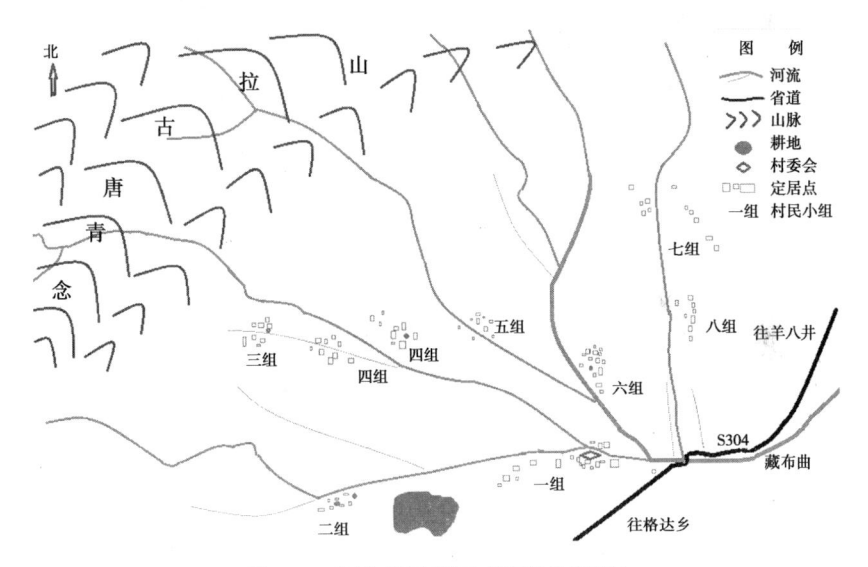

图 2-7 甲多村示意图（不依比例尺）

甲多村所属的格达乡年平均气温仅1.3℃，最冷月（1月）平均气温零下10.4℃，最热月7月的月平均气温为10.7℃，近30年极端最低气温零下32.5℃（1981年1月16日），极端最高气温26.5℃（1995年6月8日），年降雨量为476.8毫米左右，集中在6月至8月，干湿季明显。②

距离甲多村最近的藏传佛教寺庙位于羊八井镇与当地相邻的羊井学

---

① 2011年年底的调查数据，由甲多村支书CRDJ提供。
② 气象资料由当雄县气象局提供。

图 2-8　甲多村一组的牧民定居点（刘继杰摄 甲多村）

寺，该寺规模较大，村民中 2 人在该寺出家，每年的不同时期，村民也都会迎请该寺的僧人到家中念经，祈求人畜平安。据村民介绍，该村新的教学点是由羊八井学寺的僧人捐资建设的，学生共计 15 人，配有专任教师 1 人[①]。该教学点建成不到两年，但因为撤村并校，该教学点将被并入格达乡小学。

甲多村的班禅牧场规模较小，仅有不到 400 头牦牛，有 7 人负责放牧，二组境内的牧场由 5 人看管，牦牛 300 余头，六组境内的牧场由 2 人看管，牦牛约 80 头。1965 年至 1985 年的 20 年间，斯布村和甲多村班禅牧场被收归国有，改称"八一牧场"，1985 年重新落实宗教政策后，班禅牧场被返还给班禅大师，仍由雪林多吉颇章管辖。目前的甲多村班禅牧场因为规模小、效益差，所以在经营上采取承包制，由雪林多吉颇章将牧场和牲畜均承包给牧民，牧民除需要保证牲畜种群的正常繁衍和更替、上交一部分奶制品和肉制品外，副产品和多余的牦牛都可以自由处理，而且可以在草地承载力范围之内放养属于自己的牲畜。按照这种经营方式，牧民每月能够获得的收入从 300 元左右增加至 700 元左右。斯布村和甲多村的

---

① 2011 年底的调查数据，由甲多村支书 CRDJ 提供。

第二章 作为田野点的斯布村与甲多村

图 2-9 放牧归来（刘继杰摄 甲多村）

班禅牧场，其经营策略、资金分配均由雪林多吉颇章负责。①

二 调查样本的选择及分析

斯布村和甲多村藏族的生产生活方式、牲畜种群结构、放牧和农耕过程中的乡规民约、宗教信仰在其中发挥的作用、传统社会组织以及现代国家背景中的各种组织和制度、民族成员的心理特征等与草地利用有关的地方性知识是我们在田野调查过程中所要了解的主要内容。

（一）样本的年龄结构与职业结构

鉴于调查目的的特殊性，要求受访者需要满足一些特定的要求，其中对农耕和放牧等草地利用方式有较为系统的认知，能够了解一些与之相关的地方性知识，具有一定的社会阅历和判断能力等是比较重要的几个方面。因此，我们在调查中所抽取的被访者都满足以下两个主要条件：20岁以上的成年人、正在从事或者曾经从事过较长时期的放牧与农耕生活。

---

① 根据2012年8月至9月在甲多村的调查结果整理，主要被访者包括：WJ，男，雪林多吉颇章负责班禅牧场的管理人员；GS，男，62岁，甲多村二组牧民，原甲多村班禅牧场管理员；DZ，男，31岁，甲多村二组牧民，现负责当地班禅牧场的放牧。

图 2-10　与羊八井甲多村牧户访谈（刘继杰摄　甲多村）

根据调查中的事实情况来看，生活在甲多村和斯布村的大多数成年村民都能够满足以上几点要求，因为他们从儿童时期就已经在目睹或者亲身从事与农耕和放牧有关的活动，因此被访者以在甲多村和斯布村生活的藏族成年牧民为主体，此外还涉及部分当地的农技推广员、兽医、教师、僧人和政府部门工作人员。

限于被访者的文化程度和语言问题，我们在普通群众中的问卷调查通过这样一种形式进行：首先由调查员向翻译详细地解释问卷的内容，使翻译能够理解问题并正确地表达，正式调查中，为营造较好的调查环境，调查员尽量不展示问卷，而是在事先记住问卷的内容，然后依次提问，问题尽量以简单、口语化的语言提出，经由翻译转述给被访者，仅在确实无法回忆起问卷内容的时候翻看问卷（问卷从设计、验证到实地调查，由调查员经过多次修改，所以印象深刻，实际调查过程中也极少出现无法回忆起的情况；调查员之间的相互配合进一步确保了调查过程的顺利进行）。整个过程有录音笔（根据我们的经验，录音笔较问卷更不容易引起被访者的不适感）进行记录，在调查结束后，由调查员根据录音勾选相应答案，以此保证问卷能够有较高的有效性。

图 2-11　与墨竹工卡斯布村牧民座谈（杨哲摄　斯布村）

（二）调查样本分析说明

调查中共发放问卷 314 份，其中有效问卷 289 份，有效率约 92%，其中斯布村 130 份，约占总数的 45%，甲多村 159 份，约占总数的 55%；男性 56.1%，女性 43.9%；文化程度从文盲、小学到初中，所占比例分别为 46.7%、40.8% 和 12.5%；年龄从 20 岁到 83 岁均有分布，其中 20 岁到 29 岁 25 人，占 8.7%，30 岁至 39 岁 67 人，占 23.2%，40 岁至 49 岁 121 人，占 41.9%，50 岁至 59 岁 47 人，占 16.3%，60 岁至 69 岁 20 人，占 6.9%，70 岁（含）以上 9 人，约占 3.1%。[①]

需要说明的是：

首先，问卷调查中被访者的受教育程度问题。问卷统计中的被访者受教育程度仅是问卷调查涉及的被访者的文化程度，并不代表当地藏族文化水平的总体情况。斯布村和甲多村有接受过中专、大专乃至本科教育的藏

---

① 本书中所用的统计，由于计算结果均四舍五入至小数点后一位，因此各分项统计结果之和可能会出现大于或小于 100% 的情况。为行文方便，特此一并说明。

族群众，但是这部分藏族或已因工作原因在外定居，或仍在学校未能返乡，所以在调查中我们未能接触到。此外，由于斯布村和甲多村受教育程度较高的村民都已完全或长期脱离当地的种植业或畜牧业生产，并不属于我们调查的重点，所以就留在当地从事农牧业生产的这一部分人而言，这种文化程度的结构具有代表性，能够反映其总体情况。

表 2-2　　　　　分居住地的被访者性别、受教育程度和年龄情况（N=289）　　　　　（单位：%）

	性别		教育程度			年龄（岁）					
	男	女	文盲	小学	初中	20—29	30—39	40—49	50—59	60—69	≥70
斯布村	59.2	40.8	40.0	43.1	16.9	10.0	25.4	42.3	13.1	6.2	3.1
甲多村	53.5	46.5	52.2	39.0	8.8	7.5	21.4	41.5	18.9	7.5	3.1

其次，问卷总量和具体统计项的样本数不一致的问题。在问卷调查的过程当中，有少数被访者对问卷中的个别问题未予作答，但这并不影响其对问卷中其他问题的回答，该问卷在总体上仍是有效的，故被计入有效问卷。基于这一原因，具体到问卷中的每一个问题，会出现部分问题的样本量小于有效问卷总量的情况。

再次，被访者的年龄。本书中所使用的年龄，除特殊说明的之外，其他均为被访者在我们进行田野调查期间所提供的年龄。

最后，本书所使用的数据有保留至小数点后一位和两位的情况。在进行问卷分析的过程中，相关计算结果在保留一位小数的情况下就已经能够明确地反映不同结果之间的差异，因此，书中所使用的与调研有关的数据均保留至小数点后一位。引用文献中的数据遵从原文，相应地保留一位或两位小数。

第三章

西藏经济社会变迁

西藏藏族传统的生计模式类型主要可以划分为农业和牧业两种，手工业的存在很少，而且多作为农牧业生产的附属而存在。藏族传统生计模式中自给自足的色彩非常浓厚，农业提供的青稞、蔬菜等供人们食用，畜牧业则提供了奶制品、酥油、毛皮等日常饮食和衣着所需的原料，"出口羊毛和其他畜产品以换取茶叶、棉布、金属和其他日用品，以满足僧俗居民的日常消费和农业、牧业和手工业对生产工具和原料的需求"。[1] 随着西藏经济活动的变化，其社会文化也在随之发生变迁。

一 经济活动的多元化

1959年以后，西藏逐步进入现代国家的政治和经济制度体系当中，社会发展速度加快，藏族人民传统的草原游牧型和半农半牧型生计方式逐渐被定居放牧、退耕还草、退牧还草、种植经济作物、从事第二产业和第三产业等现代生计模式所取代。

（一）多元经营方式的出现

斯布村位于拉萨河下游河谷地带的辐射范围，当地的水热条件能够满足喜冷作物的正常生长，当地又多山，山地草场提供了放牧所需的草地资源，所以种植业和畜牧业生产在当地能够共同发展。甲多村的土壤条件、水热条件均不及斯布村理想，因此其种植业的范围有限，村民更多的是依靠畜牧业。这两个社区位于西藏种植业自东南向西北过渡为畜牧业的过渡

---

[1] 马戎：《西藏的经济形态及其变迁》，马戎主编《西藏社会发展研究》，民族出版社2011年版，第315—368页。

带上，具有一定的代表性和典型意义。世居于此的藏族群众，围绕草地和耕地展开其社会活动，因而这里的藏族群众，其家庭、婚姻、生产活动、日常生活、文化、社会结构等均与草地和耕地密不可分。斯布村和甲多村兼有种植业和畜牧业的双重特征，斯布村的种植业所占比重更大，甲多村更倾向于畜牧业生产。从对当地老人的访谈情况来看，从民主改革直到合作社、人民公社，围绕土地和草地开展的农牧业生产活动仍是两地藏族群众主要的家庭收入来源。不过这种情况现在已经得到了很大的改观，批发零售、手工生产、交通运输、劳务输出等非农牧业生产的经济收入增加。

1. 零售业

在2000年以前，斯布村的村民如果需要购买日常生活用品，需要到扎西岗乡政府的所在地才能找到商店。从2000年开始，斯布村陆续出现了7家商店，这些商店通常都开在村民的家里，规模不一，其中的一些就在村民的居室当中。如果没有当地人介绍，陌生人很难发现。

> DJ（男，40岁）家的商店在斯布村加措堆村民组，这个商店是全斯布村规模最大的一家。商店和居住的地方连在一起，据DJ所说，经营所用的店铺曾经就在DJ家的居室当中，经济效益好转收入增加之后，修建了现在所能看到的专门的店面。店铺的面积并不大，目测在24平方米左右（进深约6米，宽约4米），墙是砖结构，屋顶使用了彩钢复合板，用钢管和木料支撑。商店经营的主要商品包括啤酒、白酒、饮料（无酒精）、食盐、罐头、胶鞋、盆、棉被、方便面、饼干、各种零食、针头线脑、T恤、衬衣以及其他的一些日常生活中常见的物品，"卖得最好的是啤酒、饮料、方便面，还有小孩吃的零食"。"每年大概能卖上三四万块钱（指营业额），现在商店多了，光我们这个组现在就有三家商店了，旁边的桑旦家也是开商店的，那边过去还有一家，小一点，他们开了以后来我们家买东西的人就少了，赚的钱没前两年多了。"（斯布村田野调查日记，2012年7月12日）

在斯布村从事零售业的家庭户，加措堆有3户，多咔1户，乃能岗3户，其中分别有2户、1户、1户有单独的临街门面，其余的3户都是利用自己家中的闲置空间作为店面。在村民的发展意愿当中，有部分年轻村民表示也希望能够"开商店"，因为"开商店比放牛轻松，又可以一直在

图 3-1 "DJ 商店"内景（杨哲摄 斯布村）

家，有事的话可以照顾得上"。

甲多村的商店位于村委会所在的第一村民小组，一共有 2 家，出售的商品与斯布村的商店类似，生活中常见的商品均可以在这里买到。其中规模较大的一家除了一间单独放置柜台和货物的屋子之外，更是兴建了一间面积较大的屋子作为娱乐的场所，放置有 2 张台球桌和 3 张棋牌桌，年轻的藏族村民经常在空闲的时候来这里打台球或者打牌，需要付一些使用费，通常是按小时计费，每小时 2—3 元不等，因为每次人们娱乐的时间都比较长，所以经常会买一些酒水、饮料和小吃类的商品。在第三和第六村民小组各有一家规模较小的商店，出售一些简单的商品，其他村民小组没有商店，在有需要的时候会根据情况到上述几家商店购买。

2. 手工业

斯布村和甲多村的一些懂得纺织的中年女性，会利用空闲时间织"卡垫"（一种小型藏毯，藏族家庭床上用品），这些卡垫在多数时候是供自家使用，但也有出售以获得现金或实物收益的情况。

> 我们家有 6 亩地，都自己种，家里有 15 头牦牛，和我爸爸、妈妈他们的牦牛一起放，我就在家里做家务，田里有活的时候去一下，

没事的时候就做这个（指卡垫），有时候是给自己做，也帮别人做，现在做的这个就是帮别人做的，一个亲戚，像这种不收钱，不过他们也会给一点东西，酥油、奶渣什么的。去年（2011年）到现在（2012年夏季）卖过4对，大的卖了650块钱，小的500（块钱），卖了2大（约1.5米长，1米宽）、2小（约1.5米长，0.8米宽）。做一个大概要7天，小的（约1米长，0.5米宽）一两天就能做完了。(GSWM，女，39岁，斯布村)

图3-2 制作中的卡垫（杨哲摄 斯布村）

在斯布村，通过手工编织卡垫取得实物收益，主要是在亲戚朋友之间。此时的卡垫已经成为一种礼物，编织者或主动或应邀为对方编织卡垫，对方不以现金回馈之，而是代之以酥油、奶渣或是其他礼品作为编织者的报酬。这种礼物式的卡垫制作和交换的过程，对于维系邻里、亲朋之间的友好关系起到了积极的促进作用。完全商品化的卡垫只存在于本村之外，客户与纺织者之间主要通过亲戚、朋友等"中间人"居中引荐，客户主要来自本村、墨竹工卡县城或是拉萨市。

甲多村的LSQD（男，35岁）从小和叔叔学过如何制作藏装，所以现在他也经常给村民做衣服，因为手艺好，周围村子的人也有慕名而来的。2010年，他索性在乡上租了一个店面，还招了一个徒弟，两人开了一个制衣作坊，专门制作藏袍。LSQD的作坊主要接受个人的订单（去年为乡上文化节舞蹈节目制作所需的服装是他接到过的规模最大的订单），在没有生意的时候他会回到甲多村的家里帮助家人一起放牧。如果客户有需要，只需要一个电话，他就会骑着摩托车赶到乡上的店里。（甲多村调查日记，2012年8月6日）

在日常生活中，斯布村村民会自己制作青稞酒，制作方法大致与我国稻作地区制作米酒的工艺类似，其基本的过程是：青稞洗净后煮熟，要把水基本煮干，然后将其冷却，放在合适的容器里（酒坛、锅、盆等均可），加入酒曲，混合均匀，加入适量的水，待其发酵（也可以等青稞发酵一段时间后再加水），第二天或第三天就可以饮用，发酵时间的长短主要取决于气温的高低。这种土法酿制的青稞酒，在饮用过程中还可以继续加水，继续发酵，放的时间越长，口感就越好，味道越香醇，但不能加太多的水。据村民GSCR介绍，加水次数受青稞数量的多少而定，但最多不超过6—7次。最后剩下的青稞就成了酒糟，是喂养牲畜的上好饲料。斯布村的这种青稞酒制作，是村民自发的，完全用于供自己家庭饮用，因为过程比较麻烦，所以虽然这种青稞酒深受当地村民喜爱，但人们却不是很愿意亲自去做。如果能够对其加以适当地改造，如把规模适当地扩大，生产较多的米酒用于出售，供在本村和邻近地区销售，也可以形成一定的效益。

斯布村和甲多村的手工业生产，规模都非常小，因为市场需求、利润都比较小，而且生产的周期比较长，对青壮年劳动力的吸引力很小，这反过来进一步限制了手工业规模的发展。

3. 运输业

2011年斯布村的汽车保有量是13辆，其中卡车5辆，面包车4辆，轿车4辆。根据我们于2012年7月的统计，截至当月20日，村里又有2户人家购买了汽车，其中一户是货车，另一户是面包车。这两种车除了必要的时候作为代步工具之外，亦在从事货运或者客运工作。

我们家以前就有一个卡车，小一点（根据描述，载重量约1.5—

2吨），一直在跑运输，前几年一直在拉萨的工地上，跟着一个（藏族）老板干，现在自己干了。去年又贷款买了一个新的大卡车（载重10吨），12万，贷款贷了6万，跟亲戚借了3万，自己拿了3万。小的那个车大儿子在开。有活就去，没活就在家里停着，今天他爸爸就去给人拉建材去了，沙子、石头、水泥。一年能挣八九万，去掉成本、生活费，一年也能有5万块钱。（LYZM，女，41岁，斯布村，牧民）

甲多村的村民当中也有从事运输业的，早期从事运输工作的牧民因为同行竞争少，所以收入尚可，近年来，随着加入运输业的牧民逐年增多，而市场需求则相对有限，所以工作的机会开始减少，部分新入行的货运司机经常处在"无货可拉"的境地。

我这个卡车是去年买的，卖牛粪的时候拉牛粪用，买的人家的旧的，花了7万8000块钱，新的买不起。不卖牛粪的时候也给人家拉拉货，现在车多了，拉货的机会少了，本来我还想买个更大一点的车，现在没什么活可干，就没钱换，也不想换了。我这个车都停在这快两个月没动了。（DWZX，男，40岁，甲多村，牧民）

随着近年来中央对西藏援建项目的增加，两地从事货运业务的人员也在增加，但由于西藏经济自身造血能力不足，市场狭小，一旦援藏项目减少，货运业务就会减少，导致发展的动力和持续性不足。与货运相反，客运在两地的客源虽然不多，但是一直比较稳定。

我的这个面包车买了有差不多两年了，没事的时候就跑从村里到县上的线路，人多的时候每天也能拉个两三百块钱，如果遇到有包车的就赚得更多了。平时（一般情况下）也就是几十块钱，要是遇到下雨、下雪，没什么人出门，我就干脆把车放在家里，自己睡觉。村子里面有人要是有事要用车，会给我打电话，我就把车开上，人拉上。我们村像我这样的还有3个。（DJ，男，25岁，斯布村）

家里没事的时候我就把车开上，到羊八井去拉人（游客为主），有时候也去县上，要是有人，拉萨也拉。村里到乡上也去，只要有人

坐，去哪都行。忙的时候就把车停了干活去。整个甲多村这么干的有五六个吧。（NM，男，36岁，甲多村二组）

图 3-3　加装货架的面包车（刘继杰摄 斯布村）

无论是客运还是货运，斯布村和甲多村的从业者都是利用农忙之外的闲暇时间进行，在时间上比较灵活，主观上的随意性很高。

4. 劳务输出

1996年的中央第三次西藏工作会议以后，尤其是随着西藏自治区政府把旅游业作为西藏经济的支柱产业之后，由旅游业带动的第三产业发展势头迅猛。斯布村和甲多村距离拉萨市及其周边的旅游景点比较近，缺乏区位优势，而且缺少特别突出的旅游资源，当地吸引游客的能力有限，所以极少会有人到当地旅游观光。旅游业对斯布村和甲多村的影响主要是影响其劳务输出，村里的一些年轻人在拉萨市、当雄县、羊八井镇或周边其他地县从事与旅游有关的服务型行业。

两地劳务输出的另一个主要方向是在建筑业当中，这种劳务输出以熟人介绍为主，输出的劳动力多为30岁至50岁的中年人，这部分村民文化水平、劳动技能都比较有限。建筑工人的准入门槛比较低，只要身体健康，能吃苦耐劳，稍加培训即可，所以一些原来就会泥瓦工的村民在经过一段时间之后，如果觉得老板可靠，就会从老家再介绍愿意当建筑工人的村民，利用农忙以外的时间打工赚钱。

就两地外出务工人员的一般情况来看，多数村民所从事的都是那些对劳动技能要求较低、技术含量有限、工资收入较低、劳动强度大且稳定性较低的行业，因而导致藏族输出的劳动力在西藏经济发展过程中处在相对边缘的位置，与经济中心相去较远。究其原因，劳动力教育水平、劳动技能、汉语水平相对有限，无法适应对这些求职因素要求较高的职业，都是较为常见的原因。

当地政府部门近几年逐渐开始组织一些长期或短期的培训工作，如培训纺织工人，这些培训属于与内地相关单位合作的项目，不对学员收取学费，相反还会有一些生活补贴，在培训之后，会将学员选送到内地的工厂工作。从事实来看，这种培训在当地藏族群众当中并不受欢迎。2012年7月，我们在西藏调研期间，就恰逢拉萨市组织的一个关于纺织的培训，主要内容是培训如何手工编织毛毯，培训结束之后会推荐到山东的某厂家工作，每月的底薪在2500元左右，在这个基础上按工取酬，免费提供食宿。斯布村和甲多村的村民考虑到因为需要去离家很远的地方工作，而且是生活、文化差异都很大的山东，村民因此感到担忧，一些村民表示，"如果上班的地方离家近，要么县城，要么拉萨，我们就去，现在离家太远了，生活也不习惯。"这种情况则影响了富余劳动力的输出。

大量的农村劳动力流动已经成为我国乡村社会在当前阶段的最基本的事实，斯布村和甲多村藏族富余劳动力却很少外出打工或者只在距离较近县治或拉萨市的附近，即便近年来当地政府组织外地企业在本地招收工人，但这在本质上是由政府主导的行为，很多时候与个人的主观意愿相悖，因而不是很受当地藏族的欢迎。这种情况与费孝通先生所总结的"离土不离乡"的"苏南模式"具有一定的相似性。虽然这种人口流动的原因中确实有经济发展的促进，但是上述地区并没有苏南地区那样较好的工业基础、优越的地理位置和迅速发展的乡镇企业，因而本地对富余劳动力的消化能力有限，普通藏族则因为对故土的依恋、对外界生活不适应的担心等主观意识上的限制，影响了他们向外寻找就业的机会。好在近年来对西藏建设的投入加大，上马建设的工程增加，客观上创造了更多的就业机会，部分地缓解了农村劳动力富余带来的压力。此外，社会经济的进步也促进了如前文所说的从事零售业、手工业、运输业以及其他可以不用离开本土乡村社会的行业的从业人员增加，也为当地藏族在"不离乡"的前提下消化富余劳动力提供了有利的条件。

（二）市场经济因素发挥的作用日益明显

斯布村和甲多村的生计模式符合西藏整体生计模式的特征，农牧业生产体系在两地的生计模式当中依然占据着主体的地位。斯布村和甲多村的生计模式在大致相符的前提下，存在少量的差异，前者主要依靠农耕和畜牧业；后者则更多地依赖于畜牧业，农耕生产方式仅在被称为"二组"的村民小组具备了一定的规模。受传统生计模式的影响，斯布村和甲多村的藏族群众的生产生活所需可以通过日常的放牧生活基本得到满足：通过放牧牧民可以获取各种奶类和肉类制品，皮毛则可以用来制作工具和纺织原料，通过种植粮食和油料作物则可以获得相应的粮食、食用油等生活资料，作物秸秆可以用于喂养牲畜，村民可以在不依赖市场的前提下生存。

仔细分析现阶段两地生产生活的具体情况，能够发现其自给自足色彩逐渐减弱，斯布村和甲多村的村民在日常生产和生活当中逐渐增加了与市场之间的关系，市场经济的影响逐渐增加。前文关于斯布村和甲多村出现的多种经营方式，其产生和发展的动力之一就是市场的作用，由于市场产生了需求，才为村民从事这些经营方式提供了机会和市场。此外，在被视为能够象征当地传统性的领域——农牧业生产的传统生计方式之中，我们也能够发现市场经济影响的痕迹，以斯布村的放牧活动为例：

> 这里的草在7月、8月的时候还行，但还是缺草，（因为）密度不大，冬天、春天草就不够吃。一般每家都有耕地，最多的有16亩，少的1亩，种出来的粮食都是自己吃，油菜这几年会买一些。麦秆、油菜秆都喂牲口，不过光吃这些还是不够，有时候还要买草，要去市场上买饲料（指精饲料），另外国家还会补助一些。（村民）平时如果要用钱了，就会卖一些酥油、奶渣、肉，也会卖牛，不过少一些。（GS，男，29岁，扎西岗乡驻斯布村工作组成员）

在传统的放牧方式当中，限于经济实力和交通方式等条件的制约，村民很少有从外界购买饲草的行为，现在村民的经济实力有了较大的提升，这为购买饲草提供了条件，社会生产力的提高则为村民提供了饲料的来源，交通条件的改善使运输成为可能，这些条件都进一步使斯布村藏族群众的放牧活动与市场结合起来。斯布村和甲多村的很多村民都没有储蓄的习惯，对他们而言，自己的牲畜群就是最好的银行，如果需要现金，则会有选择性地贩卖牲畜或者畜产品，从银行贷款也是部分村民的选择。

马曾经作为生产和交通工具在斯布村和甲多村广泛地存在，一些藏族群众会视马为重要的家庭成员和伙伴，如今两地养马的规模已经大不如前，即使存在，也已经不仅仅是作为交通工具、生产工具或是家庭成员，当地人会把马用于出售以换取现金。

> 现在养马的人少了，不过每家基本上也都还有 1 匹马，多的人家里有四五匹，平时也骑，有些山高，路不好走，车也上不去的时候就骑马。现在好多人养马都是为了卖钱，好的马一匹能卖四五万，有外地人过来收，远的像当雄、那曲这些地方，近的像工布（指工布江达县）、林周（县），这些地方都有。当雄、那曲那边来得多一些，买回去比赛或者自己家里放牧的时候用。（GLLJ，男，53 岁，斯布村，牧民）

> 有些人家也养马，有留着自己用的，有养大之后卖的，数量不多，通常只有一到两匹，少数（人）养了三四匹。这些人家通常是从外地把马买过来，然后养一两年，之后出卖，赚的是里面的差价。卖出去的马主要是卖到其他地方，尤其是那曲那里，供赛马用，速度越快的马价格越高，少的 8000、9000、1 万，多的能卖到两三万。（SLBZ，男，47 岁，斯布村，牧民）

> 有时候也有来买马的，现在养马的人少了，大家都开车、骑摩托车了，马买回去也多是赛马节的时候比赛用，有从当雄县上来的，也有从那曲来的，前两年还来过几个青海的，好像是玉树的。（LB，男，42 岁，甲多村四组，牧民）

随着市场经济的影响，和全国其他地方类似，斯布村和甲多村也越来越多地被卷入这种经济一体化的浪潮当中。不可否认，斯布村和甲多村的市场经济发展和全国其他地方还存在很大的差异，但这种差异也只是在发展程度和市场经济体制健全程度上的区别。首先，斯布村和甲多村的市场规模十分有限，对于这两个藏族村落而言，自身的市场规模小，且邻近地区亦均为农村；其次，村民的经济行为自发性、盲目性较强，对市场的预期、评估不足，导致部分牧民经济行为的合理性较差，同时，这种自发性和盲目性也导致了市场的混乱，如当地部分牧民开店的行为，在已经有较多商店的情况下，仍有不少牧民希望加入其中，在市场容量有限的前提下，经济收入会受到影响。

（三）影响经营方式转变的主要社会因素

在影响斯布村和甲多村经营方式转变的诸多因素当中，生产力的作用无疑是最大的。在生产力进步的促进下，当地以及整个西藏的社会经济水平提高，社会开放程度加大，为转变经营方式提供了前提条件。除此之外，劳动力的转移、市场因素和政策导向发挥的作用最为明显。

1. 劳动力转移的推动

前文已经提到，在传统的农牧业生产中，村民的生产生活均围绕土地、草地而展开，以土地和草地为中心的农牧业生产为其提供了生产生活所需，构成其家庭收入的主要来源，经营方式和劳动力构成的单一性特征明显。从1980年开始，西藏拉萨农村普遍开始实施中共十一届三中全会确立的以家庭为基本生产经营单位的联产承包责任制，到是年年底，全市286个公社大部分实行了责任制。斯布村的耕地承包亦在此时进行。

> 我们这里的地是（一九）八几年分的，（20世纪）80年代初，具体哪一年不记得了，当时每个人分了大概3亩地，我们这里山多，地少，分的田就少。牛分得晚一点，（19）85年吧，记不清了，劳动力当时每个人能分到四五头牛，其余的人就每个人分一两头。地分了好，自己种自己的，种出来的粮食也都是自己的，现在国家又不收税，还有补贴。（LSYD，男，43岁，斯布村）
>
> 以前地里的活忙不完的时候还会把孩子从学校叫回来帮忙，现在不会了，一个是现在的人也都重视教育了，再有一个就是种地的时候不用太多人了。以前种地的时候都是靠人力，现在不一样了，拖拉机也有，犁地的、打地的都有，收的时候还都是靠人收，收完晒干了拿车一运就好了。以前牛犁地的时候慢得很，现在犁地的机器开上，很快就好了。（BS，男，39岁，斯布村）

耕地实现家庭承包经营之后，村民可以自由地支配生产和生活，生产力的提高也逐渐地将劳动者从耕地的束缚当中解放出来，随着人口的增长，农村富余劳动力逐渐增多。客观现实促使一些富余劳动力另谋出路。斯布村畜牧业的存在并没有给当地劳动力的解放带来太多的障碍，因为当地的牲畜规模较小，而且在经营中多采取联户经营的方式，即若干家庭一起放牧，所以每家每户只需要提供较少的劳动力就可以满足放牧的需要。种植业具有季节性，在播种和收获的时节需要的劳动力较多，这时一些在外打工或从事其他经营方式的人就会在家庭中集中进行再分配，所以斯布村的多种经营方式也具有一定的季节性。

在甲多村，由于耕地少，仅二组有少量耕地，所以耕地的家庭承包经营对全村劳动力解放的影响并不大。当地牲畜规模在近几年有所增加，但是以现有的劳动力数量完全可以满足牧业生产的需要，一些家庭的人口较多，劳动力还有富余，而且放牧的劳动具有间歇性，不需要持续工作，所以一些人逐渐开始考虑通过其他的经营方式增加收入。

2. 市场因素

斯布村和甲多村距离二者所处地区的县治以及拉萨的距离都比较近，在地理区位上具有一定的优势。如今斯布村和甲多村的农牧民已经不局限于围绕土地和草地进行生产活动，他们积极地进入农牧业之外的建筑、运输、批发零售等行业的劳务市场。由于地理位置上的优势，这些劳动者在面对具体行业的时候有了更多的选择性，斯布村和甲多村的青壮年劳动力开始了从农牧业生产向其他非农产业转移。

随着国家对西藏的投资建设力度不断加大，拉萨市、墨竹工卡县和当雄县的城乡建设不断发展，建设过程中形成了劳动力市场对人力资源的需求增加，吸引斯布村和甲多村的劳动力资源向以上地区转移。由于现代农业科技的普及和运用，斯布村和甲多村的农牧业生产有了较快的发展，当地藏族居民的消费有限，以及由于市场需求小于产量以及牧民主动出售农牧产品的意愿较低等因素的影响，农牧业生产所得的粮食和畜牧产品存在一定的过剩现象。粮食增产和牲畜增加并没有使农民的收入得到明显的增加，这虽然不至于增加当地村民的负担，但是增产不增收，使斯布村和甲多村的居民开始思考如何通过其他方式增加收入。于是一部分劳动力从农村生产生活中剥离出来，进入其他生产领域，由于农村生产的需要，这些劳动力并没有完全脱离当地的生产生活，他们灵活地在市场和农村社会之间转换角色，寻求经济利益的最大化。

3. 政策导向

从中央政府到西藏自治区以及自治区各级地方政府的导向作用在西藏生产经营方式的结构变迁过程当中发挥着重要的作用，尤其是中央和自治区政府，动用国家力量或地方力量调动各种资源，努力为西藏经济发展营造良好的经济和制度环境，促进了西藏产业结构的转型。中央和西藏政府制定、落实的各项与农村生产经营关系更为密切的各种农牧业方面的政策，都在客观上推动了西藏农村地区农牧民生产生活的发展和变化。

中央政府历来重视西藏社会经济的发展，改革开放三十多年来，中央先后五次召开西藏工作座谈会，出台了包括教育在内的一系列特殊优惠政策，支持西藏发展。进入21世纪以来，出台了一系列政策、文件，对改善西藏农村建设、提高农民生产生活水平做出了部署。针对西藏农村地区经济基础薄弱、发展落后的特殊情况，中央政府在政策上多年来一直予以倾斜和照顾，并且进行了对口支援建设。2006年，国务院制定了加快西藏发展、维护西藏稳定的四十条优惠政策，涉及"三农"、财税金融、对外开放、社会保障、人才培养等十个方面。2008年7月，国务院办公厅转发国家发展改革委员会《关于近期支持西藏经济社会发展的意见》，针对西藏经济社会发展中需要解决的主要问题出台了一系列优惠政策，由中央财政安排资金帮助解决。2010年召开的第五次西藏工作座谈会，继续加大了对西藏的特殊优惠政策和扶持措施，强调要提高农牧民生产生活水平，加快发展教育、医疗、卫生、文化事业等，制定的特殊优惠政策涵盖了投资、财政税收、金融、生态建设、改善农牧民生产生活条件、社会事业、基层组织建设、工资待遇、对口支援等方面。

表 3-1　　　　　　　　　对口援建西藏省市名单

援助省市	受援地市
北京、江苏	拉萨市
上海、山东、吉林、黑龙江	日喀则地区
湖北、湖南、安徽	山南地区
广东、福建	林芝地区
天津、重庆	昌都地区
浙江、辽宁	那曲地区
河北、陕西	阿里地区

西藏自治区各级政府以促进农村地区发展、提高农牧民生活水平为目的，在政策、资金方面向农牧区倾斜，鼓励农牧民参与城镇建设、发展非农业生产、提高劳动力转移的比重，为农村地区的发展创造了有利的条件。

政策和资金方面的支持，使西藏的社会经济快速发展，使农牧民在选择发展路径的时候有了更多的选项，客观上促进了农村生产经营方式向多元化的方向发展，加快了农村经营方式的转变。

二　生活方式的多维转变

"一定的物质生活是一定民族社会生活的重要内容，是民族文化特征的外在表现形式和重要组成部分。"①　一个民族的物质生活通常通过其衣食住行等得以表现，这些则受到来自其所处的生态环境、周边地区的民族以及自身社会环境的影响。"藏族的生活方式与文化在很大程度上反映了高原生活的特征。大部分人口从事畜牧业，一部分人口在河谷地带从事规模有限的农业。他们主要的食品是糌粑、肉和自制的奶酪。这种食品和藏语成为散居在整个地区的藏族人口的共同特征。"②　随着社会的发展，藏族社会受到高原环境的限制性缩小，人们可以在更大的范围内摆脱自然环境的影响，其物质生活的范围扩大，形式多样，内容也更加丰富。

（一）饮食的传承与变迁

自然地理环境深刻地影响和制约着生活在其中的人群的饮食文化，不同地域的民族之间或是民族内部各群体之间，其饮食文化都会有所差异。随着社会的发展，这种地理环境造成的特色会逐渐成为该群体在传统社会中的具有象征意义的物质文化符号。斯布村和甲多村位于海拔均在4000米以上的高原地带，高寒、干燥、缺氧的气候特征使当地农作物和牲畜品种单一。在传统社会中，西藏受到周围高山大川的阻隔，交通不便，生产力低下，运输物资都需要人背畜驮，和外界的贸易往来极为不便，因而可

---

① 张江华、揣振宇、陈景源：《雅鲁藏布江大峡谷生态环境与民族文化考察记》，中国藏学出版社2007年版，第151页。

② ［日］中根千枝：《作为藏族邻居的汉族与印度人的比较研究》，马戎、周星主编《二十一世纪：文化自觉与跨文化对话（一）》，北京大学出版社2001年版，第397页。

以输入的物资非常有限，藏族群众只能在有限的食物来源当中进行选择，能够适应高原气候的农作物，如青稞、冬小麦、土豆、萝卜、豌豆等，和牦牛、藏系绵羊等牲畜品种及其副产品——各类奶制品——一起，构成了当地传统食物的主要组成部分。随着社会的发展，当地藏族的传统饮食结构在传承历史的同时，也发生着改变。

在斯布村和甲多村传统的食品当中，糌粑和酥油茶构成了主要的组成部分，直到现在，吃糌粑、喝酥油茶仍是两地村民重要的饮食习惯。除了糌粑和酥油茶，自制的酸奶、奶渣、奶豆腐也是村民喜闻乐见的传统食物。

现今当地社会饮食结构的变化主要体现在外来食品逐渐进入藏族群众的日常生活，如大米、白面以及各种由内地省份运到西藏的蔬菜和水果，又如各种工业化食品，即在工厂车间加工制作，并经过保鲜处理和包装进入市场流通的食品，在斯布村和甲多村以罐头类、糖果类、方便面、饼干类、饮料类（包括啤酒和其他一些不含酒精的饮料）以及其他同类食品等。

在斯布村和甲多村45岁以上的人口当中，糌粑和酥油茶具有不可替代的主食地位，多数60岁以上的老人基本上每顿饭都以糌粑为主，每天要喝好几壶酥油茶，其他的食物只是辅助性的饮食。

> 我们这些老年人，如果每天不吃一点糌粑，就感觉好像没吃饭，心里总是不舒服，年轻人爱吃点大米啊、白面啊，我们也吃，但是吃了以后也还是要再吃一点糌粑。（MM，女，50岁，甲多村）
>
> 家里有4亩地，种的是青稞。平常基本上都吃糌粑，不怎么吃大米，面吃得多一点，从镇上买点馒头，炒点菜。我们家里自己种的有蔬菜、白菜、菠菜，后面有个温室，里面种土豆、青椒、西红柿。现在的年轻人好像爱吃大米、白面的多，那个也确实好吃，就是做起来太麻烦了，我们就不爱做，还是糌粑、酥油茶方便，也更香。（GSPC，男，53岁，斯布村）

现代斯布村和甲多村藏族群众的家庭饮食结构已经发生了很大的改变，他们的日常饮食在仍旧遵循着简单、方便的传统习惯的同时，饮食种类逐渐呈现出多样化的趋势。米饭、炒菜成为一部分藏族群众主食的选择，尤其是在年轻人当中，他们更加喜欢以大米、白面作为主食，并辅之以简单的炒菜。

图 3-4　西藏和平解放 60 周年中央代表团慰问品（刘继杰摄 甲多村）
（左：每家都有的酥油茶搅拌机；右：每村一辆卡车）

另外，即使是传统食品，在加工方式上也产生了一些变化，如酥油茶的制作。传统的酥油茶做法是将已经煮沸的砖茶倒入特制的酥油茶桶当中，在茶桶中加入盐、酥油，然后用木活塞捣冲搅拌均匀，再倒入茶壶或者锅中加热，即可饮用。现在斯布村和甲多村的藏族人家已经很少使用传统的酥油茶桶，而是使用酥油茶搅拌机制作酥油茶，将酥油和适量热茶倒入酥油茶搅拌机，利用其离心力使二者混合均匀，然后再冲入茶壶中即可。尤其是在 2009 年 3 月 28 日西藏百万农奴解放 50 周年纪念日和 2011 年 7 月西藏和平解放 60 周年之际，自治区和中央代表团组织捐赠了大量的物资，2015 年，酥油茶搅拌机作为日常生活所需，也在捐赠之列。这些进一步促进了这种现代加工方式的普及。用这种酥油茶搅拌机打酥油茶的好处就是可以更加省时省力，部分藏族群众觉得这样一来搅拌的速度更快，次数也更多，打出来的酥油茶口感比较好，但也有一些藏族群众觉得这样已经失去了藏族传统的风格，没有用酥油茶桶打出来的香。

（二）服饰的变化

一般而言，民族的服饰也可以视作其民族身份的外在符号之一，反映着民族文化的特征。藏族先民在长期的历史过程当中，在现有的生活区域内，经过长期的生产生活实践，并吸取周围民族的成分，创造出一套完整的具有本民族特色的藏族服饰。对藏族而言，其特殊的服饰文化不仅可以用来区分自身与其他民族的差异，由于自身服饰文化的差异，生活在不同地区的藏族服饰有不同的特征，所以也可以用来区分藏族内部的不同群体。这种区分往往是地区性的，建立在共性的基础之上，如传统的藏袍、藏靴，都是适应青藏高原高海拔、多大风、温差大等自然环境特点的。在这里我们不打算过多地讨论不同地区的服饰差异，仅就斯布村和甲多村现实中的服饰变化作一些论述。

斯布村和甲多村同属卫藏地区，两地藏族群众的衣着基本一致。斯布村和甲多村藏族的服饰文化变迁主要体现在传统的藏袍藏靴等逐渐被现代社会中的各种服饰所代替。从我们观察到的情况来看，在日常生活当中，斯布村和甲多村的很多男性村民已经放弃了原有的衣着习惯，转向与汉族相同的衣着。尤其是藏靴，现在两地的藏族群众很少在日常生活中穿着藏靴，各种劳保鞋成了牧民劳动过程当中的最爱，休闲鞋、运动鞋、皮鞋也是村民们喜好的选择。在日常生活中，女性村民穿藏装的时候更多，在斯布村，结了婚的妇女都会穿藏袍，有些时候会在藏袍外面加一件"汉装"①，可以更好地保暖。男性村民，尤其是青壮年劳动力，往往穿的都是"汉装"，因为这种衣服"穿着干活还是比藏袍方便一些"，"它轻，干活轻松"，"平时没事的时候也爱穿"，"有时候冷了还是喜欢穿藏袍，更暖和"。

图 3-5 牧民日常服饰（刘继杰摄 甲多村）

---

① 当地村民认为这种衣服是由汉族传进来的，而且汉族平常都穿这种衣服，所以在日常生活中，藏族群众会以"汉装"简单地指代此类服饰。

> 我在西藏已经有8年多了，在这边卖衣服，以前跟着别人干，现在自己干，在当雄县城有一家商店，专门卖衣服，那边卖汉族衣服的少，生意好一点，房租也便宜点。刚开始的时候来买衣服的汉族人多，后来藏族也慢慢多起来了，年轻人更多一些，我们的衣服也主要都是针对年轻人的，他们对质量、款式要求都挺高。前段时间我又专门去进了一趟货，我们进货基本上都是从四川进，从公路运过来，火车通了以后也有从兰州、西宁进的，少一点。（ZSH，四川南充人，35岁，当雄县某服装店老板）

从这位服装店老板的话里面我们也可以看到，当雄地区的藏族群众也越来越多地接受了"汉装"，除了实用性之外，服装的款式、质量也是其在购买时考虑的重要因素。尤其对年轻人而言，款式多样、新颖、时髦的"汉装"往往更具有吸引力。

> 我也有藏装，过年的时候刚做了一件新的，不过我平时都不穿，过年、望果节、赛马节的时候才穿，穿着会不舒服，勒得很，活动起来也不方便，所以我平时都穿汉装。这里的小孩都穿汉装，平时看不到穿藏装的。（DJQZ，女，17岁，斯布村）

> 2012年8月3日到5日是格达乡的赛马节，格达乡的各个村子都会有人去参加，也有来自相邻乡镇的牧民。8月3日这天，甲多村的牧民，尤其是年轻一些的牧民，都早早地把牛羊放出去，然后换上自己喜欢的藏装，或者骑摩托，或者开面包车，四组的一些村民直接站在卡车的后面，站了满满一车厢，去参加赛马节。很多平时不穿藏装的年轻人和中年人，这时候都是标准的藏族打扮，其中有不少都是我们前两天刚结识的村民，而上一次我们见到他们的时候，他们都没穿藏装。我们的翻译 GMTB 也跟我们商量一起去赛马节的事情。我们同意之后，他马上回家换了衣服，然后很得意地跟我们介绍，这是他新做的藏装，只在刚过去的这个藏历年穿过一次，他觉得这时候他"最像藏族，平时总穿汉装，有时候老人开玩笑说我看着不像藏族"。（甲多村田野调查日记，2012年8月3日）

> 像喝酥油茶、吃糌粑、放牧一样，穿藏装也是我们自己的特点，藏族已经有的习惯都应该坚持，但是现在这个年代里出现的事情也让

人没有办法，年轻人觉得穿藏装不好，不想放牧，这我们也拦不住，不过最好还是能坚持自己的习惯。（DQLZ，男，50岁，甲多村）

图 3-6　牧民日常服饰（刘继杰摄　甲多村）

藏族传统服饰在经过千百年的发展之后，已经不仅仅是一种衣服或者服饰的指称，在这漫长的发展历程当中，它所代表的的内涵已经获得了延伸和扩展。对藏族群众而言，传统服饰被认为是民族特色的一个重要方面，虽然日常生活当中有藏族群众穿着与汉族同样的服装，但是在一些特定的宗教、节庆、劳动以及仪式等场合，藏族传统服饰往往是不可替代的。可以说，藏族传统服饰已经被赋予了特殊的文化意蕴。在本民族的社会活动以及和其他民族的互动当中，藏族群众把传统服饰视为一个重要的文化符号，它除了服饰的基本作用之外，还构成了一种特定的族群边界，它通过强调藏族自身特定的文化特征来界定藏族的边界，以此与其他民族或群体做出区分，是不是穿藏装，穿哪一种藏装，构成了特定藏族群体与其他民族或本民族其他群体之间的族群性特征。

（三）出行方式的变化

斯布村和甲多村传统的出行方式当中，骑马和步行是两种主要的方式，因此，马曾经作为一种主要的交通工具而存在。现如今，这种情况已经随着道路条件和牧民经济条件的提升而改变。斯布村于 2010 年修建了斯布公路，为村民出行提供了便利的条件，304省道经过甲多村境内，两地与外界的联系相对便利。目前两地村民于社区之外出行的主要交通工具是摩托车、小轿车和面包车，在社区内部的出行，斯布村主要是步行，因为社区居民点之间距离很近，甲多村则需要借助摩托车、面包车之类。

甲多村村民当中，几乎每家都有摩托车，尤其是年轻人，会骑摩托车已经成为一项基本的技能，每个年轻人都曾以拥有一辆自己的摩托车作为自己的目标，现在的一些年轻人又希望能够开轿车或者面包车。

> 翻译GMTB第一天见到我们的第一件事情就是问我们能不能骑摩托车，因为甲多村的八个村民小组之间的距离都隔得很远，"最远的两个组要走大概一个多小时到两个小时，最近的也要走半个小时，而且路不好走，骑摩托车可以更快一些"，GMTB如是说。平常GMTB在家的时候和村里的其他人一样，经常骑摩托车出门，"摩托车现在是我们这里平时最方便的交通工具了，家家都有"，GMTB如是说。（甲多村调查日记，2012年8月2日）

机动车的普及使本没有明显道路的甲多村各个村民小组之间迅速地被碾压出一条条连接彼此的便道，说是便道，其实有些路段仅仅是两道狭窄的车辙，这是牧民长期沿着相同的路线行驶导致的。在二组、四组、七组、八组分别有"更加像路"的路连接一组，其实这种路也只是经过碾压失去植被覆盖的土路，通常也只有车身的宽度。从道路的特点中我们也可以体会到当地藏族在保护高原植被方面所作的努力，即尽量避免破坏更多的草场，为此，在没有特殊情况的前提下，村民会尽量避免驱车碾压新的草场，从而减少人类活动对草场的压力。

机动车普及后的另一个后果就是马匹的数量急剧下降。前文已经提到，马在斯布村和甲多村已经逐渐成为一种商品，不过并非是说马已经完全退出了两地居民的出行方式。在一些机动车难以到达的地方，马依旧发挥着自己的优势，成为负重的理想工具，因而部分村民在需要前往机动车或人力无法到达之处，又或者是在缺乏机动车的时候仍会选择骑马。从范围来看，出行距离较远，通常是本村以外的地方时，各种机动车就会派上用场，在本村的范围内出行时，步行、机动车、马各种方式并存，具体的方式视具体情况而定，以摩托车作为出行工具，在斯布村和甲多村都被视为最便捷的方式。

（四）消费方式的变化

消费方式的形成需要以一定的社会条件作为基础，消费方式的表现形式往往与相应的物质资料积累和文化精神作为基础，并且必然依赖于一定的空间场所和技术手段作为存在和发展的媒介，在此基础上，发展形成了一系列消费观念和消费行为的复合体。伴随着从传统的农牧业社会到现代社会的发展，人类社会的消费方式也在不断发生着变迁。同样的道理，伴随着藏族社会的发展进步，与传统农牧业社会相适应的自给自足、节俭为主导的消费方式，逐渐被现代化与全球化推动下的建立在积累基础之上的消费方式所替代。

就现有的情况来看，斯布村和甲多村藏族群众消费方式的变化主要体现在消费形式的多元化倾向越来越明显。随着社会经济的发展，斯布村和甲多村居民的收入水平逐渐提高，市场日趋活跃，消费品的种类越来越丰富，从有形的商品到无形的服务，从日常生活所需到发展性消费，当地藏族群众的消费需求和消费方式逐渐向多元化和个性化的方向发展。

从20世纪90年代开始，摩托车逐渐进入斯布村和甲多村藏族的生产生活当中，进入21世纪，摩托车已经十分普遍，在此基础上，小轿车、面包车、大卡车等亦不断进入当地藏族村民的日常生活。两地藏族的消费形式还存在另一个明显的特征，即消费从满足生存需要到提高生活质量的转变，主要表现为消费品的类型从生活必需品转向耐用消费品。彩色电视机在两地已经得到普及，橱柜等家具的质量越来越高，做工更加精美，手机已经成为当地藏族群众的生活必需品，电磁炉、洗衣机等家电也慢慢地进入当地藏族的生活当中。

斯布村的15辆各式汽车当中，卡车和面包车占了多数，在考虑购买的时候，除了其可供驾乘之外，实用性也是购买者考虑的重要因素。因此，这种消费除了享受性之外，对个人和家庭的未来发展来说，也是一种投资。

除了这些物质消费之外，教育性支出在当地藏族群众的支出当中占了很大的比重。随着社会生产力的发展以及政府职能部门的宣传引导，斯布村和甲多村的藏族群众越来越明白教育的重要性，因此，也更愿意投入更多的资金在子女的教育当中。

我们这里的小孩都上学了，上学不要钱，每个月还有伙食补贴，所以大家都愿意把孩子送去。以前干活忙不过来的时候还有人把孩子叫回来帮忙，现在不会了。大家都觉得教育还是重要的，希望孩子能上学，能学到本事，以后不用再过这种（农耕、放牧）生活。村里现在有几个人已经在上大学了，有一个已经分了工作。放假的大学生在内地，没回来。有两三个在内地，一个在西藏上大学。（ZMYZ，女，45岁，斯布村）

　　我现在在石家庄上学，学的是幼师，就是那种政府组织的，到内地去上学。我初中毕业在家放了两年羊，后来有这个机会，就又去考试了，要考试过了才能去，我很幸运。明年就毕业了，到时候回来找工作。上这个不要学费，每年寒暑假回来，也有不回来的。跟我一起去的有二十几个，我们村就我一个。现在村里的小孩都有学上，我们那时候还有不上学的呢。现在大家好像都重视上学了，而且上学也不要钱（学杂费），也不用负担太多，穷一点的也能去上学了。（GMTB，男，26岁，甲多村）

斯布村和甲多村教育发展较快的原因当中，很重要的一点是近年来国家关于义务教育的相关规定以及一些针对西藏的特殊政策，如各种类型的内地西藏班，通过择优录取的原则，选送适龄的藏族学生到内地的学校学习。这部分学生家庭，只需要负责其基本的生活费用和探亲所需的往返交通费，对一些家庭困难的家庭，还会提供补助。

　　斯布村加措堆村民小组的德吉今年13岁，暑假前刚刚通过了内地西藏班（中学）的考试，9月份开学之后，到江苏南通的一所中学学习。父亲现在比较担心的是德吉到了南通以后的生活费，因为听说那里的消费水平比较高，物价也比较贵。希望能够多赚点钱，不行的话就把家里的牛卖掉。（斯布村调查日记，2012年7月30日）

西藏的义务教育阶段已经实行城镇学生免学杂费、免费提供教科书和定量作业本的"两免政策"以及城镇困难家庭子女助学金政策，农牧民子女则享受包吃、包住、包学费的"三包政策"，把义务教育阶段的学生全部纳入了公共财政的保障范围。2011年秋季学期开始，西藏开始实行高中阶段的免费教育政策,即免除高中阶段的学费、书本费、住宿费以及学杂费等各项费用。2012年秋季学期,西藏又开始将学前教育阶段的城镇适龄儿童教育纳入免费教育范畴,至此,西藏的免费教育已经扩大至15年。西藏也率先在全国实现从学前至高中阶段(包括中职学生)的15年教育免费政策和对农牧民子女、城镇困难家庭子女实行"三包"和对学前教育实行财政补助政策。这种在政策上的倾斜和资助,使更多的藏族群众愿意让子女接受更多的教育,而且由于负担较轻,于是就空出了一笔原本用于子女教育的经费可供支配,这也在客观上促进了当地的消费。

作为一种重要的通信工具,手机越来越多地出现在斯布村和甲多村藏族的日常生活当中。在购买手机的时候,其实用性和价格仍是当地藏族的主要衡量标准,一部物美价廉的手机会受到大家广泛的欢迎。随着人们收入的增加,那些有能力购买手机的村民当中,部分人开始将手机的性能和外观等因素加入衡量标准当中。根据我们的观察,一般情况藏族群众在购买手机的时候,对于所谓"品牌"并没有太多的概念,他们往往会在听取经销商的介绍后根据自己的直观感受进行选择。部分价格较低的山寨机品牌在当地有较大的市场,因为这些手机声音响亮、按键大、外观也比较美观,所以有很多人购买。我们在调研中尚未发现有使用智能手机的村民。

第四章

草地利用的主要形式及存在的问题

西藏农牧业的现实分布,是建立在人与自然长期互动的实践基础之上的。随着人们对自然环境认知的加深、改造自然能力的提高,藏族先民因地制宜地采取与具体环境内自然条件相适应的经营措施,在满足人们需求的前提下不断发展并形成今天的规模。

综合西藏各地的产业特点以及各县的农、林、牧、渔业产值占农牧业总产值比重的计算结果,我们可以将西藏的农牧业生产大致划分为农区(种植业占农牧业总产值比重在70%以上的分区)、半农半牧区(种植业、牧业各占50%的分区)、牧区(牧业占70%的分区)、农林牧区(农、林、牧业各占1/3的分区)。[①]

就具体的行政区划而言,西藏的半农半牧区的基本范围包括墨竹工卡县,昌都地区的昌都、江达、贡觉、类乌齐、丁青、洛隆、边巴、察雅和八宿等县,日喀则地区的康马、岗巴、定结、定日、聂拉木、萨嘎、谢通门、昂仁和吉隆等县,山南地区的浪卡子、洛扎、错美、曲松、加查、隆子和错那等县以及阿里地区的普兰县。除此之外,农区主要分布在除墨竹工卡县、当雄县以外的拉萨下辖各县,昌都除芒康、左贡以外的地区,日喀则地区的南木林、仁布、江孜、日喀则、白朗、萨迦、拉孜等县,山南地区的贡嘎、扎囊、琼结、乃东和桑日等地;当雄县、仲巴县、那曲地区的全部以及阿里地区除普兰县以外的各县为牧业区;芒康县、左贡县和林芝地区的全部为农林牧区。[②]

---

① 尼玛扎西等编著:《西藏种植业结构调整与发展对策研究》,中国农业科学技术出版社2009年版,第1—2页。

② 需要说明的是:西藏自然生态类型的多样性使得各地农牧业的类型在不同地区可能都有分布,即在某一具体的县境内可能同时发现以上四个分区,所以,这种划分只是在大区域尺度上的一种大致的分区走势。

由于不同类型之间的过渡是渐变式的，因此本书所使用的农牧过渡地带包括半农半牧区、农区、农林牧区以及向牧区有一定延伸的地带，在这个地带内同时存在农业（种植业）和畜牧业，二者在具体地域中的比重有所差异，并呈现出农业比重逐渐降低，牧业比重逐渐增加的趋势。

一 草地利用的主要形式

青藏高原幅员辽阔，自然环境复杂多样，地区间的差异明显，各种土地资源的分布很不均匀，于是便造就了西藏草地类型的多样性特征，全国18个草地类型中西藏就有17个。在土地的利用方式上，主要以高原畜牧业为主，同时兼有农业存在，而且土地的利用随着海拔的变化而表现出明显的垂直分异性特征。近年来，随着社会的发展，一些新的草地利用形式逐渐出现并发展起来，其中尤以矿产资源和旅游资源的开发为主。斯布村和甲多村主要的草地利用方式包括以下几方面。

（一）农耕

西藏的农业是典型的高原农业类型，其农作物可以分为高原作物和低地作物两种类型，青稞、油菜、荞麦、马铃薯、萝卜、豌豆等属于前者，稻谷、玉米、辣椒、大蒜、黄瓜、扁豆等属于低地作物，位于喜马拉雅山南麓气候温润地带的农区还种植有香蕉、甘蔗、橘子、桃等经济作物。青稞、小麦、油菜和豌豆被誉为西藏农业的四大作物，都是喜凉作物，能够适应高海拔地区的特殊气候，尤其是青稞，只适合在青藏高原种植，在一定的范围内，海拔越高的地区青稞的种植面积越大，最终成为高寒地区的单一作物。受制于海拔的原因，斯布村和甲多村的农作物都属于高原作物类型，青稞在两地均占据着主要农作物的地位，前者还种植有一定的油菜、马铃薯、豌豆、小麦等。因为海拔的巨大差异，青藏高原的农业种植制度随着海拔高度的上升表现出明显的差异，种植的作物种类也有所不同，斯布村和甲多村就明显地体现着这种区别。

斯布村位于西藏东南部农耕地区向西北纯牧业地区的过渡地带，由于当地山谷与河谷的气候、土壤能够满足从事农耕生产的条件，所以这里较早地开始了农业生产。斯布村共有可耕地1364.25亩，其中粮油播种面积共964.25亩，人均粮油播种面积0.82亩。当地农作物主要有青稞、燕

图 4-1 斯布村农田和冬春草场（杨哲摄 斯布村）

麦、小麦、油菜等，年平均粮油产量 22.4 万斤。① 由于可耕地总量有限，而且其单位面积产量较低，因而就村民总体收入来说，农业收入仍只占很小的一部分，村民种植的粮食作物多用来自食和饲养牲畜。

面对当地有限的可利用耕地资源，一些牧民将自家的房前屋后甚至院子里的土地也充分利用了起来，他们在这里种植少量的燕麦、土豆、萝卜等，在几户牧民家中，我们还发现了塑料大棚的存在，规模都很小，其中种植着南瓜、西红柿、土豆、辣椒等蔬菜作物。

甲多村由于海拔高，土壤条件较差，可耕地面积较少，其中仅二组的耕地面积较大，户均 20 亩左右，总数不到 300 亩（截至 2011 年 8 月，该组共 18 户牧民，不过这 18 户是按照户口来划分的，其中 5 户虽然有单独的户口，但多是近几年因为政府实施安居房的补助政策而独立出来的，即"独户不分家"，耕地仍在原家庭中），因为海拔太高（耕地的海拔在 4500 米左右），青稞成为当地最主要的作物。

GS（男，62 岁，甲多村二组牧民）七八岁的时候跟随父母从南木林县举家搬迁到这里，本来就会种地，家里有 20 多亩地，采用轮播的方式，今年种十亩，明年种十亩，"每年都一起种的话地就会不好"。1978 年到 2009 年间，GS 一直担任二组的组长，三年前（2009

---

① 2012 年 6 月至 7 月斯布村田野调查所得，由斯布村 LYL、GS 提供。

年)退休,因为会种地,所以现在组里种地的事情还是他管。组里现在有不到 300 亩的耕地,"种一亩能收三亩"(即一斤种子能收三斤粮食)。"二组种地的一共有 14 户,不种地的 4 户。"(甲多村田野调查日记,2012 年 8 月 26 日)

在其余七组当中,仅部分家庭在房前屋后有小块耕地,种植少量黑豆、青稞。甲多村二组以外的村民不擅耕种,很多人甚至从来没有接触过农业生产。即使是粮食产出较高的牧民家中,所得的粮食也不出售,其中质量较好的用于供家人食用,质量较差的则用于在饲草短缺的时候喂养牲畜。

由于从事农耕所需的劳动强度较大,需要的精力更多,所以无论是在斯布村还是在甲多村,受访牧民都认为养殖比种植好,比较轻松不需要耗费太多的精力,效益也更好。

斯布村和甲多村的种植业发展也面临着自身的困境,其中最大的一点莫过于青藏高原恶劣的自然气候条件,主要表现为:空气稀薄、含氧量少、气候寒冷气温偏低、降水的季节分配不均、干湿季节明显,大量的降雨集中在每年的 4 月至 9 月,形成"雨季",10 月至次年 3 月降水较少,成为"干季"。另外,斯布村和甲多村的可耕地资源都较少,斯布村目前人均耕地约 1.18 亩,甲多村更低,人均不足 0.5 亩。还有,有限的可耕地以及土壤肥力等原因造成农业产出低,如在甲多村投入的种子与收获的粮食之间的比例仅为 1∶3。从西藏的总体情况来看,"受高寒气候、地面坡度及土壤条件限制,耕地资源数量相对于西藏土地总面积而言相当有限,适宜种植业利用的宜农土地资源为 49.66 万公顷,仅占西藏土地总面积 0.41%,且绝大部分宜农土地资源现已开垦为耕地"。[①]

从图 4-2 中我们可以比较明确地看出西藏农业土地资源的有限性,与西藏土地面积相比,适合发展种植业的土地资源仅占西藏土地总面积的 0.41%,其中干旱与半干旱类型的比重达到 51.21%,海拔 4100 米以上的高寒类型占 21.71%。这些条件决定了西藏目前的耕地资源当中,多数宜农土地的开发条件差,从而加大了利用的难度,强化了西藏耕地资源的有限性。而且目前西藏适宜农耕的土地资源当中,93.36% 已经被开垦出来,

---

① 温军:《西藏农业可持续发展战略研究》,中国藏学出版社 2006 年版,第 40 页。

主要用作粮食种植，而且大部分地区的作物为一年一季，具体的耕作方式因地力而异。①

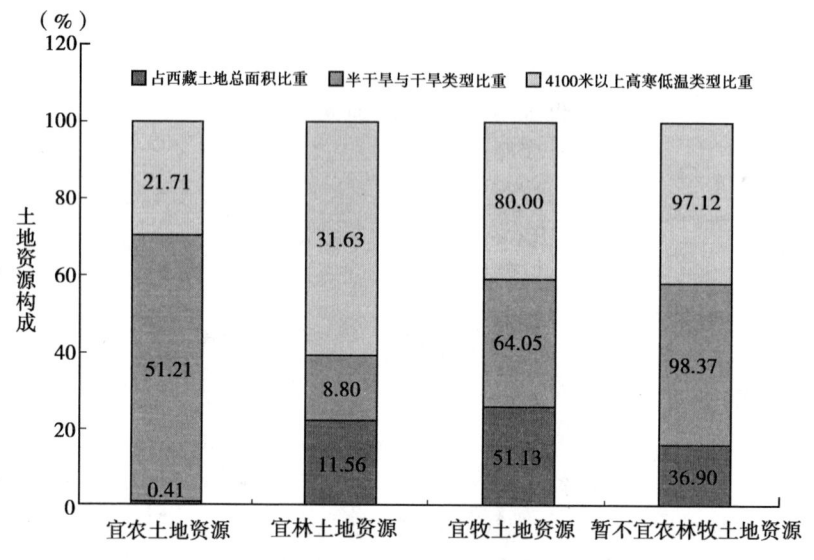

图 4-2　西藏农业土地资源结构构成比较②

由于耕地资源有限等条件的限制，在海拔较高的地区已经不适合发展种植业生产，但这并没有束缚藏族群众利用土地维持生计、提高自己的生活水平，他们在这些不适合发展种植业生产的地区经营畜牧业，有效地避免了耕地不足带来的不利因素，使种植业与畜牧业互为补充，拓展了生计方式的范围。

（二）放牧

相对于有限的耕地资源来说，西藏适宜放牧的土地资源是各类土地资源当中分布最广的，同时也是面积最大的农业用地，占西藏土地总面积的51.13%（图4-2）。从总体上来看，西藏的草场资源丰富，草质良好，营养成分含量高，适口性也相对较好，对于发展畜牧业来说，可谓是得天独厚的条件。

---

① 张天增等：《西藏自治区土地资源评价》，科学出版社1994年版，第62—66页。
② 温军：《西藏农业可持续发展战略研究》，中国藏学出版社2006年版，第41页。

自古以来，草地就是藏族群众赖以生存和发展的物质基础，藏族群众长期依靠在草原上放牧获取生产生活的所需，草原和放牧成为藏族文化的重要基础和显著特征，并且极大地影响其民族心理的形成和发展。

斯布村位于藏东半湿润气候区内，自然条件相对较好，境内多山地，定居点位于河谷当中，沿着河流顺势排开。村民根据季节的转换在周围的山区从事游牧生活，夏季在海拔较高的地区放牧，冬季则将牲畜迁至低海拔的山谷地区。当地主要畜种有牦牛、黄牛、山羊、绵羊和马，个别家庭饲养有猪。2011年年底全村牲畜存栏数9117头，出栏903头，牲畜出栏率不到10%。斯布村养殖的牲畜以牦牛为绝对的主力，黄牛、山羊、绵羊、马都很少。在2011年年底斯布村存栏牲畜当中，牦牛的比例高达83.6%，而绵羊的比例仅1.3%，前者是后者的64倍。在我们重点调查的加措堆组当中，村民饲养的牦牛规模从五六头、十几头到一百多头不等，山羊和绵羊则很少。

表4-1　　　　　2011年年底斯布村牲畜存、出栏情况① 　　（单位：头/只/匹）

	总数	牦牛	黄牛	山羊	绵羊	马
存栏数	9117	7619	458	707	115	218
出栏数	903	750	64	76	13	—

甲多村的海拔较斯布村高，地势相对平坦，定居点周围就是宽阔的牧场，村民们就在定居点周边的草地上长期从事着早出晚归的放牧生活，虽然本村范围内的山地也有适合放牧的草场牧场，但是在定居后相当长的一段时间里，牧民经常因为不方便而不去那里放牧。当地主要畜种有牦牛、山羊、绵羊和马，以前三者居多。

根据2011年年底甲多村对牧户养殖规模的统计，当地一共有各类牲畜19098头（只/匹），其中牦牛最多，有6786头，其次分别是绵羊6598只、山羊5563只，马的数量最少，共151匹。牲畜规模最大的是八组，一共有3404头（只/匹），最小的是四组，仅1287头（只/匹）。②从统计结果中我们可以看出，牦牛在甲多村的养殖规模与山羊和绵羊相比，数量上的优势并不明显，在一些村民小组，山羊

---

① 数据来源：2012年7月斯布村田野调查所得，由斯布村LYL、SLBZ提供。
② 数据来源：2012年8月甲多村田野调查资料，由甲多村CRDJ、GMGL提供。

或绵羊的数量超过了牦牛,但是这并不影响牦牛在当地居民生产生活中的重要性,它仍是当地藏族饲养的主要牲畜。

图4-3 放牧(刘继杰摄 甲多村)

表4-2　　　　　　2011年甲多村牧户养殖规模① 　　　(单位:头/只/匹)

	合计	牦牛	山羊	绵羊	马
全村	19098	6786	5563	6598	151
一组	3365	1161	1167	1022	15
二组	2034	914	412	699	9
三组	1745	593	408	725	19
四组	1287	615	178	478	16
五组	2631	931	455	1226	19
六组	2761	960	858	922	21
七组	1871	628	626	588	29
八组	3404	984	1459	938	23

游牧是藏族先民经过长期实践后选择的生产方式,"游牧经济是唯一能适应青藏高原独特自然环境的生产方式,对藏族社会的发展有着不可替

---

① 数据来源:2012年8月甲多村田野调查资料,由甲多村CRDJ、GMGL提供。

代的推动作用"。① 斯布村和甲多村村民的生活与畜牧业生产有着直接的关联，畜牧业为其提供了衣食住行的基本来源，构成其赖以生存的主体产业。畜牧业为其提供了日常生活中所需的肉类和奶类来源，这些至今仍是藏族食物的主要构成物；牛粪则构成了斯布村和甲多村牧民的主要燃料来源，在甲多村，牛粪甚至被作为商品出售，为其提供额外的收入；牲畜的皮、毛、骨等则可以制成牧民生产生活中所需的毡、被、绳或者其他工具。

牲畜出栏率低是斯布村和甲多村畜牧业的一大特点，这同时也是整个藏区畜牧业的特点。正是由于牲畜为牧民提供了生产生活中所需的大量物质来源，所以牧民将其视为重要的财富并妥善加以照看，并不轻易出售或宰杀。低出栏率使牧民饲养的牲畜规模不断扩大，大量的研究和事实都已经证实，西藏草原畜牧业的现状处于严重的超载状态，是引起草地退化的重要原因。斯布村和甲多村目前的牲畜出栏率（包括宰杀和出售）均不足 10%，这与当地政府规定的 30% 的出栏率②相去甚远，但对很多牧民来说，他们更倾向于这样一种观点，即"自己家的牛羊，想卖多少，想杀多少是自己的自由，不应该有出栏率的限制"③。

（三）采集

青藏高原的生物多样性丰富，出产很多具有高原特色的动植物，所以对生活在斯布村和甲多村的人来说，采集天然的药材（如贝母、虫草等）和一些菌类（如当地人所说的黄蘑菇），也是当地利用草地资源的常见方式。

斯布村出产天然藏药材，每年夏季都是当地人进山采集贝母和虫草的

---

① 苏永杰：《试论藏族传统文化与青藏高原游牧经济的相互影响》，《西南民族大学学报》（人文社会科学版）2011 年第 6 期。

② 西藏自治区根据当前产草量和其他途径获取的可利用饲草饲料总量，综合考虑牧民正常生活需要等因素核定载畜量，作为草畜平衡载畜量。扣除禁牧草原面积，全区草畜平衡载畜量为 3484.48 万个绵羊单位，2010 年年末，全区牲畜存栏 4599.14 万个绵羊单位。要实现草畜平衡目标，需减畜 1114.66 万个绵羊单位，其中拉萨市需减畜 125.51 万个绵羊单位。根据自治区制定的草畜平衡区原则上按照 3∶4∶3 的比例分 3 年完成减畜任务的规定，经过计算之后，确定两地每年的出栏率约 30%。详见《西藏自治区建立草原生态保护补助奖励机制 2011 年度实施方案》，西藏自治区政府门户网站，http://www.xizang.gov.cn/zbwj/61605.jhtml。

③ 2012 年 9 月甲多村田野调查资料，被访者：LBWM，女，甲多村二组，牧民。

季节，部分村民能够在一个夏天获得 1 万元以上的收入。

据斯布村村民 ZM 介绍，2012 年"贝母 130 元 1 斤，而且是湿的，1 天多的可以挖三四斤，虫草 1 根从 35 元到 180 元"。但是这种采集也面临着一种困境，因为在长期的挖掘中没有注意保护，掠夺性地采挖导致现在的虫草和贝母产量锐减，而且质量也不如以前。

> ZM（女，22 岁，斯布村，牧民）虽然认为自己是牧民，但她现在已经很久不放牧了，仅仅小的时候给家里帮过忙，现在家里有 8 头牦牛，全部由娘家照顾，自己目前主要的活动是照顾家务，夏天去挖虫草、贝母。"现在每天可以挖到的贝母比以前少多了，只能挖不到 1 斤，以前挖的比这多多了"，ZM 如是说。（斯布村田野调查日记，2012 年 7 月 14 日）

甲多村所在的地方不产贝母和虫草，但是当地有一种被村民称为黄蘑菇的菌类，是他们非常喜爱的一种食物，味美，每斤按成色从 10 元到 60 元不等。夏季雨后草原上经常能够见到，所以当地人经常采集并出售。另外，野生雪莲已经被当地明确禁止采挖，但在利益的驱使下，仍然有部分村民上山采集。

（四）采矿

采矿并非直接利用草地资源进行生产，而且甲多村和斯布村的村民也并没有直接参与到采矿的生产过程当中，采矿的存在却对两地村民的农牧业生产和生态环境造成了影响，甚至直接影响村民的生活（影响较大的如 2013 年斯布村普朗沟泽日山的山体塌方事件[1]），因而此处将采矿与放牧等草地利用方式一起进行说明。

---

[1] 2013 年 3 月 29 日，斯布村普朗沟泽日山东坡约 30 万立方米块碎石土体失稳形成滑坡，形成总体积约 200 万立方米的滑坡体，造成 83 人遇难。泽日山自身地形陡峭，坡度在 42°—45°左右，地形复杂，岩体破碎（被当地群众称为"至日山"，意即"碎石山"）。中国黄金集团旗下的华泰龙公司长期在此进行采矿作业，采矿过程中使山上原本不多的植被更加稀少，一些地区直接被碎石覆盖，这些裸露的碎石在地形陡峻、岩石碎坡、冰雪冻融强烈等因素综合作用下，形成滑坡。详见岑嘉法等《关于西藏"3.29"滑坡灾害形成原因的论证意见》，新华网：http://news.xinhuanet.com/2013-04/05/c_115278943.htm。

斯布村境内矿产丰富，主要是铜矿伴生的多金属矿，且比较丰富，矿场设在相邻的甲玛乡境内。采矿并没有给当地村民带来好处，相反，采矿破坏了当地牧民的草场，污染了河流，村民对此很有意见，对采矿普遍持反对的态度。虽然去年（2011年）矿场对毁坏的牧场给予每亩600元的补助。

甲多村境内同样拥有丰富的矿产，以铅矿为主，地处属于甲多村三、四、五组的山里，为了便于运输，修建了经过甲多村的便道和盘山路，因为对环境的破坏较大，所以每年矿企对当地居民都有相应的经济赔偿。

每年矿上给村里赔34万，其中70%由三、四、五组支配，30%在8个组的另外5组当中分配。（LBWM，女，54岁，甲多村，牧民）

虽然村民没有直接利用当地的矿产资源，但是企业的存在对牧民的生活和自然环境造成的影响是显见的。矿产资源被开发，还需要面对矿产开发带来的环境破坏和生态问题。

二 传统草地利用方式的变迁

随着社会的进步和科学技术的发展，人们在利用草地进行农耕和放牧的同时也在思考如何对其进行必要的改良。这种草地利用方式的变化的原因中，国家层面的方针、政策是最大的影响因素，科学技术的进步和人们认知结果的提升在客观上提供了改变的条件，藏族社会较高的开放程度则起到了促进外界新事物、技术和观念的传入。

（一）耕地和草场所有制的变迁

草场是西藏畜牧业存在和发展所需的最基本的物质条件，畜牧业则是藏族最主要的生计方式，自古以来就和藏族群众的生产生活、社会发展、文化延续密切联系在一起，因而，草场对藏族而言，具有重要的地位。耕地则是种植业存在的基础，它所发挥的作用，在藏族群众的生产生活当中同样不可忽视。西藏的耕地制度相对完善，但是长期以来，西藏的草场一直被视为一种公共财产，"草原归部落所有"成为"主流观念"。

早在松赞干布时期，吐蕃就存在"王田""氏族田""固定的俸禄田""不固定的俸禄田""赏赐田""寺院庄园田"以及属于平民自己的土地。① 这种情况经过发展之后，逐渐形成西藏体系完整的政教合一的三大领主——政府、贵族、寺院的最早雏形，最终持续发展成三大领主对土地的垄断性占有，促使农奴与他们建立起依附关系，即使拥有少量土地的自耕农，也需要依附于三大领主。三大领主对西藏土地的占有一直持续到20世纪中叶，1959年9月21日，西藏自治区筹委会通过《关于废除封建农奴主土地所有制实行农民的土地所有制的决议》，将农奴主的土地和其他生产资料通过直接没收和国家出钱赎买的方式，分配给农奴和奴隶，在土地国家所有的基础上，直接由农民占有和使用。在这之后，西藏的土地又经历了人民公社阶段，这一时期的土地仍归国家所有，但是以公社为单位集体使用，单个社员不再拥有对生产资料的占有、使用、收益等权利。

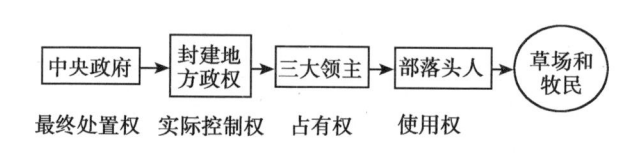

中央政府 → 封建地方政权 → 三大领主 → 部落头人 → 草场和牧民

最终处置权　实际控制权　占有权　使用权

图 4-4　西藏封建部落制草场制度②

1959年以前，部落社会对西藏的影响仍然巨大，仍能在其社会组织中发现氏族部落的痕迹。对纯牧区而言，部落不仅是牧民进行生产的经济单位，同时也具有基层行政单位的性质，牧民依附于建立在地缘关系和血缘关系基础上的部落，与部落一起共用草场。就草场的占有形式而言，又可以将部落所处的草场划分为领主占有和部落共有两种形式。③ 不过，这些部落都属于三大领主的管辖范围之内，三大领主仍实际占有并支配部落草场。

与对同一时期耕地的处理类似，1959年以后，对牧区的牲畜亦按照对参与叛乱的领主直接将其牲畜分给农奴和奴隶，对没有参加叛乱的领主，则是通过逐步赎买的方式将牲畜分配给牧民。此时的草场归牧民集体

---

① 详见才旦扎西《初论吐蕃王朝时期的土地所有制》，珠佩译，《西藏研究》1993年第3期。

② 范远江：《西藏草场制度变迁的实证分析》，《华东经济管理》2008年第7期。

③ 范远江：《西藏草场产权制度变迁研究》，四川大学出版社2009年版，第51页。

所有，即所谓"草场公有，放牧自由"。在社会主义改造阶段，西藏的牧业生产逐渐进入人民公社制阶段，不过由于西藏地区特殊的实际，此时的所谓人民公社，在很多地区，尤其是地广人稀的藏北高原，其实质仍是习惯性的牧民互助。

完成从封建农奴制度到社会主义制度的转变之后，在国家各种优惠政策和实际帮助的带动下，通过广大藏族群众不断努力，西藏农牧业发展迅速。1978 年之后，西藏也逐渐被卷入改革开放的浪潮之中。1980 年，中央召开第一次西藏工作座谈会，确定了在西藏农、牧区实行家庭联产承包责任制，耕地和草场被承包给牧民经营。

斯布村的草场自 1982 年开始承包，在承包的时候，首先以村民小组为单位，多咔、乃能岗和加措堆三个村民小组，每组分到一部分草场，然后在小组内继续细分。在草场分配的时候，主要是按照家庭人口的多寡进行划分。

> 草场是我 14 岁的时候分的（即承包），今年我 45 岁。我们这里以前也就是几户人家在一起放牧，现在承包了以后也还有，现在觉得承包到户以后更好，因为这样一来就不会像以前那样没人负责，谁都能去放，谁都不管。各家必须对自家的牲畜负责，这样（牲畜的数量、质量、产出、效益等）才能有保证。（BBWM，女，45 岁，斯布村，牧民）

> 我们这里的草场没分到户，是按沟分的，每个沟里面有几户人家在那放牧，沟大的，户数就多一点，沟小的就少一点。我也不清楚一共有多少亩草场。草场和耕地是（20 世纪）80 年代初开始承包的。没承包前就几家人一起放，别人的牛羊跑到我们这边来也没有什么意见，草地都一起，就一起用。别的村的牛羊到我们这儿来吃草，我们的牛羊也去吃别人的，反正（越界牛羊的）不多，也就无所谓了，看见有过来的再赶过去就行，不会有矛盾。我们这里是半农半牧区，牛羊少，问题不大，青海、那曲这样的纯牧区就矛盾比较大，需要政府出面。（QJ，男，50 岁，斯布村，牧民）

斯布村和甲多村在承包草场的时候，都不是单纯地将草场承包到户，虽然其《土地承包证》上都明确地写着每家每户承包草场的数量、四至等信息，但是在实际当中，这个"承包证"并没有完全改变草场利用的传统形式。在斯布村，由于多山的地形，每块草场的面积都有限，能够容纳的家庭户和牲畜数量都被限制，所以当地牧民在放牧的时候，会根据自己的牲畜数量与相邻家庭自由组合，联合起来放牧。这样，既增加了草场的面积，可以为牲畜提供更大的活动空间和更多的牧草，也提供了内部互助的机会。

甲多村的草地在使用的过程中，更加简单，全村人都可以在本村所属的草场放牧。

> 我们这里的草场也承包了，不过还是大家在一起放牧，谁都能去，每组跟每组有界线，也没拉铁丝网。拉铁丝网的地方是不让放牧的，草留着秋天割，要么就是自己家种的地，这种很少，就是在房子跟前有一些。承包、拉铁丝网很难做成，牲畜自己感觉也不愿意，不能想去哪儿就去哪儿，人与人之间也会有矛盾，牲畜被围起来了，心里不舒服，也不会长了，不围的话，它们就可以经常换地方，心里也会舒服。对农区来说，没有多少牲口，围起来好管，我们的牲口多，不好管，那样（围起来）效果肯定不好，人也会不团结，会有矛盾的。(CRDJ，男，54岁，甲多村三组，牧民，支书)

甲多村的草场承包最初也是在1982年，亦是承包到户，在实际的使用过程当中，也尝试过每户单独放牧，但是这种方式很快遭到了废弃。

> 以前我们这里也是每户自己承包的，放的时候就自己放，牛羊又不知道这些，就乱跑，然后（人和人之间）就有矛盾了，大家都不想让别人的牛羊到自己家的草场上吃草。要是一次两次那肯定无所谓，赶回去就是了，牛羊去哪活动人也说不好，天天都有（越界的牛羊），有些人小气一点的就跟人家吵架了。后来就大家都觉得不好，都不团结了，就又商量好，都在一起放了。(QNBZ，男，67岁，甲多村四组，牧民)

> 还是大家在一起放（牧）好，有些人家牛羊多草地少，有些人家草地多牛羊少，在一起放，牛羊都有得吃。(DR，男，33岁，甲多村三组，牧民)

为了应对人口增长和牲畜的增殖，2012年甲多村重新对土地和草地进行了承包，并且换发了新的"承包证"，其中一个重要的变化就是在承包证上明确地标注了是以村民小组为单位的"联户承包"形式共同使用本组的草场。这被当地大多数人认为是最理想的草地承包和使用形式。

> 还是在一起放牧好，牛羊可以到处跑，人也不会有矛盾了，不会影响团结。(ZM，女，39岁，甲多村八组，牧民)
>
> 我们藏族以前一直就是游牧的，草场都是大家一起用，解放以后慢慢定居了，草场还是一样大家一起用，现在（草场）虽然分到每家了，大家还是喜欢一起用，这是我们藏族的习惯。(GMGL，男，57岁，甲多村一组，牧民)

集体放牧，共同使用草场，是藏族群众延续了千百年的历史经验，之所以能够延续至今，是因为这种经验能够符合当地人的需要，已经被当地藏族群众所接受，成为一种"理所当然"的习惯。在当地藏族群众眼里，集体使用草场并不是简单地共享权利，这同时也是对牲畜生长最有利的一种形式，而且也是维系本民族内部团结和凝聚力的一种有效的手段。

（二）耕作方式的变化

早在4000多年前的新石器时代，藏族先民就已经能够使用各种石器、骨器进行农耕活动，种植粟米、青稞等作物。到了布德贡杰主政时期，就能够使用牛耕，制作牛轭，以"二牛抬杠"的形式开垦土地，即《西藏王统记》中所谓"钻木为孔作轭犁，合二牛轭开荒原"。[①] "唐宋以后，随着藏族与其周边民族经济文化接触的频繁，藏族的农业生产技术也逐步得到提高。"[②] 到了清代，藏族的农业发展水平并没有实质性的提高，农业生产工具也仍旧是传统的木制、铁制器具，例如当时位于今四川甘孜炉霍地区的藏族在耕地时仍旧"多用二牛，以木五尺许，缚二角端，中施一长木至牛后，横加短木，下贯五锹镭形齐如锄，每于高下转折处，骈牛

[①] 索南坚赞：《西藏王统记》，刘立千译，民族出版社2000年版，第36页。
[②] 刘正刚、王敏：《清代藏族农业经济初探》，《西藏研究》2003年第3期。

行，殊少便捷。其锄甚小，范铁而成，启土甚艰。"① 此时藏族的农业发展也和全国其他地区类似，处于一种停滞不前的发展阶段。

表4-3　　2007—2011年斯布村汽车及农用拖拉机增长情况简表②

年份（年）	2007	2008	2009	2010	2011
汽车（辆）	8	10	11	12	13
农用拖拉机（台）	76	87	109	124	128

现代甲多村和斯布村村民在进行农耕生产时，所借助的生产工具已经发生了巨大的变化，农业生产技术提高，大量现代化生产工具出现（如农用拖拉机、机械犁具、现代运输工具以及其他农业生产所需的工具）。2011年斯布村农用拖拉机保有量达到128台，从2007年至今增加了52台，平均每年增加13台，其间家庭户增长为23户，每年增长5.75户。斯布村农用拖拉机的增长速度已经远超过了家庭户的增长速度，表明当地对农用拖拉机的需求量、村民的购买能力和购买量均在增长，现代农业机械进入斯布村农业生产领域的现实是对当地耕作方式变迁的有力证明之一。

因为甲多村的耕地主要集中在二组，所以本村农用拖拉机等与种植业相关的生产工具也都在二组。在甲多村二组，除了2户缺乏劳动力和资金的藏族居民以及虽然户口独立，但是仍与原来的家人居住在一起的3户居民之外，每一户都有农用拖拉机。

除了使用现代化的生产器械之外，斯布村村民的田间管理也比以往更加细致，村民会定期或不定期地除草、去积水、打农药等，县、乡有关农技单位对村民的日常生产进行指导的次数越来越多。

斯布村传统的种植业当中，对田间管理的重视程度并不高，在播种之后，几乎没有管理措施，可以说是一种简单的"靠天收"。

---

① 中央民族学院图书馆编：《中国民族史地资料丛刊·炉霍屯田志略·耕种》，中央民族学院出版社1979年版。

② 数据来源于2012年7月田野调查期间，由扎西岗乡驻村工作组提供，表中数据统计于每年的12月。其中，汽车包括货运卡车、面包车和小轿车，前两者居多，所有者不定期地从事货运和客运以获取额外的收入。

> 年轻的时候听老人讲,我们这里以前(20世纪五六十年代以前,详细时间已经无法记起)在种地的时候,用的工具都很简单,有时候都是人拿着那种老式的锹在翻地,(农作物)种上以后就不怎么管了,顶多就是除一次草。那时候青稞的产量比现在低多了,种子也不一样。(一九)六几年开始有人来教我们怎么种地、怎么除草、怎么施肥,一开始我们这里都不用化肥,现在都开始用了,不过自己吃的话就不用,还是用牛羊粪,产量可能低一点,但施了化肥的不好吃。(CZQJ,男,58岁,斯布村,牧民)

当地历史上的农业,因为耕种模式粗放,以及科技水平和自然条件的限制,作物的产量也就比较低。随着近年来对农业投入加大,相关职能部门在种植业生产当中所起的作用越来越大,农技部门的培训工作增加,每年都会对斯布村和甲多村村民进行农业生产的培训。

> 有时候会有县上的人来我们这里,到田里看看庄稼长得怎么样,给我们讲什么时候该施追肥,什么时候该除草,(庄稼)有病的时候要打药,这几年来得少了,以前还多一点。(BZ,女,58岁,斯布村,牧民)

> 以前打场(谷物脱粒)的时候经常就是用牦牛踩,把牦牛赶上去踩,后来才有了石磙、脱粒机什么的。……以前我们的青稞是不给牛吃的,人都不够吃呢,现在喂牛的时候,尤其是冬天,也会喂一些青稞。(WS,男,63岁,斯布村,牧民)

西藏现代的农技推广工作始于20世纪50年代由原中央政务院和中国科学院组织的进藏工作队农业科学工作组,从那时候起就开始了对西藏农业的指导工作。耕作方式的进步也带来了藏族群众思想观念的改变,一些传统禁忌逐渐被人们放弃,例如上述材料中所说的牲畜不能吃青稞的规定,当时的规定是与其社会经济条件相适应的,因为当时生产力低下,产量有限的青稞作为重要的谷物,全部用作人的食物来源,牲畜是不允许食用的。在社会生产力得到提高,人们的生存已经有了保障之后,青稞才逐渐被用于喂养牲畜。斯布村和甲多村的村民,现在就保持这样一种习惯,将品相好、质量高的青稞供人食用,差一些的青稞则作为牦牛的饲料,在冬天补饲给牦牛。

两地从事种植业的村民现在都已经认识到田间管理的重要性，他们现在经常会不定期地巡视自己的农田，并且定期进行除草、施追肥等田间管理的工作。斯布村的田间管理工作主要由女性来完成，我们在调研期间就经常能够看到一些藏族妇女三五成群地在除草、松土。

（三）天然草地改良

藏族传统放牧方式是逐水草而居，根据草场质量变化定期迁移，此时天然草地的维护和培育主要是依靠其自身能力自然恢复。牧民实现定居之后，牲畜无法在更大的范围内流动，并且伴随有不同程度的超负荷放牧和收割，可供草地恢复的时间缩短，不同程度地影响了草地的发育，造成草地覆盖面积减小、单位面积产草量下降、毒草害草数量增加等现象，因而便产生了以人为方式对其进行的改造，为天然草地提供更多的生存空间和时间，以达到提高天然草地质量和恢复生态的目的。

西藏的退牧还草工作始于2004年，最早在那曲、比如、改则三个县试行，后逐渐推行到整个西藏自治区范围内。退牧还草主要包括对生态脆弱区和严重退化的草原区全面推行禁牧制度，以及对尚在退化的重点放牧场，在牧草返青期和籽实成熟期推行季节性休牧制。据介绍，因为当地的草场条件相对较好，所以斯布村目前还不在退牧还草的范围之内。2012年甲多村在调整草地承包，换发《草原承包经营权证》的时候，在每个村民小组内都选择性地划定了禁牧的范围，其主要的条件就是植被稀疏、土质差、缺水的地方，因为这些地方的植被恢复起来困难更大，紧迫性更强。

图4-5显示了甲多村二组牧户MZ家的《草原承包经营权证》对其所承包草场一般情况的登记，在"利用季节"一栏里，"地块1"和"地块2"明确写着"禁牧"。必须说明的是，由于牧民在放牧过程中共同使用草地，所以这个承包证虽然规定了每户的草场面积，但是这些草场仍在一起，本组所有牧民分到的禁牧草地也同样在一起，在禁牧草场的四周立有界标，并且有专人进行巡视。根据规定，禁牧的时限是5年，对甲多村而言就是2012年至2017年，在此期间，任何牧民不得进入禁牧区域内放牧。为补偿牧民的损失、提高牧民的积极性，西藏自治区政府还制定了相应的补偿标准，每年每亩禁牧草场能够获得6元补助。以牧民MZ为例，他们家一共有草场615.19亩，其中137.35亩是政府规定的禁牧区域，通

过生态补偿，每年可以获得 824.1 元的收入。

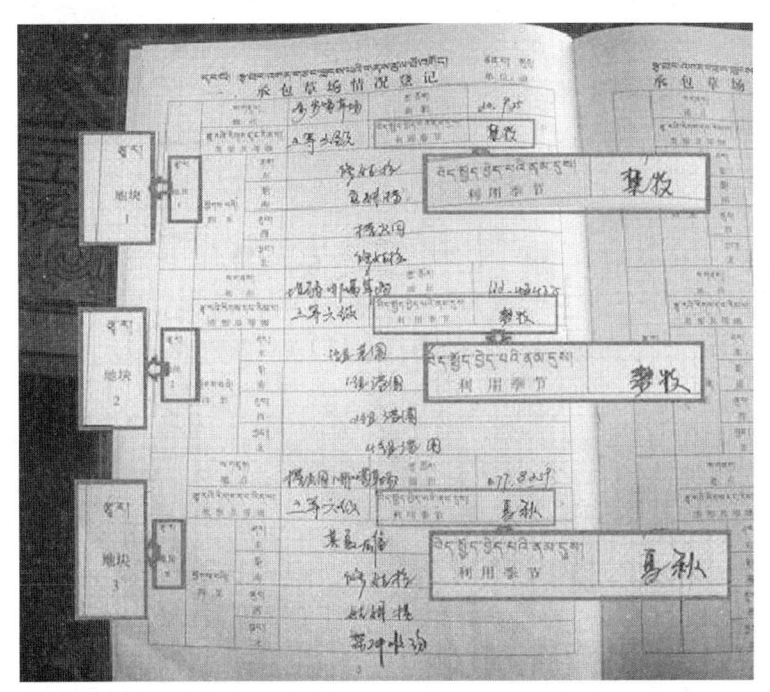

图 4-5 《草原承包经营权证》中登记的草场情况（刘继杰摄 甲多村）

除了完全禁牧的区域之外，每个村民小组通常都会有 1—2 块面积不等的"围栏封育区"，这些草场被铁丝网围起来，因此牲畜是无法进入其中觅食的。牧民任由围栏区域内的牧草自由生长。在每年的 10 月，牧草成熟，牧民可以进入其中割草，加工储存，作为冬季天然饲草不足时的补充。简单而言，这里就是牧民的饲草"储备区"。通过这一项措施，不仅使牧草得到了恢复，而且能够使牲畜在冬季获得更多的饲草，避免牲畜死亡。不同小组之间，如果某一组的牧草不足，可以在提出要求之后到其他小组饲草有富余的封育区割草，不会有人阻止。一般而言，牧民都会根据自己家里牲畜的规模，有计划地割适量的草，不会多割。

　　本村的人来割草不收钱。别的村也有来割草的，他们来割的时候就要收钱了，去年每个人收了 5 块钱，其实也就是意思一下，要不然谁都来割，我们自己就不够用了。割的时候不能割得太深，必须要留一些，割得太深了不好。（GMGJ，男，42 岁，甲多村四组，牧民）

图 4-6　甲多村七组禁牧封育区一角①（刘继杰摄 甲多村）

这当中体现出了一种传统的共产与互助制度，人们根据实际需要，各取所需，每个人的心中都有一个度，一般不会有人轻易地打破这个限度，因为一旦有人打破，他/她就会受到社区舆论谴责，不仅自己在社区抬不起头，甚至无法立足，家人也有可能受到殃及，所以这成为人们极力避免的事情。针对外村人收取的费用，由村委会负责保存，用于村内事务的开销。不过这种收费往往也是象征性的，不会收得太多。

2012 年春季开始，西藏自治区农科院畜牧兽医研究所在当地负责实施了以灌溉技术为主的优质高产型天然草地的定向培育技术试验设计。其实施方案包括：

①引水灌溉：从该社区上游 2 公里处，沿山脚下等高线修建一条引水渠，引水渠长度为 2 公里，然后修建一座 500 立方米的调节水池，再从调节水池向山前平地引出 2 公里管道，铺设喷灌地下管网，利用自然高差压力引水喷灌分布在下游山前平地上的高寒荒漠草地；

---

① 图中左下方为禁牧区，右上方为放牧区，禁牧区周围有铁丝网为界。从图中可以比较明显地看出禁牧区的草长势较放牧区好很多。

②开展适宜草种的栽培筛选试验，引种试验的草种原则上以青藏高原的当家草种为主。①

该项目在甲多村实施的过程当中，将试验田设在了耕地较多的二组境内，并且雇用当地的牧民参与其中。2012 年开垦耕地完毕，2013 年实现了喷灌的目标，并且成功收获牧草。

（四）牲畜防疫和品种改良

对以畜牧业作为重要经济和衣食来源的藏族群众来说，牲畜的防疫工作尤为重要。经过几十年的发展，西藏目前已经形成了系统的牲畜防疫体系，从制药、科研，到具体的防疫工作，都有专门的机构和人员。而在 1951 年以前的西藏，"农牧业科研处于一种自然且缓慢发展的封闭状态，农牧业科研机构、科研人员、科研课题等尚属空白。西藏和平解放时，没有一家农牧科研机构，亦没有一个植保和兽医防疫部门，当然也没有专门的科研人员。保留和流传下来的农牧业生产科技资料甚少"。②

在斯布村和甲多村，都配备有专门的兽医，其日常工作的主要内容是根据实际情况的需要为牲畜看病，以及日常的防疫和相关的宣传工作。

> DQLZ 从 20 多岁开始就当了兽医，曾是甲多村八组的专职兽医，当了 25 年左右，后来逐渐受到"提拔"，8 年前成为格达乡所有兽医的组长。他每个月有 800 元的工资。仍在八组当兽医的时候，他的主要任务是给牲畜看病以及打预防针，现在主要是负责一些协调工作，不具体看病。从去年开始，乡上给他配了一辆专门的皮卡，供他在工作时使用。（甲多村田野调查日记，2012 年 8 月 5 日）

与甲多村一样，斯布村也有自己的专职兽医，共两人。近几年县、乡各级农机部门还会不定期地组织村里的牧户去参加集中的关于畜牧防疫知识和技能的培训，这保证了当地在牲畜防疫方面的需要。每年的防疫工作分春季和秋季两次。

---

① 引自杜国祯等《2012 年公益性行业（农业）科研专项经费项目实施方案：青藏高原社区天然草地保护与合理利用技术研究与示范》（内部资料），2012 年。

② 赵好信：《和平解放以来的西藏畜牧兽医事业》，《西藏农业科技》2001 年第 3 期。

> 这里给牛羊打针一共有两种,一种是五号病,另一种(汉语)叫什么我也说不好。五号病的预防针每年打两次,公历 4 月和 10 月各一次。秋天的时候还会给牛羊打防治肝、肺和肠道寄生虫的疫苗。牧民不需要任何支出,从药到器具都是免费发的。牧民们也都积极配合,因为这是有好处的事情,大家都愿意去做。(DQLZ,男,50 岁,甲多村八组,兽医)

> 每年都给牲口打针,春天一次,秋天一次,药是免费的,村上就有兽医,到牧场上打。打针的兽医会提前通知,说"明天我要来给你们这里打针了",提前说好是哪天来,我们就在说好的那天之前把牛羊都收回来,等他来打完了以后再撒出去。打的什么药我说不上,就知道打了以后牲口得病少。(ZXYJ,男,39 岁,斯布村,牧民)

牲畜防疫工作可以给牧民带来的好处是真实可见的,所以牧民对于防疫工作的热情和配合程度都很高,如果哪一年的防疫工作延迟开展,就会有牧民主动打电话给负责防疫的兽医,询问何时才能开始。

现阶段斯布村和甲多村正在进行的牲畜品种改良工作主要集中在对牦牛的改良,包括牦牛育肥和引进优质畜种。牦牛能够适应青藏高原缺氧、高寒、枯草期长等恶劣的自然生态条件,其存在就是经过自然选择和自身适应之后而形成的,具有顽强的适应性和抗逆性,具有"见青上膘"的特性。两地都试验了如何通过加强饲养、补饲等方式,使其在短期内增加体重、提高其产肉率。

> 甲多村的牦牛育肥项目一共选取了 100 户牧民,被选中的每户免费提供了一头牦牛,种牛,并且无偿提供补饲需要的饲料,三个月为周期,在开始阶段和结束阶段各称重一次,考察育肥的可行性。(LS,男,42 岁,西藏农科院科研人员)

> 斯布村加措堆村民组 SLJC 家的三头育肥牦牛在第一次称重的时候分别是 535 斤、560 斤和 576 斤,该次育肥实验结束后,称重时已经分别达到了 565 斤、580 斤和 588 斤。在三个月间,牦牛的体重都有较大幅度的增加,增幅最大的体重增加了约 5.6%。(斯布村田野调查日记,2012 年 6 月 19 日)

斯布村的牦牛属于西藏三大地方良种牦牛[①]之一——斯布牦牛，具有抗寒能力强、体质强健、肉质好、适于放牧和较粗放的管理等优点，但同时其胴体脂肪率高、皮较厚、后腿肌肉不发达、增重较慢等则构成了其主要的缺陷。2008年西藏自治区相关科研机构就已经在进行对斯布牦牛的育肥工作，一直持续至今。由于牦牛育肥和引进优质畜种同样可以让牧民看到切实的好处，所以在这些项目准备实施的阶段，牧民都表现出了极高的热情，尤其是甲多村牦牛育肥的项目，因为没有太高的门槛，只要有责任心即可，所以牧民都希望能够参加，但由于名额有限，为体现公平的原则，最终不得不采取抽签的形式决定参与资格。

三　不利于草地利用的行为

牧民是社区生产微观行为的主体，在从事生产的同时也需要进行消费，所以，牧民行为对草原环境的影响也通过其生产和消费方式得以体现，对草地的利用方式、投入的资源、日常消费（尤其是能源消费）以及生态保护的行为等在不同程度上影响着草原的生态环境。这种受文化影响的主体行为，既有能够降低实践风险的有利一面，也有会导致更多风险和破坏性结果的不利一面。前文所说的轮牧、轮耕、禁止猎杀动物、保护环境卫生等行为在保护青藏高原生态平衡中的价值是巨大的，同时，牧民的某些行为中也存在部分对高原生态造成负面影响的因素。

（一）不当的放牧行为

实践是一种创造性的活动，自然世界正是在人类的实践活动中被改造为符合人类生存和发展需要的对象，产生社会属性的。在具备创造性的同时，实践还具有破坏性。首先，实践改变了自然和自然界固有的平衡，人类社会的发展、人与自然之间的关系都是建立在破坏自然界固有平衡的基础上的，现代社会的生态危机，非常明显地表征着实践的破坏性。其次，实践的破坏性还表现在实践结果，即人类的创造物，就会成为人们必须面对和需要加以控制的外在力量，正如马克思在《1844年经济学哲学手稿》中所言："劳动作为一种异己的东西不依赖于他而在他之外存在着，并成

[①] 斯布牦牛、亚东牦牛和嘉黎牦牛合称西藏三大地方良种牦牛。

为与他相对立的独立力量，意味着他贯注到对象中去的生命作为敌对的和异己的力量同他相对抗。"① 藏族草地开发利用的实践，同样具有利、弊的二重性，随着社会的发展，人的实践能力不断增强，创造性越来越突出，破坏性也越明显，尤其是随着人口压力的增大以及在开发利用中的不当行为，使藏族的草地开发利用在创造财富的同时，也加剧了副作用的产生。

陈利顶等人通过对农户经营行为的调查，认为农户的经营目的、经营规模、劳动力素质、风俗习惯和传统观念构成了影响农户行为的内部因素，而政策、制度和自然条件等则属于影响农户行为的外部因素。农户经营行为与环境保护的矛盾主要表现在：农户经营行为的短期性与环境影响的长期性之间的矛盾、农户经营行为的个体性与环境资源的共享性、农户经营行为的针对性与环境保护政策的普适性等三个方面。② 在畜牧业生产当中，牧民行为与草地生态环境之间的矛盾则主要体现在草场的利用方式和草场利用率之间的矛盾、发展畜牧业与草地生态之间的矛盾两个方面。③ 具体而言，包括牧民放牧过程当中过度放牧、掠夺性地利用草地资源、忽略环境保护以及经济开发过程中的其他行为等。

牧民在放牧过程中由于种种原因而导致当地牲畜的出栏率较低，这种现象最直接的结果就是造成牲畜规模扩大。牲畜在增加，但草地的面积和饲草的产出却没有增加，反而因气候变化和人类活动的加剧有所减少，草地的质量下降。这样一来，草地的实际载畜量就会超出理论载畜量，畜草矛盾激化。长期下去，草地的质量会进一步恶化。

针对青藏高原冷暖分明的特点，牧民有针对性地在冬春牧场和夏秋牧场之间交替放牧。斯布村和甲多村冬春草场和夏秋草场的分布不尽合理，以甲多村为例，当地冬春草场和夏秋草场的比例约为1∶18④，但是夏秋草场虽然面积大，放牧时间却比较短，利用不够充分，冬春草场的放牧时间却长达七八个月甚至更长。

---

① ［德］马克思：《1844年经济学哲学手稿》，刘丕坤译，人民出版社1979年版，第45页。
② 陈利顶、马岩：《农户经营行为及其对生态环境的影响》，《生态环境》2007年第2期。
③ 崔孟宁、朱美玲：《牧民行为与草原生态矛盾机制研究》，《青海草业》2012年第3—4期。
④ 2012年8月格达乡甲多村调查所得。

夏秋季在山上牧场放牧每家都要去，这是村子里面定的规矩，每年至少有一个半月在山上放牧，夏秋季一个月，冬春季半个月，具体的时间自己决定，让草地恢复一下，个别家庭如果愿意的话可以自行延长一段时间。如果家里牲口多的就自己专门组织上去，家里牛羊少的可以几户人家放在一起赶上去。（CRDJ，男，54岁，甲多村书记）

因为牦牛的适应能力较强，尤其是公牦牛，所以会被一直散养在高海拔地区，任其自由觅食，冬季也不需要耗费太多的精力。春末夏初天气转暖之后，母牛和幼崽、羊群也会被转移到夏季牧场。但是仍有一些牧民选择在距离定居点较近的地方放牧，除了部分为储备越冬的牧草而用铁丝网围起来的草地之外，冬春草场一直都有成规模的牲畜被放养在这里。

在兴建定居点之后，牧民居无定所的模式被打破，有利于其生活水平的提高。定居之后，牧民以定居点为活动的中心，围绕定居点进行放牧，其放牧半径受到限制，就近放牧成为牧民自然的选择。青藏高原气候寒冷，牧草的生长期较短，过于频繁地放牧影响了牧草的恢复和繁殖，牧草难以更新，容易造成草场退化。这一点在甲多村表现得尤为明显，定居点附近的牧草质量明显比距离定居点较远的牧草质量差，草场退化的现象更明显。

斯布村和甲多村藏族所关心的重点问题是如何在短期内获得更高的经济收入。对他们而言，扩大牲畜饲养规模是一个有效的方式，于是便逐渐形成过度放牧的局面。过度放牧的影响是长期的。牧民经营行为对生态环境影响的长期性主要表现在两个方面：首先，牧民在经营时所采取的行为，对生态环境的影响——无论是正面的还是负面的——都需要经过一段时间之后才能够得以体现，因为环境的变化是过程性的，需要经过时间的积累。牧民为了尽快获取更多的收益，所采取的行为往往是短期性的，牧民行为造成的影响相对而言就具备了相对滞后性和长期性的特征。正是由于这种滞后性，使牧民的某些不利于环境保护的行为产生了隐蔽性，造成牧民一时间无法意识到自身经营行为与高原生态环境之间的直接、紧密的联系。其次，这种长期性还体现在伴随牧民经营行为的持续性而来的对环境影响的持续性。对牧民来说，其经营方式已经形成了一定的模式，通过代与代之间的传递使这种模式获得继续，在没有外力干涉的情况下，不论是保护生态的行为，还是破坏生态的行为，都有可能被后来的牧民所采用，进而对环境产生持续性的影响，有时这种影响甚至是不可逆的。斯布村和甲多村牧民的过度放牧行为大大加快了当地草场退化的速度，使草原的恢复周期延长，牲畜的频繁活动进一步影响了草原的周期性恢复，尤其是对自然条件更差的甲多村来说，近年来当地的部分草原逐渐稀疏，毒草、害草数量增加，能够有效利用的草场面积减少。

牧民作为"理性经济人"，其行为不仅是为了追求经济利益的最大化，同时也希望维持稳定的收入，追求风险最小化。[①] 由于斯布村和甲多村牧民的文化程度普遍较低，对信息的掌控容易偏向不全面、不正确的方向，而且因为更倾向于关注眼前的利益，在面对未知的将来时，牧民所采取的往往是已经成型了的、被认为是比较稳妥的经营方式。因为更为熟悉，所以村民认为这种经营方式是低风险的，对于政府、科研部门所提倡的环保的生产经营方式和方针政策，如调整牧畜种群结构、限制放牧规模、退牧还草还林等，在推行过程中需要面临较大的阻力，牧民仍主要依靠尽可能地维持较大规模的牲畜规模来满足自己和家庭成员的生产生活需要。

另外，由于长期共同使用草场的放牧方式，草场成为全体村民共享的生产资料，虽然村民在心理上将草地和放牧认同为本民族的重要特征和基础，但是在计算生产成本的时候，仍旧会忽略草场在生产成本中的地位，认为只要牲畜规模够大，就可以获得更高的经济收入，最终导致对草场的保护不足。

（二）过度的资源开采

在西藏120多万平方公里的土地上，蕴藏着丰富的生物和非生物性资源，但是西藏脆弱的生态环境使资源的恢复和更新速度非常缓慢，一旦在开采天然资源的过程中遭到破坏，重新恢复生态就会很困难。

青藏高原有着丰富的野生动植物资源，在斯布村和甲多村境内，较为常见的是虫草、雪莲、贝母以及各种菌类，人们通常认为这些植物拥有很高的药用和食用价值，为藏族和其他各民族所喜爱，因此也具有很高的经济价值。2012年夏季，斯布村的虫草收购价格按照质量从每根35元到180元不等，质量越好价格就会越高；贝母则以斤计算，新鲜贝母的收购

---

① 何蒲明、魏君英：《试论农户经营行为对农业可持续发展的影响》，《农业技术经济》2003年第2期。

价每斤在 130 元左右，由于采挖过度，近年来当地贝母逐年减少，即使这样，一些熟练的牧民每天仍能挖三四斤。在经济利益的推动下，越来越多的牧民加入挖虫草、挖贝母的行列。每年夏季，都有大量的本村人和外地人集中到斯布村境内的山中寻找虫草和贝母。短期内大量人口集中活动，使采挖过程中出现的践踏、车辆碾压等现象加剧，植被不可避免地被人类活动所破坏。

"冬虫夏草分布区自然生态条件严酷，其载体高寒草地生态系统极其脆弱。对全球变化和人类活动的扰动极其敏感。如果对冬虫夏草资源过度采挖，不仅会对冬虫夏草赖以生存的高寒草地生态系统产生严重影响，而且最终导致冬虫夏草因生态环境恶化而其分布区变小，资源逐渐枯竭。"[1]由于虫草、贝母等的生长环境多为生态脆弱的地区，而且挖掘冬虫夏草的时间短而集中，大量人口在短期内集中涌入，导致当地生态环境的更大压力，此外，由于近乎扫荡式的挖掘方式、挖掘后不注意回填土壤，会导致牧民赖以生存的草场受到破坏，此时受到影响的就已不是单纯的虫草的采挖和销售行业，而是整个生态系统和人类生境。

图 4-7　晾晒中的雪莲（刘继杰摄　甲多村）

基于上述原因，一些人提出全面禁止采挖冬虫夏草、贝母之类的野生

---

[1]　周兴民、玛塔、曹倩：《青海冬虫夏草分布与生态环境关系及可持续利用的建议》，《青海环境》2008 年第 4 期。

植物，从而达到生态保护的目的，但是这种规定并不现实，尤其是在短期之内更无法执行，即使执行，难度也会很大。对于产出地来说，虫草、贝母等就是他们的优势资源，在提高农牧民的收入、促进地区经济和社会发展方面具有重要的意义。如果因为环保的问题禁止采挖，势必会激起当地居民的反对，因此，顺应其心理需求，采取科学的管理方式，使生态保护和经济发展之间达到平衡，不失为当前状态下更合理的解决途径。

开采天然资源不仅涉及牧民，矿产企业在开发当地矿产资源同样会破坏草场和自然环境。斯布村和甲多村境内都有矿场，都位于交通不便的大山之中，为了将开采的矿石运出来，两座矿场都修筑了专门的公路，这些公路原来都是草场。除了修路造成的草场破坏，采矿过程中对山体的破坏更为严重。

图4-8和图4-9分别拍摄于2012年7月和8月。我们可以明显地看到照片中山体的上部和公路附近看不到任何植被。正如恩格斯所言："我们不要过分陶醉于我们对自然界的胜利。对于每一次这样的胜利，自然界都报复了我们。每一次胜利，在第一步都确实取得了我们预期的结果，但是在第二步和第三步却有了完全不同的、出乎意料的影响，常常把第一个结果又取消了。"[1]

图4-8 泽日山（刘继杰摄 斯布村）

---

[1] 《马克思恩格斯全集》第20卷，人民出版社1972年版，第519页。

图 4-9 通往矿场的公路（刘继杰摄 甲多村）

西藏矿种十分丰富，已发现矿种 101 种，矿产地 2000 多处，[①] 但是脆弱的生态环境使开发的难度很大，开发过程中的不当行为也使草原生态环境受到了严重的破坏，如前文所述的 2013 年 3 月在斯布村普朗沟泽日山东坡发生的严重的塌方事故，其中两个重要的原因就是复杂的地质环境和持续的采矿作业使草山植被遭到破坏，最终在多种原因的作用下造成塌方。对于矿产资源的开发，斯布村和甲多村的村民所持有的普遍观点是反对开发，其中不仅有宗教的原因[②]，同时也因为采矿行为破坏了当地的草场，虽然牧民获得了一定的经济赔偿，但是这不能抵消草场破坏所带来的危害。

（三）单一的能源消费

斯布村和甲多村的能源消费主要用于生产和生活两个方面，总体而言，其能源消费结构比较单一。生产性能源消费主要用于农业生产，主要用于耕作、收割、运输等机械。因为农业生产的季节性较强，年使用率很

[①] 罗已翀：《西藏矿产业发展影响因素及其应对策略研究》，《金属矿山》2009 年第 12 期。
[②] 斯布村和甲多村的很多居民至今仍然相信有山神的存在，在山里随意开矿会引起山神的不悦进而遭到不好的报应。

低，所以运输机械的能源消耗在生产用能中所占的比重最大。生活性能源消费主要包括电力、煤炭、天然气以及柴油、汽油等石油制品。斯布村和甲多村的定居点都已经通电，牧民照明均采用电能，电视在两地都已基本普及，冰箱（柜）、洗衣机等其他大家电的普及率不高，所以，两地消费的电能在全部能源中所占比重较低。牧民在做饭、烧水和取暖的时候使用最多的仍是牛粪和薪柴。相比电力，获取牛粪无须付钱，不仅降低了使用成本，而且容易获得、容易燃烧、燃烧时无异味以及燃烧持久，因此牧民均乐于接受这种燃料。

当前藏族的能源使用习惯与其历史上的能源使用情况密切相关。牛粪、薪柴等藏族的传统能源，与青藏高原地理环境和气候体系的影响十分密切，藏民族所利用的传统能源直接来源于其生存的环境当中。"从构成自然景观外貌的植被来说，高原上广泛分布着高寒灌丛草甸、高寒草原、高寒荒漠以及高寒座垫植被等类型。……范围巨大的青藏高原受大地势结构和大气环流特点的制约，形成了自东南向西北由暖湿至寒旱的水平分异梯度，表现为从森林—草甸—草原—荒漠的地带性变化。"[1]

位于从森林向草甸过渡地带的斯布村，境内海拔较低的河谷地区有灌木和乔木分布，因此其能源结构中有薪柴，而在海拔更高的甲多村，则处在草原地带，境内无树木，所以牛粪成为能源结构的主体；因为畜牧业的存在，所以秸秆被用于喂养牲畜，故并不在二者的能源结构之中。藏族传统的能源结构与其农牧业生产相适应，放牧牦牛所产生的牛粪成为利用最广的能源，斯布村和甲多村藏族无论是烹饪、取暖都广泛地使用牛粪，煨桑敬神时也会使用牛粪生火，一些牧民还会将牛粪作为商品出售，可以说，牛粪扮演着藏族社会生产生活中最重要的燃料能源的角色，用途十分广泛。正是由于牛粪的这种优点以及长期以来形成的对牛粪的喜爱和依赖，所以在当前藏族的能源结构变化过程中，虽然电力、煤炭、石油、天然气、太阳能、沼气、风能、水能等新型的能源使用范围在扩大，但是它们依然处在一个被认知和接受的过程当中，以牛粪为代表的生物质能的使用范围依然广泛。

近年来牛粪逐渐作为一种商品进入流通领域。在甲多村，每家都堆积着大量晒干后的牛粪，这些牛粪中有一部分作为日常生活必要的燃料而存

---

[1] 郑度等编：《中国的青藏高原》，科学出版社1985年版，第7页。

图 4-10　堆积的干牛粪（刘继杰摄　甲多村）

在，大多数被牧民出售。2012年当地的干牛粪价格为"400元一车"①，有些家庭每年可以售出4—5车牛粪，因此牛粪也成为当地牧民收入的一个重要来源。这些被售出的牛粪一部分仍是作为燃料出售，另一部分则作为繁殖食用菌的培养基出售（因为牛粪含有丰富的有机物）。正因为如此，捡拾牛粪晒干后贩卖成为当地牧民增收的一项重要副业。牛粪是一种天然的有机肥，据研究，一万吨牛粪的肥力约等于660多吨的尿素②，大量的牛粪被捡拾之后，原有的营养物质循环被打破，土壤失去牛粪的补给，肥力下降，植被所需的营养物质减少，土壤的物理结构会逐渐恶化，其长期发展的趋势必将是土壤肥力衰退，以致草场退化。

藏族使用生物能作为主要能源选择的最初阶段，生态环境因素所起的作用是决定性的，在现实社会中，生态环境的作用在社会发展的影响下发生弱化，文化起着更加积极的作用，藏族的传统能源文化已经成为一种独特的民俗文化，并对当前藏族的能源使用情况产生影响。斯布村和甲多村的能源使用仍处在较低水平的可持续发展阶段，其能源构成当中，主要以牛粪、薪柴等生物质能为主，高热值的煤炭、石油、天然气等能源比重很低，沼气、太阳能、风能的利用程度更低。这种能源结构消耗了大量的薪柴、牛粪、作物秸秆等，损失了大量的植被和养分，生态系统中的植物资源和物质循环过程被破坏。

---

① 通常为载重量2吨左右的卡车，买卖时不称重，装到双方觉得合适即可。
② 张天华：《浅议西藏牧区能源与草地生态环境的关系》，《环境保护》2001年第2期。

（四）有限的垃圾处理

2006年，西藏自治区提出以安居工程为突破口进行社会主义新农村建设，经过若干年的实践，农村面貌已经发生了很大的变化。例如在斯布村和甲多村，牧民从游牧到定居，从人畜混居到单独居住，家庭厕所的修建等，均使原有的居住条件得到了改善。但是，这种改善并不包括对居民生产生活垃圾的处理和水源的保护。目前两地的垃圾处理方式，集中丢弃成为唯一的手段，在定居点周围，经常可以看到村民丢弃的生产生活垃圾，缺乏垃圾集中收集设施，更不用说分类处理。

传统藏族社会的生产生活垃圾以有机物为主，可以迅速地被自然界分解和吸收，重新回到自然物质的循环当中。因此在处理这一类生活垃圾的时候，藏族群众通常会直接在某处将其丢弃、掩埋或焚烧，这是经过其生活经验检验的可行的办法，且对自然界造成的污染有限。随着社会的发展，大量难以分解的物质进入藏族生活的世界，如塑料、化纤和金属制品等，其中一些在降解的过程中还会对周围环境造成污染，如电池、塑料等。在处理这一类垃圾的时候，牧民仍延续了传统的做法，将其丢弃在户外。这一方面与牧民的传统认知方式有关，另一方面在于自身具备的客观条件并没有提供更好的处理办法。

受经济水平的限制，藏族牧区的基础设施普遍较差，甲多村没有任何垃圾收集设施，斯布村则只有村委会的院子里配备有三个垃圾桶（斯布村辖三个村民小组，每个小组分一个，明显无法满足村民的需要），因为没有更好的选择，所以村民只能延续传统的做法。

> 有些牧民跟我们反映过这些事情，我们也以工作队的名义向上级申请垃圾收集车三台和大的垃圾箱四个，但是提案写好交上去以后，县里（领导）没批准。县里认为牧民居住分散，而且一直没有集中扔垃圾的习惯，现在提出这样的提案不合适，县里还说：温饱问题都没有解决就弄这种事情，不现实。（LYL，女，扎西岗乡驻斯布村工作组成员）

生活垃圾处理不当对草原环境造成影响已经不单纯是牧民行为造成的，外界环境也限制了他们的选择。一些牧民已经意识到当前处理垃圾的方式存在问题，所以希望能够改变，而仅以他们的力量要想改变现实则存在很大的困难，寄希望于当地政府部门成为他们的选择，但决策者却把关注的焦点集中在发展经济上，即解决"温饱问题"。虽然牧民当中目前仍存在集中处理垃圾的意识薄弱的现象，不过任何事物都需要经历一个从无到有的过程，并不能以其"一直没有集中扔垃圾的习惯"作为理由，这其中所反映的，是作为管理机构和决策者的认知偏差、环境管理水平低下以及经费保障不足等方面的问题。另外，当地牧民已经集中定居，在定居点设立垃圾回收站，定期对其进行清理，根据生产生活垃圾的具体状况和特性，有选择性地进行填埋、焚烧、回收再利用等方式进行垃圾处理，虽然目前阶段的成本相对较高，但从实现社会效益、经济效益和环境效益的协调发展，实现社会系统和生态系统的可持续运行等长期的发展来看，是具备可行性的，而且是必要的。

（五）地方性知识的失范

近年来，政府、民间组织、学术机构等不同的社会力量均在不断地探索如何实现西藏草地利用的可持续性发展，这些探索涵盖了生态学、经济学、社会学等诸多领域，对藏族地方性知识的研究也受到人们的重视。藏族地方性知识体系对于其草地利用和管理方式具有重要的理论和指导意义，尤其是地方性知识中的本土生态知识、牧民心理因素等，均影响着藏族利用草地的方式。随着藏族社会转型及文化变迁而出现的文化失落，或多或少地导致地方性知识对人们人生的影响力下降。

社会转型通常指的是"社会从传统型向现代型的转变，或者说由传统型社会向现代型社会转型的过程，说详细一点，就是从农业的、乡村的、封闭的、半封闭的传统型社会，向工业的、城镇的、开放的现代型社会的转型"。[①] 社会转型强调社会结构的变化，在社会结构变化的同时，固有的文化传统也会发生变化。与我国其他民族一样，藏族社会也处在社会转型的浪潮之中，经历着从农业社会向工业社会和后工业社会的转变。社会转型引起藏族传统政治、经济、社会等多维度的变迁，传统文化的存在范式发生改变，藏族传统的生活方式、行为规范、价值观念等均出现了

---

① 郑杭生等：《转型中的中国社会和中国社会的转型》，首都师范大学出版社1996年版，第1页。

或大或小的转变，伴随着这个过程，往往会引起藏族地方性知识的失范问题。

所谓失范，就是"指失去一定的原则和规范的引导和约束，人们的行为、观念、心理处于盲目、混乱的无序状态"。[①] 原有规范和新规范之间的竞争关系和矛盾之处，导致维持社会正常运行的规范效能减弱，使人们思想和行为出现混乱，表现出诸如价值观模糊与冲突、行为盲目与反复等特征。藏族地方性知识的失范，在草地利用领域主要表征为由于社会文化变迁引起的，人们原有的价值观念和行为方式受新文化特质影响而产生的地方性知识的混乱状态，原有的维持草地可持续发展的行为准则和思想观念的约束力减弱，导致人们在实践过程中出现不利于草地利用发展的价值观和行为方式。

随着历史进程的发展，藏族传统地方性知识不断地获得调适与发展，其中所体现出来的价值观念和信仰体系被民族成员所接受并发展成为民族成员所普遍遵循的价值体系，最终形成能够约束民族成员社会行为、影响社会发展的权威性。这种权威性通过影响藏族成员的心理和行为发挥自己的作用。

藏族生态伦理为解决藏族与脆弱的高原生态环境之间的问题提供了有效的途径，在维系藏族生产、生活和社会发展中都起到了积极的促进作用，满足了大多数民族成员生存和发展的利益诉求。正因为藏族生态伦理的这种优势，使其获得了民族成员心理上的认同和接受，民族成员将其作为调整自身和环境之间关系的行为准则，自觉地遵从其中的维护生态平衡，促进人与自然和谐相处的价值观念。通过遵从生态伦理，奉行其中的价值观念，藏族成员所获得的不仅仅是人与生态的和谐，同时也使全体民族成员具备了一致的利益，对于调整民族成员之间的关系、促进社会的统一都有不同程度的积极作用。

这种从心理上对生态伦理的遵守，出于民族成员对生态伦理中核心价值的认同，从而愿意从心理上接受它，将其作为自身行动的准则，体现了生态伦理权威的内在性。历史上藏族上层统治者对生态伦理的宣传和提倡，其目的是维护自身的利益而采取的手段，通过运用政治、法律、宗教

[①] 邹广文、丁荣余：《当代中国的文化失范现象及其价值建构》，《社会科学辑刊》1993年第6期。

等社会力量,上升为政府意志,有意识地倡导和维护这种生态观念,从而使生态伦理能够在更大的范畴内发挥其有效性,客观上也进一步加强了生态伦理的权威性。

随着科学技术和社会生产力的进步,人与自然之间的关系发生了变化,人类社会逐渐摆脱了对自然环境的过度依赖,敬畏自然的观念也逐渐淡化,"改造自然""征服自然"受到人们的追捧。虽然西藏的社会经济发展对以草地利用为基础的农牧业仍然具有较高的依赖性,但是第二、第三产业在西藏的较快发展却使藏族可以不用完全依赖草地而生存,人们对自然依附性的降低,使传统生态伦理的重要性和权威性受到动摇。

由于社会生产、生活方式的变化,曾经在藏族生态观念中占主导地位的传统生态伦理的合理性逐渐消失,其社会认同的广泛程度出现缩小的趋势,一些藏族群众忽视了传统生态伦理的基本价值。随着藏族历史的发展演进,藏族逐渐形成了以藏传佛教为核心内容的传统文化体系,宗教,尤其是藏传佛教的内容逐渐渗透到包括诸如思维方式、行为方式、伦理道德等在内的藏族社会生活的诸多方面。藏族社会广泛存在的自然崇拜、图腾崇拜、祖先崇拜等原始信仰以及藏传佛教中所提倡的"众生平等""六道轮回"等思想观念,对藏族群众来说,都是用来调整人与自然或者人与人之间关系的价值体系,而且被认为是一种十分有效的途径,这些观念在藏族传统观念中的地位也是不言而喻的。

> 以前我们到寺里去得多,那下面就有个寺,差不多天天都有人去,我有时候也天天都去,这是我们藏族应该做的,谁叫我们生来就信(藏传佛教)呢。现在也去,但是去得少了,不像以前那么多了,大概是从(一九)九几年吧,我也就不怎么去了,两三个月去一次,现在去得更少了。……以前还有送孩子去寺里(出家)的,现在没有了,都送到学校念书去了,念书不要钱,还有好处,出去打工什么的都要,没文化不行。放牧也就这样,还是要去打工。……年轻人嘛就更不怎么信了,年龄大的不去寺里,在家还念经拜佛着呢,年轻人寺里也不去,经也不念了,都想着赚钱呢。……现在还是有一些人家会找人到家里念平安经,保佑一下。要说全不信,肯定不会,没以前信得多了。(CRDJ,男,48岁,斯布村乃能岗村民小组)

现在感觉（藏传佛教）好像不那么重要了，具体为什么我也说不上，年轻人都去赚钱了，都想着怎么赚钱，怎么让自己让家里人过得更好一些，光信佛也赚不到钱。以前去寺里的、请佛爷来家里念经的、送小孩子出家的，都有，现在也有，没以前那么多了。以前不管是人生病了还是家里的牲口生病了，都会找佛爷来念经，现在都找医生了，人生病了找人医，牲口生病了找兽医。倒是也有念经的，要是哪家的人一直病不好，那就找佛爷、会念经的来家里念一段（经文），做一场法事，很少。有时候念了也没用，有些人就觉得会不怎么信了，不会直接说不信，从有时候说的话、做的事能看出来呢。（NM，男，53岁，甲多村二组）

由于自身特有的自然环境和人文环境，包括宗教信仰在内的藏族传统文化保持了较高的稳定性和完整性，藏族文化在本质上仍具有很高的宗教特性，并且在藏族群众当中保持着较高的认同感。因此在现代社会中，宗教信仰仍然对藏族社会的运行和发展产生着很大的影响，但现代科学文化的发展仍在很大程度上影响了藏族的宗教信仰体系。

由于藏传佛教中的一些内容在藏族地方性知识中占有重要的地位。随着藏区社会文化的变迁，藏传佛教对人们的影响力和影响方式也在发生变化，包括地方性知识的影响力，使其对人们行为的约束力降低，导致在利用草场追求社会、经济利益的过程中，生态保护的价值观被忽略。此时，新的地方性知识体系的权威性尚未完全建立起来，导致传统文化影响力弱化的局面，从而使部分藏族群众在草地利用过程中表现出心理和行为上的失范。

以游牧为主要特征的藏族传统草地利用方式通过季节性地转换草场，不仅使草场在轮牧的过程中得以休养生息，而且让牧畜能够及时地利用牧草，在保护草场的同时，也使牧畜得到了生长所需的各种养料，同时，适度的放牧活动中人类和牧畜的活动也刺激了草场生物的生长。这种游牧生活方式通过保持游牧人口的稀疏度与流动性，促使藏族群众奉行勤劳、节俭的生活方式，通过与外界建立正常的商业贸易关系，从而解决牧民食物与生活必需品，实现草原生态系统内物质循环的平衡等使牧人社会生活与自然环境相适应。① 伴随藏族特有生产生活方式而发展的是其民族心理中与自然和谐相处的价值观，促使藏族群众在开发和利用草地资源时，时刻关注对自然生态系统的保护。

现代社会条件下，藏族群众的生活方式发生了巨大的变化，历史上共同放牧、共同保护草场的历史传统被家庭承包经营的定居放牧所取代，牧民对经济利益和更高生活条件的诉求也在不断增加。随着藏族社会的世俗化和功利化程度的增加，其民族心理存在和发展的土壤发生了翻天覆地的变化，具有崇高意义的价值在藏族公众生活中的地位和作用正在逐渐衰退，存在于藏族民族心理中的传统价值观念也在发生着变化。藏族传统社会中所提倡的生态保护、人与自然和谐相处等价值观念被只注重短期经济利益所取代，进而导致牧民在日常生产生活中出现违背传统社会规范的越轨行为。

所谓越轨，乃是指由特定社会环境中的社会成员判定的，违反该社会中的行为准则或价值观念的任何心理活动或社会行动。② 藏族草地利用过程中的越轨行为，属于藏族地方性知识失范在操作层面的体现，是随着藏族的民族心理特征和价值观念的变化过程而产生的，传统社会规范失去约束力后，表现出来的社会主体的行为违背一定社会准则和价值观念的现象。

（六）部分群众的风险意识相对淡薄

对于规避和处理风险的过程来说，积极的、成熟的风险意识通常会起到正面的、积极的作用，即有利于规避和处理风险，而消极的、简单化的风险意识，则会增加人们在应对风险时的难度，也更可能会加剧风险的后果。西藏农村地区的藏族群众，生活的区域基本类似，所处的阶层也基本一致，农民或是牧民成为他们主要的职业特征（如斯布村的村民，虽然也从事农耕生产，但都以牧民自居），在教育背景上也没有太大的差异（农牧民的主力，往往受教育水平都比较有限），这些都决定了他们拥有更多的共性，在风险意识和规避风险的能力方面也有较多的

---

① 南文渊：《藏族生态文化的继承与藏区生态文明建设》，《青海民族学院学报》（社会科学版）2000年第4期。

② ［美］J.D.道格拉斯、F.C.瓦克斯勒：《越轨社会学概论》，张宁、朱欣民译，河北人民出版社1987年版，第11—12页。

共性。

根据我们在斯布村和甲多村的调查来看,当地部分牧民的风险意识相对淡薄,风险观念滞后,对自身行为可能造成的风险认知不足,应对风险的知识和规避风险的措施都比较简单。我们以两地藏族群众对生态领域的风险的认识和反应为例进行说明。生态问题在西藏,尤其是在草地利用领域的重要性已经越来越凸显,人们对其重视程度也越来越高,但是就斯布村和甲多村的普通牧民来说,对生态风险的重视程度有限。例如我们在前文中提到的斯布村村民在采掘冬虫夏草和贝母的过程当中,很多村民为了自身的方便快捷,在掘开地表植被、取出需要的虫草和贝母之后,并不会将掘开的植被重新填回去,而是随意地弃置不管。

> 土挖开就挖开了,我也不会(把它)埋回去,埋回去肯定是好的,因为那时候心里想的都是怎么多挖点(贝母),埋回去还要浪费时间。我们这里天气好,就算不填回去也没关系的。(WJ,女,35岁,斯布村,牧民)

> 我昨天挖了 6 两贝母,现在的贝母少了。挖贝母的工具和挖虫草的一样。贝母在土的下面,挖了之后应该要再把土盖上,但许多人不盖土,图自己省事,盖了后还可以长草,不盖的话对草就不好。(ZM,女,22 岁,斯布村,牧民)

在挖掘过程中,为保持虫草、贝母等的完整性,人们通常会使用工具将其连同周围的土壤和草皮一同挖出,为了追求效率,很少有人会将被挖出的草皮、土壤填回原处,这样就会直接破坏大量的草皮。虫草的挖掘通常在每年的 5 月中下旬到 6 月下旬,此时正值天气转暖、植被返青的季节,这时人类活动造成的破坏效果更大,因为受高寒气候的影响,自然植被抗干扰力较差,一旦被破坏,整个生长季节都难以恢复。我们在斯布村随机采访过 34 位有挖虫草经历的牧民,仅 3 人表示自己每次都把挖开的草皮填回原处,不足 1/10。我们在这里作一个保守的假设:在斯布村虫草的采挖期为 20 天,每天挖虫草的有 30 人,平均每人每天挖 20 根虫草(事实上当地挖虫草的人和挖到的虫草远不止这些),通常每挖一根虫草需要挖开大约 40 平方厘米的草皮,以其中 1/10 的人会将草皮回填计算,整个采挖期内有 32.4 平方米的草皮被破坏。这是一个保守的计算,如果再考虑由于生态脆弱导致的连锁反应，因为挖虫草而可能导致被破坏的草地面积将远不止于此。

又如甲多村牧民对草畜平衡的认识，当地的很多藏族群众都认为本地的牲畜数量仍在一个合理的范围之内，牲畜和草地之间的平衡是没有任何问题的，因此也就不存在需要控制牲畜数量或者是减少放牧的问题。

> 政府让我们少养牲口，说是牲口太多了，草太少了。我觉得我们这里的草完全够用，就算再多养一倍的牛羊也没有关系。（LZYP，75岁，男，甲多村六组，牧民）

> 如果没有这个规定（指西藏自治区政府的减畜政策），我还是想多养点羊呢，羊毛、羊肉都可以卖，比牦牛也来得快一些，可以多赚点钱。草地虽然没以前好了，不过草还是够用着呢，现在的政策也好了，国家每年都给好多东西，饲料什么的也给。所以就是国家不让养，我们好几家都想多养点牛、羊。（MJ，男，35岁，甲多村五组，牧民）

> 我们这里的牧民，政府说不能养牲口（指西藏自治区实施的减畜政策），他们听是听呢，政府说的肯定有道理，（但是）牧民自己要生活，要生存，所以他们就要养牲口，有时候还多养，养的牲口越多就越有钱，生活也就越好。（ZG，女，49岁，甲多村四组，牧民）

对于草场过度放牧引起的生态问题，在自然科学的研究当中已经得到了充分的证实，这也是为什么我国从中央到地方都开始重视控制牲畜的数量，维持草畜之间的平衡，就是为了降低过度放牧造成的危害和可能引起的更大的生态风险。从斯布村和甲多村村民对生态风险的认识来看，两地藏族群众的风险意识相对淡薄，从而形成了一些短视的举动和观念。因而，如何利用现有的案例和科学知识，培养和增强藏族群众的风险意识，使其能够客观地、理性地面对社会现实，分析其中的风险成分，是应对将来可能出现的各种危机和挑战、保障社会稳定和健康发展的一项重要前提。

第五章

草地利用中的民族文化体系

长期居住在青藏高原艰苦生态环境中的藏族群众，对自然环境以及人与自然和谐相处的重要性有着深刻的感受和理解，在与自然生态的互动过程中积累起丰富的民族文化体系，在世代的发展演替中不断得到调适。在传统文化的影响下，藏族在处理人类社会系统与自然生态系统的关系方面，形成了远超出一般朴素思想的完整理论体系。他们将自身以及赖以生存的自然空间视为整体，认为人与花草树木、飞禽走兽、蝼蚁爬虫等世间万物一样，都不过是自然环境的一个组成部分，在本质上都是具有生命的存在，都是平等的，因此人类在生存于客观世界的同时，理应与自然界的其他存在物和谐相处。在这种观念的影响下，藏族先民在利用草地生存繁衍的漫长历程中，逐渐积累起一套完整的知识体系，其中不仅包括民族心理范畴的生态伦理思想，还包括人们在利用草地过程中所表现出来的与自然生态系统相适应的人类活动、社会组织及其特征。

作为人类的创造物，藏族文化一旦形成，就对藏族社会产生着反作用，影响藏族社会的发展进程，构成社会发展的一项重要资本。通过影响藏族群众的心理和行为，藏族文化在西藏草地开发利用的过程当中发挥着制约或促进的作用。在传统文化和民族心理的影响下，现代藏族的生产生活中仍普遍遵循着固有民族文化的要求。因此，在研究西藏草地利用的可持续发展问题时，民族文化的作用应当得到重视。

一 藏族传统文化中的生态伦理

生态伦理观的核心在于"或通过非强制的观念和舆论的形式，或通过强制的制度形式，以约束和限制人们认识自然和改造自然的活动，以确立起人类追求效率活动的伦理界限来"。① 生态伦理或许起源于人类最初对自然环境的毁坏以及由此带来的对生存环境的不利境地的反思,面对自然界的惩罚,人类提出并建构起关于自然生态的伦理观念和理论体系,以此来约束人们的行为,希望达到人与自然或者说社会系统与生态系统之间的和谐状态。藏族传统文化中并没有"生态文化"或"生态伦理"的概念,藏文中甚至没有"生态"一词,但这并不能使我们否认藏族传统文化中生态伦理的存在。事实上,藏族传统文化中有非常丰富的生态伦理思想。流传于藏族社会中的各种神话故事和传说、藏族广泛信仰的藏传佛教、日常生产生活中的习俗观念以及藏族学者的部分著作等藏族文化组成中,或直接、或间接地从各个角度反映着藏族生态伦理的内容。

(一) 藏族生态伦理的来源

当藏族先民还处在刚刚步入人类阶段的原始时代时,还不足以具备足够的理论形态的抽象思维能力,所以他们不可能形成具有系统的理论形态的生态伦理思想。但是这并不代表他们完全没有认知客观世界的能力,这反而有利于他们的直觉感知和感应体验。列维·斯特劳斯在研究原始人的分类认知能力时也认为:"这种对客观知识的渴求,是我们称作'原始的'人的思维中最易被忽略的方面之一。即使它所关心的事实与近代科学所关心的事实很少处于同一水平,它仍然包含着与后者相类似的智力运用和观察方法。"② 此时他们已经有了自己的幻想、神话等。根据神话、宗教起源的一般理论,原始的"万物有灵"观念及其相关的崇拜形式在藏族社会的旧、中石器时代就应该已经产生了。

按藏族观念,凡宇宙生物都有其灵魂,生物躯体可生可灭,但灵魂不灭,这些都影响着藏族先民对自然的感知。当时条件下的这种对居住环境自然状况的总体认知和阐述,为生态伦理的形成建立了基础,当时的神话自然观在一定程度上体现着藏族生态伦理的一般特征。藏族的万物有灵观念的具体表现形式是认为世间万物中都居住着某种人类肉眼看不到的灵魂,从天上、地面到地下的诸多事物当中,包括动物、植物、太阳、月亮、湖泊、山川等,灵魂无所不在。万物有灵的观念在形成宗教之后依然

---

① 晏辉:《伦理生态论》,《广东社会科学》1999 年第 5 期。
② [法] 列维·施特劳斯:《野性的思维》,李幼蒸译,商务印书馆 1997 年版,第 5 页。

对藏族社会发挥作用，如在藏族传统宗教——苯教的观点当中，仍明显存在万物有灵观念的痕迹。

一般而言，藏族传统生态伦理的主要来源包括其世代相传的创世传说、图腾崇拜、自然神崇拜几个方面，通过将神圣性赋予相应的自然事物，藏族先民形成了一系列针对性的伦理观念，并世代相传。

1. 创世传说

在最初的原始生态环境中，即使当时的人们已经掌握了渔猎采集技巧和火的使用方法，但面对强大的自然力时，人类的生存能力仍显得极端赢弱，人类对自然界的改造远远小于自然界对人类生存的威胁。面对多变的自然环境、气候变化、自然灾害以及动物侵扰所带来的灾害时，由于原始人无力与之抗衡，便转而求助神的力量，将自然神化。创世传说在每个民族当中都占有重要的地位。早期人类在面对自然环境时，尚无法认清其运动和发展的一般规律，更不用说通过科学的方法厘清世间万物的起源，因此，以传说的方式说明世界起源成为其不得不采取的折中思维，集体表象成为这种思维的一般特征。

由于民族所处的发展阶段、具体生存环境和生活方式的差异，不同民族的宇宙和人类起源传说都会烙上自身的民族特色。进入父系社会之后，藏族最早的宇宙发生论的传说——《斯巴问答歌》孕育而生，其中同样也孕育着生态伦理的哲学思想萌芽。《斯巴问答歌》当中对天地的形成有这样的记载：

  问："最初斯巴形成时，天地混合在一起，请问谁把天地分？最初斯巴形成时，阴阳混合在一起，请问谁把阴阳分？最初斯巴形成时，汉藏混合在一起，请问谁把汉藏分？"

  答并问："最初斯巴形成时，天地混合在一起，分开天地是大鹏，大鹏头上有什么？最初斯巴形成时，阴阳混合在一起，分开阴阳是太阳，太阳头上有什么？最初斯巴形成时，汉藏混合在一起，分开汉藏是皇帝，皇帝头上是什么？"

  答并问："最初斯巴形成时，天地混合在一起，分开天地是大鹏，大鹏头上有犄角，你说头上有没有犄角？最初斯巴形成时，阴阳混合在一起，分开阴阳是太阳，太阳头上有位更登佛，你说头上有无更登佛？最初斯巴形成时，汉藏混合在一起，分开汉藏是皇帝，皇帝头上有个珊瑚顶，你说头上有无珊瑚顶？"①

对山川、道路和大地，《斯巴问答歌》有这样的描述：

> 问："斯巴宰杀小牛时，砍下牛头放哪里，我不知道问歌手。斯巴宰杀小牛时，割下牛尾放哪里，我不知道问歌手。斯巴宰杀小牛时，剥下牛皮放哪里，我不知道问歌手。"
> 答："斯巴宰杀小牛时，砍下牛头放高处，所以山峰高耸耸。斯巴宰杀小牛时，割下牛尾栽山阴，所以森林浓郁郁。斯巴宰杀小牛时，剥下牛皮铺平处，所以大地平坦坦。"②

除此之外，《西藏王统记》等史书记载西藏原为汪洋大海，后来水流进"贡吉曲拉"山洞，陆地才显现出来。藏族民间流传着"万物皆生于卵"的传说："最初是本无空，由空稍起有本，由有略生洁白之霜，由霜略生似乳之露。……最后一切外器世界与有情世界，由卵而生，为气数及自在天等所造。"③

在这些描述自然生态形成的故事当中，藏族先民以游牧生活中常见的各种熟悉的要素，如牛、牛头、牛尾、牛皮等对应自然、山川、道路、平原等，反映了藏族人民对自然生态的初步的、朴素的认识，折射出藏族生存的地理环境、气候条件、动植物资源以及生活状况等。此时藏族群众对生态的认识是模糊的，用今天的观点衡量这些创世传说，其中会有很多矛盾之处，如大鹏、太阳、皇帝、小牛等事物起源于何处？而且根据当今流行的关于宇宙产生和物种起源的理论，这些因素应当在宇宙形成之后才得以出现，但在这些传说中它们却早于宇宙、世界的出现，因此无法自圆其说。也正是因为无法对客观世界自圆其说，所以藏族先民才采取了神话式的创世传说，表现了人们改造自然的欲望和冲动，其生态伦理还处于萌芽的阶段。

---

① 佟德富、班班多杰：《略论古代藏族的宇宙观念》，《思想战线》1984年第6期。
② 中央民族学院《藏族文学史》编写组：《藏族文学史》，四川民族出版社1985年版，第12页。
③ 善慧法日：《宗教流派镜史》，刘立千译，西北民族学院研究室，1980年，第130页。

2. 图腾崇拜

随着社会的发展，藏族社会进入图腾崇拜的阶段，生态伦理观念有了进一步的发展。在这一时期，人们将某一特定人物或事物视为图腾崇拜物，赋予其神圣的地位：在早期诸藏王与王妃中，相传有的是龙族后裔，卓年德王的王妃青萨嘉恩布措便是龙族的女儿；朗达玛是从牛转世而来（"朗"即牛的意思）；高僧借动物身体"还魂"；"国王或贵族的魂居动物通常是虎、狮、象或熊；凡人的魂居动物大多是马、骡、绵羊、公牛、牦牛等等"[①]。《西藏王臣记》中有关于仲宁德乌之妻秦萨·鲁杰恩波措为龙族的记载，而且妃"常以死蛙，烹以酥油，暗藏食厨深处备用"[②]。作为人类战神的动物，是人类力量、能力和智慧的延伸，传说中的格萨尔十二战神就包括了大鹏、青龙、白狮、红虎、野马、青狼、花鹰、黄熊、鹞鹰、野鹿、人熊、金蛇。这些被神化的动物在成为图腾之后，就具有了神圣性而受到崇拜，在日常生活中，人们不得随意捕杀、伤害它们，而必须保护它们。

苯教认为人的身体有六种保护神：男神（也叫人神）、女神、舅神、生命神、战神、国神（宇宙山，即天柱），这些神"把人与他在空间和时间方面的集团联系起来了。在空间方面，因为这些神与统治居住境域、住宅和地区的神是一致的；在时间方面，因为他们主宰了从祖先到后裔世系的命运"[③]。在《朗氏家族史》中提到："总之，生而为人，若不知自己的族属，则宛如林中的猕猴；人若不知自己的母系血统，则犹如虚假的苍龙；若不知祖宗的谱系，则象离乡背井的门巴孩子。"[④]

图腾崇拜本身是一种象征符号，它的存在与发展是与藏族社会的发展阶段相适应的，或者说，它所反映的就是藏族社会本身。在图腾崇拜的信仰体系中，藏族先民将自身和社会发展与某种特定的动物、植物或无生物联系在一起，他们相信在自己与它们之间维持着一种亲密而特殊的关系。同时，它们所表现出来的特殊的能力或现象使人们感到神秘莫测，进而产生某种崇敬的情感体验，希望可以具有与之相同的能力或得到它的保护，

[①] ［奥地利］沃杰科维茨：《西藏的神灵和鬼怪》，谢继胜译，西藏人民出版社1994年版，第570页。

[②] 五世达赖喇嘛：《西藏王臣记》，刘立千译，民族出版社2000年版，第12页。

[③] ［法］石泰安：《西藏的文明》，耿昇译，中国藏学出版社2005年版，第249—250页。

[④] 绛求坚赞：《朗氏家族史》，赞拉·阿旺等译，西藏人民出版社1989年版，第6页。

并最终选择其作为自己的图腾。

图腾崇拜反映了藏族先民对自己所居住环境的主观感受和认知结果，反映了本族成员对神灵的敬畏和崇拜心理，在这种心理的影响下，藏族先民对生态环境的重要性又产生了深刻的认知，注重人与自然之间的和谐相处。通过将特殊的动物、植物等作为本族的图腾，二者之间形成一种超越自然关系的敬畏和保护关系，客观上起到了保护生态环境，维护生态平衡的作用。在图腾崇拜当中，作为图腾崇拜的事物越强大、越兴旺，与之相联系的部族、民族也就更加兴盛；反之，则预示本族的衰落。为了维持崇拜物的兴旺发达，藏族群众发展出各种针对图腾物的禁忌，禁止接触、捕食、采摘、伤害图腾物，以图腾神灵的名义主动保护部族的崇拜物。在这种心理价值取向和行为驱动方式的作用下，藏族先民在谋求与神灵和谐相处的过程中，自觉地向与生态系统相适应的方向发展，使人与自然之间表现出相互适应的关系。

3. 自然神崇拜

在藏族的观念中，神山也是一种生命体，神山的灵魂就是山神，一种或以动物形象出现，或以人形象出现的神。在青藏高原，几乎每个部落都将自己所在地最高、最壮观的山看作神山。许多地方又把神山当作本部落、本地区藏人的祖先，山神崇拜成为祖先崇拜。因此，传统社会的许多藏族部落供奉"里神"，他既是山神，也是祖先之神。如果洛地区将年保玉则山当作自己部落的祖先，化隆地区将阿尼夏冬山看作自己的保护神，华日地区将拉布桑神山作为本地区的保护神。为求这些昔日是本氏族的长辈，今日是本氏族的善灵的保佑，就要对他们倍加供奉。

青藏高原广泛分布着许多大小不一的湖泊，还有无数山泉、河水。一般来说，藏族群众都崇敬水，因为它们被认为是个人或者一个部落或民族的灵魂寄托之地，其中往往有"龙神"存在。根据藏族的传统观念，"龙神"通常被视为山神的配偶，它的踪迹几乎遍及每一个湖泊、泉水、江河。在藏族的传统观念当中，只要人们虔心敬仰，保护它和湖水、泉水不受污染，它就可以给人们带来幸福吉祥。[①]"在宇宙论的另一领域中，龙起了一种重要的作用，龙就是相当于梵文中的 Naga 的神灵，但在一般情

[①] 南文渊：《古代藏族关于自然崇拜的观念及其功能》，《青海民族研究》（社会科学版）2001年第2期。

况下则是代表大地和水中的神灵,大家认为农业的丰收取决于它们。"①龙神的具体功能取决于人们对水的态度和行为:如果有人擅自挖掘土地、破坏水源、污染泉湖,龙神由此而震怒,使人们染上诸如风湿、疮疱、水痘之类的"龙病",更严重的则会导致久旱不雨,让地上生物受干旱煎熬,让触犯者受到惩罚;通过采取相应的行为祈祷、悔过,请求龙神的宽恕,则可以让龙神息怒。现在我们在江河源头或者是河、湖旁边的一些村庄,仍然可以看到藏传佛教玛尼堆(房)和鲁康(龙神祠)并存的现象。

赋予植物神圣性也是藏族生态伦理起源的一个重要方面,早在原始苯教当中就已经存在对树木的崇拜和祭祀活动。《隋书·西域传·女国》中记载:"女国,在葱岭之南……俗事阿修罗,又有树神,岁初以人祭,或用猕猴。祭毕,入山祝之,有一鸟如雌雉,来集掌上,破其腹而视之,有粟则年丰,沙石则有灾,谓之鸟卜。"② 根据考证,女国大致位于今尼泊尔以北的西藏西部偏南一带③,故而这则史料记载的内容当属于藏族先民早期的苯教活动。由于人们对树木的崇拜,使藏族群众在思想上意识到树木的重要性,对某些特定的树木进行保护,例如对那些具有驱邪镇妖功能的神木,人们就需要加以保护。

  一份苯教文献中说:白色旃檀木是平和之木,产于仙人之地;姜黄木是昌盛之木,产于罗刹之地;红色旃檀木是强权之木,产于暴风神之地;黑蒺刺是凶残之木,产于神之地;菩提树与如意树产于须弥山顶。④

位于今西藏林芝地区八一镇东南大概十多公里的巴结乡,有一片巨柏保护区,根据传说,这些巨柏是苯教先师辛饶米沃且的生命树,因此这片

---

① [意]图齐、[德]海西希:《西藏和蒙古的宗教》,耿昇译,天津古籍出版社 1989 年版,第 277 页。

② 《隋书·西域传·女国》卷八十三《列传四十八》,中华书局 1973 年版,第 1850—1851 页。

③ 详见石硕《女国是苏毗吗?——论女国与苏毗之差异及女国即苏毗说之缘起》,《西藏研究》2009 年第 3 期。

④ [奥地利]沃杰科维茨:《西藏的神灵和鬼怪》,谢继胜译,西藏人民出版社 1994 年版,第 624 页。

巨柏被当地藏族奉为圣地，树周围至今依然经幡猎猎，香烟缭绕。① 由于这种观念的存在，当地的柏树被赋予神圣性，不允许随意侵犯，其生存的空间得到了有效的保障。

通过将山脉、河流、湖泊、树木等自然环境要素神圣化，使人们在世俗生活中对其产生敬畏之情，不敢轻易做出冒犯的举动，因而我们必须承认藏族的一些传统观念对当地树木或其他植被的保护是有积极作用的，有利于维护其生境范围内人类行动与生态环境的平衡。

在西藏农区，每年要举行"望果节"，每年秋季收割前，农人们在喇嘛的带领下，排成长队，吹号敲鼓，沿着青稞地缓慢行走，同时齐唱祈神的歌曲。每人拔三棵青稞穗，拿回家供奉于神佛像前，表明将青稞神请到了家里，青稞就会丰收。青稞作为青藏高原珍贵的农作物，它是一切农作物中地位最高的，被看作一种神灵，它有自己的世系和等级："据说青稞的先祖，他在丁尼丁草原像一只雄鹰高高飞翔；母亲是恰普季麻舒恰普苏色……青稞是忠诚的、纯洁的，'六生'母青稞是神青稞，因此，要效忠于青稞，要效忠于'六生'的母青稞。"② 对藏族而言，青稞是否能够丰收增产，直接关系到自身的生存与发展问题，鉴于这种关系，藏族群众在不断的发展中赋予这种普通却又意义重大的农作物以神性，使其兼具植物与文化的双重功能。

随着人与自然关系的不断密切，怎样维护这种关系成为藏族先民生态伦理思想的核心主题和部落生活秩序的主要内容，一旦成为秩序，就带有普遍的约束性。藏族生态伦理是先民活动的合理性问题，这种合理性指涉的是主客体间的价值关系。藏族群众至今恪守生态伦理的一个重要原因，就是在人们观念中存在的世俗世界由多种神灵主宰的观念，认为各个地区都有专职神灵主管，人与庞大的神灵体系有着重要的利害关系。

图腾崇拜和自然神崇拜构成藏族对自然崇拜的主要内容，从表面上看，其中所体现的是藏族先民对容纳自身、提供生存所需资料的自然环境的感激以及由此而产生的敬畏与崇拜；面对恶劣的自然环境、动物侵扰、极端气候、自然灾害的时候，人们则又会表现出恐惧、厌恶的情绪，这种

---

① 南文渊：《古代藏族关于自然崇拜的观念及其功能》，《青海民族研究》（社会科学版）2001年第2期。

② [英] F. W. 托马斯：《东北藏古代民间文学》，李有义、王青山译，四川民族出版社1986年版，第81页。

情绪在神话中得到宣泄，表现为一种超自然力战胜另一种超自然力。在敬畏和憎恨的过程中，那些对藏族群众生产生活有利的超自然力量逐渐被接受，上升为保护神。在遇到无法认知、无法解决的棘手问题时，求助保护神的帮助，平时则对保护神敬畏有加，对保护神在世俗的表征——图腾物——保护有加，以求达到维护人与神之间的良好关系的目的。这种被神化之后的自然观，在以生态伦理的形态表现出来之后，在本质上体现了人们对自身安身立命之本的认知，在客观上它也服务于藏族社会，提高了藏族社会持续发展的能力。

藏族最初的生态观念主要受到苯教的影响，这种情况一直维持到藏传佛教的兴起。佛教传入之后，逐渐取代了苯教的地位，成为雪域高原主导性的宗教，不过在这个过程中，苯教依旧发挥着影响，以至于传入的佛教中也吸收了很多苯教因素，逐渐形成具有特色的藏传佛教。此时藏族生态伦理当中，富含了许多藏传佛教的内容。除此之外，藏族传统法律以及民间习俗中的一些内容也体现着其生态伦理观念。

（二）藏族信仰中的生态伦理

在苯教世界观中，人和动物、植物之间的关系是相互依存的。费尔巴哈在其《宗教的本质》一书中提到："动物是人不可缺少的必要东西，人之所以为人，要依靠动物，而人的生命应存在所依靠的东西，对人类来说，就是神。"[1]《新唐书·吐蕃传》记载了吐蕃人"重鬼右巫，事羊原羝为大神"。"藏人们相信有两个死人的地界：一个是人和动物过连续不断的安乐、富足生活的地界；另一个是黑暗、苦难的地界。在人世周期结束时，那些曾在安乐地界生活的人便要复活，重新在这一世界里生活，然而通往安乐地界的路是漫长而又充满险阻的。"[2] 正因为任何动物之间的紧密联系，藏族群众认为动物祭祀可以帮助他们通过葬礼，"这些动物的任务正是除去所有的险阻，为死者引路，给他作死后险途中的坐骑。通过他们的献祭，这些动物还用作给害人精灵的赎品，否则这些精灵就会伤害

---

[1] [德] 费尔巴哈：《费尔巴哈哲学著作选集》，荣震华等译，生活·读书·新知三联书店1962年版，第438—439页。

[2] [挪威] 克瓦尔耐：《苯教及其丧葬仪式》，褚俊杰译，《西藏民族学院学报》1989年第1、2期。

死者,换言之,它们是用作死者的替身"①。苯教当中的"万物有灵"思想把来自藏族生存世界的、无法用常理解释的神秘力量拟人化,使其以合乎情理的、人性的形象存在于人们的精神世界之中。②

在这种看似神秘的巫术礼仪当中,充满了对自然的严肃思考。通过建立人与动物、植物之间的联系,苯教促使藏族先民严肃地对待人与自然之间的关系,以此来维系"生前"与"死后"两世之间的联系,在客观上起到了促进人与自然和平共处的作用。

究其本质,彻底的生命平等观念构成了藏传佛教生态伦理的核心道德观念,藏传佛教认为众生在生存的意义上无一例外都是平等的,自然界的一切动物、植物和人一样,都拥有不可否认的生存权利,从而充分肯定了动植物的价值属性,为促使人们积极地关爱动植物以及保护生态平衡奠定了坚实的理论基础。③"佛法认为众生的生存环境是众生共同的业力和愿力创造的,它对众生的生存和苦乐有极大的影响。人们应该像保护生命一样地去保护环境,美化环境,要爱护一草一木。环境的恶化、资源的破坏意味着地球上生命的末日来临。因此不但伤害动物、鸟兽、昆虫是犯罪,就连割草砍树,破坏自然生态,污染河流环境都被视为罪恶属于佛教禁止之列。"④

佛教"万物皆有佛性"的观点认为一切生物皆有成佛的可能,从而奠定了某些生物的神圣性。尤其是佛教所推崇的一些吉祥动物,如大象、猴子、鸡、白兔、狮子、老虎、羊、牦牛、大鹏、喜鹊、孔雀、白鹤等。《朗氏家族史》记载,"朗氏家族的大证果者赛巴·苏噶答哥恰在布鄂地方之公确炯勒寺建立讲经院,使全体俗人信奉佛教,该地遂步入善品之路。他在寺院修习根本定时,食草野兽、鸟类和食肉猛兽咸来听法,守持禁约和巡礼"⑤。

---

① [挪威]克瓦尔耐:《苯教及其丧葬仪式》,褚俊杰译,《西藏民族学院学报》1989年第1、2期。
② 贾秀兰:《藏族生态伦理道德思想研究》,《西南民族大学学报》(人文社会科学版) 2008年第4期。
③ 陕锦风:《青藏高原的草原生态与游牧文化:一个藏族牧业乡的个案研究》,博士学位论文,厦门大学,2012年。
④ 多识仁波切:《爱心中爆发的智慧》,兰州大学出版社2005年版,第271页。
⑤ 绛求坚赞:《朗氏家族史》,赞拉·阿旺等译,西藏人民出版社1989年版,第60—61页。

藏传佛教还以因果报应论和一系列戒规戒律来保证人们关爱动物，保护生态平衡。佛教"十善法"① 被认为是随一切善心相应生起的诸心，随着"十善法"中"不杀生"概念的演进，"放生"意识也在藏族先民思想中延伸，藏族为实践佛教道德伦理，在特定的场合下有选择性地将一些牛、羊、马等家畜放生，让其自由漫游，并且将其赋予神性，人只能敬畏崇拜，任其自生自灭，不能侵犯。

藏族宗教中对情器世界的解释，体现了对人与自然世界之间的关系进行阐释的诉求。由于依赖自然环境维持生存，自然界的事物构成藏族生产生活的基础，为了更好地实现自身的生存目标，人们把自然环境想象成具有人类特征的神的形象，并加以崇拜和供奉。无论是对山神、树神、龙神的崇拜，还是对动植物的关爱等，都是为了更好地处理人和自然之间的关系，因为这些因素一起构成了藏族生活的客观世界，为其提供生存环境、衣食来源、发展基础的客观世界。如藏族对水的认知。作为生命之源，水不仅滋养了藏族畜牧业赖以发展的草原，为农耕种植提供水源，对藏族群众的日常生活具有决定性的作用。鉴于对这种重要性的认识，藏族先民将河流与湖泊冠以"龙神"的地位，认为在所有的河、湖中都居住着掌管人类疾病的龙神，如果触怒龙神，就会招致龙神释放疾病带来的惩罚。通过建立神圣性，藏族的宗教信仰体系逐渐使人们确立起敬畏自然并善加利用的思想。

在内化为民族心理的基本内容之后，藏族宗教信仰中的这些规定对普通民众形成了心理上的约束力，限定着人们的行为。纵观藏族的发展历程，尤其是在藏传佛教被确立为主要的信仰体系之后，这一糅合了苯教和民间信仰的宗教体系在藏族一千多年的历史中，对藏族的政治、经济、社会、文化等各方面的发展都产生了深刻的影响。宗教信仰逐渐建立起自身无比的权威性，即使是今日，象征着藏传佛教的佛法教义、寺院、活佛、僧众等的权威性在藏区仍毋庸置疑。与藏族切身感情密切相关的藏传佛教，以其特有的权威性及其对人们心理需求的满足，使普通群众在心理上形成了与自然和谐相处的宗教情感，并将这种宗教情感转化为集体性的放生、节欲、戒杀等行为，客观上起到了保护生态环境的作用。

---

① 所谓"十善"，即不杀生、不偷盗、不邪淫、不妄语、不离间、不恶语、不绮语、不贪、不嗔、不邪见。

（三）藏族传统法律中的生态道德意识

藏族在历史上逐渐发展起系统的法律制度体系，主要包括传统习惯法和中央与地方政府颁布的成文法，其中藏族习惯法与西藏地方政府颁布的法律，明显地受到宗教信仰的影响。吐蕃王朝早期，西藏就已经有了以佛教"十善法"为基础制定的"十善法律"以及由此发展而来的"十六人事准则""藏律二十条"等，通过因果报应等观念约束民众的行为，杜绝杀生、盗窃等，这些对于维护藏区生态环境是有利的。所谓习惯法，"乃是乡民在长期的生活与劳动过程中逐渐形成，它被用来分配乡民之间的权利、义务，调整和解决他们之间的利益冲突，并且主要在一套关系网络中被予以实施。就其性质而言，习惯法乃是不同于国家法的另一种知识传统"①。

无论是部落的习惯法还是地方政府的成文法，其中对生态环境保护的内容均源自藏族传统文化中对自然环境的认识，因为在生态恶劣的青藏高原，无限制地向自然索取、肆意破坏自然环境的行为明显是不可取的。基于这种意识，尽量降低对自然的负面影响成为人们的共识，"不触动自然的禁忌使高原有大片草场处于自然的原始的自生自长状态，而这正是遵循了自然生态界的一条重要规律：生态环境的自然生长是维护生态平衡、促进生物繁荣的重要条件"②。通过将其逐渐上升为习惯法，在具备文字和社会制度条件后，又将其纳入系统的成文法当中，进一步加强了对人们在心理上的信服和在行为上对自我的规约。

西藏历史上，达赖和历任摄政每年都会宣讲"日垄法章"，明确规定藏族群众不允许伤害山区除了野狼以外的其他野兽，平原地区除了老鼠以外的生物，并且规定了相应的惩戒措施，对违反相关规定的人予以不同程度的惩罚，例如理塘毛垭地区的习惯法当中就明确地规定："不能打猎，不准伤害有生命的东西，否则罚款。打死 1 只公鹿罚藏洋 100 元，母鹿罚 50 元，旱獭（或岩羊）罚 10 元，獐子（或狐狸）罚 30 元，水獭罚 20

---

① 梁治平：《清代习惯法：社会与国家》，中国政法大学出版社 1996 年版，第 1 页。
② 南文渊：《论藏区自然禁忌及其对生态环境的保护作用》，《西北民族研究》2001 年第 3 期。

元。"① "在甘加草原禁止打猎。若外乡人捕捉旱獭，罚款 10—30 元；本部落的牧民被发现捕捉旱獭，则被头人审问，让其发誓，果真捕猎者，罚青稞 30 升（每升 5 市斤）。"② 玉树地区的部落规定中有这样一条："纵火熏洞，有人见者，其人即罚一九牲畜；若延烧草地或烧死牲畜，照数赔偿；致死人命，罚三九牲畜。"③ "纵火熏洞"的相关规定不仅限制了人们使用烟、火捕猎的行为，同时也以相应的处罚规定为预防因不正当地用火行为而可能产生的草原火灾隐患提供了帮助，降低了人为因素对当地草原生态可能造成的损害。

受万物有灵观念的影响，藏族传统观念认为农田当中也居住有神灵，如果希望农业顺利发展，就需要维持与这些神灵的良好关系，因此除了牧业生产之外，在农区，为了保证农业的丰收，农田需要保持圣洁，以达到避免惊扰其中神灵的目的。西藏江孜地区的习惯法当中明确禁止在播种后直到收割前的这段时间里在农田里放牧牲畜、吵嘴或打架，否则将受到惩罚。

> 如不注意让牛羊在地里吃了庄稼，罚一鲁古的青稞做酼④。
> 牛的限制更严，若越过地边水沟的界限，无论吃还是没有吃到庄稼，都要罚二鲁古青稞做酼，另罚青稞六鲁古。
> 两个人若在田地里吵骂，每个人要罚四鲁古的青稞做酼，还让其请喇嘛求神一天。情节严重的要限定其请冰雹喇嘛。⑤

这些罚没的物品一概供求神、祭祀的时候使用。上述规定，尤其是对牛羊活动范围的限制，对于保护农田来说具有积极的作用，有利于农作物的生长，保证种植业的产出。

除了保护环境之外，部分地区的藏族还以部落法的形式，要求人们采取积极的行动，主动地改善环境，如西藏帕竹地方的朗氏家族就有这

---

① 张济民：《藏族部落习惯法法规及案例辑录》，青海人民出版社 2002 年版，第 134—135 页。
② 张济民：《青海藏区部落习惯法资料集》，青海人民出版社 1993 年版，第 172 页。
③ 同上书，第 96 页。
④ 指青稞酿成的酒。
⑤ 本书编辑组：《藏族社会历史调查》，西藏人民出版社 1987 年版，第 207 页。

样的规定：

> 在我们全部土地和势力范围内，每年要保证栽种成活二十万株柳树，要委派守林人验收和保护。人人要管好无穷无尽的宝藏，发菩提心和植树。由于所有地方和沟谷林木疏落，所以划分耕地要根据时令季节，不要拔除树根，要用锋利的镰刀和工具划界，划界后要植树。①

在藏区政教合一政府颁布的法律当中，与生态环境保护有关的规定也非常丰富，如1505年，法王赤坚赞索朗贝桑波颁布文告：

> 吾辖区之宗本、僧俗执事、一切尊卑人等周知：绛真寺乃法王松赞干布为了西藏全区之太平所倡建之寺庙之一。……
> 尔等尊卑何人，都要遵照原有规定，对土地、水草、山岭等不可有任何争议，严禁猎取禽兽。……
> 此文告永远有效，倘有违背，定予严惩。②

1648年，五世达赖喇嘛在颁布给贵昌地方的禁猎法旨规定：

> 在辽阔的国土之上，特别是居住在南方万户土地上的大小拉本、教民和俗民管理者，西藏牧区一切众生周知：拉堆杰给斯曾受持咒大轨范师白玛噶惹的加持。圣地得道者八十四人，是歇萨多吉等前辈上师光临之圣地。尤其是贵昌地方，乃是尊者贵昌巴贡波多吉之修习之所，一切庄严的供养与众不同，对此早已众所周知。因此，圣山的占有者不可乘机至圣山追扑野兽，不得与寺中僧尼进行争辩和对僧尼进行侵掠、阻碍僧尼化缘等，以免给静修带来烦恼。要为供养提供方便。③

---

① 大司徒·降求坚赞：《朗氏家族史》，赞拉·阿旺等译，西藏人民出版社1989年版，第253页。

② 中国社会科学院民族研究所、西藏自治区档案馆：《西藏社会历史藏文档案资料译文集》，中国藏学出版社1997年版，第60页。

③ 同上书，第56页。

上述由法王赤坚赞颁布的文告和五世达赖颁布的法旨，其本意虽然是为了维护宗教修行场所的秩序，要求僧俗众人不可对寺院财产"有任何争议"，要"为供养提供方便"，但其中"严禁猎取禽兽"、不可"追扑野兽"以及需要维护当地秩序，不得"给静修带来烦恼"的规定，在事实上达到了减少人们对当地自然环境干扰的目的，起到了保护生态的作用。

又如 1742 年颇罗鼐颁给第巴台吉仲科尔旺堆杰布的封文执照当中记载：

> 过去没有而独创新规，凡来自内外各地人员，妄图侵吞所有土地、人畜、财物，或争夺祖业权，祈请圣上赏赐执照，对砍伐自生和种植的树木、割运水草，予以严惩。……①

颁布这一封文执照的初衷是为了维护旺堆杰布及其后代的权利，但这些规定确实对保护当地的树木以及河道起到了积极的作用。

1860 年，摄政热振呼图克图发布命令：

> 为保西藏地区风调雨顺，得以丰收及保护土质等，在彼地区的神、龙住地——山、海和红庙等地方，需埋神瓶、龙瓶及药丸等，已送给你们，埋的地方，按铁羊年前达赖颁发的文告进行，先做好埋瓶准备，神瓶及药丸一旦送到，应即速埋。②

1932 年，十三世达赖喇嘛向藏区各寺庙和宗豁发布训令，规定：

> 常年性的传召法会的时间，从藏历正月初至七月底期间内，寺庙规定不许伤害山沟里除狼以外的野兽，平原上除老鼠以外的动物，违者皆给不同惩罚。总之，凡是在水陆栖居的大小一切动物，禁止捕杀的文告已公布，文武上下人等任何人不准违反。由于过去宗豁头人们把料理私事放在重要位置，放松管理，大多数头人百姓也未按规定办

---

① 中国社会科学院民族研究所、西藏自治区档案馆：《西藏社会历史藏文档案资料译文集》，中国藏学出版社 1997 年版，第 72 页。

② 同上书，第 90 页。

事。特别是现在，为了本人（译者：即达赖）的长寿和全体佛教众生的安乐，在上述期间内，对所有大小动物的生命，不能有丝毫伤害。必须加强宣传，并严加管理和约束①

上述法规中有一个明显的时间界限，即春夏季节要封山蔽泽，以保护生长中的植物与动物，表明对自然规律的尊重与服从。

此外，在噶厦政府明确为禁止打猎而颁布的命令②当中做出如下规定：

> 喇嘛求神预示：为了西藏怙主及僧众最佳之护持者达赖喇嘛长寿，广大地区的所有山川河流，要严格禁止打猎，命令已不断下达，对于此事，每年的"日垄法章"规定很严格，不仅连续补发了补充令，特别是去年，此处也动员要进行全面管理，但各宗豁头目们，不严格执行命令，接受贿赂，与行贿人同流合污，不加管理，重要大事，没能尽职。
>
> 为了使鸟兽、鱼、水獭等水中与陆地栖息的大小生物的生命得到保护，日喀则、仁孜③、南木林、拉布、甲错、领嘎等地方，"年厄"依法禁止打猎，要继续加强管理，此重任交于尔等。为此，各宗豁和地方政府、寺庙、贵族三者，要认真宣读法令，使全体来往的农牧民知晓，索取共同管理之甘结，违犯者无论轻重，不偏不倚，立即抓起，进行惩罚，并将情况上报。④

部落法规和西藏政府法规中的此类规定，对藏族生态伦理的建设起到了一种制度保障的作用。对部落和地方政府来说，这些规定将日常生活中的各种禁忌制度化，成为共同遵守的法律，建立奖惩机制，加强了对普通群众行为的约束力。对藏族群众来说，这些规定与日常生活中的禁忌有很

---

① 中国社会科学院民族研究所、西藏自治区档案馆：《西藏社会历史藏文档案资料译文集》，中国藏学出版社1997年版，第56页。
② 据《西藏社会历史藏文档案资料译文集》，此处所引材料的年代佚失。
③ 原文如此。
④ 中国社会科学院民族研究所、西藏自治区档案馆：《西藏社会历史藏文档案资料译文集》，中国藏学出版社1997年版，第141—142页。

大的相似性，在他们眼中，二者都规定了在日常生活中不允许做什么，应该怎样做，只是触犯之后的惩罚由原来抽象的"神罚"转变为来自政府和部落的更为具体的"人罚"，更具有威慑性。所以，在经过长期实践之后，藏族群众逐渐将这些法律规定与生活禁忌融合到一起，成为自己日常行为的规范，自觉地加以遵守。

（四）藏族日常生活禁忌中的生态伦理

藏族禁忌的产生与其宗教信仰有着密切的关系，"禁忌作为一种宗教行为和宗教现象，是与关于神圣事物的观念和意识同时产生的"[①]，此外，藏族社会生活中的其他传统的制度性因素也在不断规约着藏族民众的行为，与宗教信仰的规约作用具有一致性。藏传佛教中的规定、部落的生态习惯法、西藏政府对保护生态的法律规定等制度性的内容与藏族普通群众生活中的行为规范相互作用、相互融合，一起构成了藏族日常生活中的禁忌与规范。普通群众对上述宗教和制度性的生态规定的遵守，更多地通过遵守日常生活中的禁忌得以表征，在经过长期历史演变后，自觉遵守此类规定已经成为当今绝大多数藏族群众自觉的、习惯性的行为。

受藏传佛教的影响，戒杀生成为藏族各种禁忌当中最大的禁忌，对已经受戒的佛教徒来说，其约束力更为严格。虽然牛羊肉在藏族的饮食结构中占据了主要的地位，但他们自己通常不亲手宰杀牛羊，这成为"戒杀生"在其日常生活中的重要体现。对一些藏族来说，"就是捉到臭虫、虱子，也不肯弄死，而是扔掉。对野生动物及鸟、乌鸦、野鸭、狗、猫、猴等禽兽，不加伤害，尤其对秃鹫更得加以保护，因为秃鹫在藏族人民心目中是神鸟"。[②] 除了这些不杀生的禁忌之外，与生态保护有关的藏族传统禁忌一般还包括以下几个方面。

对动物的禁忌：忌侵犯"神牛""神羊"，忌打杀、虐待家猫、家狗，忌惊吓、捕捉飞鸟禽兽，忌拆毁鸟窝、驱赶飞鸟，忌捕捞水中动物，忌故意踩死、打死虫类。[③] 老一辈藏族人不吃鱼肉，也忌讳别人捕鱼，以此积

[①] 吕大吉：《宗教学通论新编》，中国社会科学出版社1998年版，第321页。
[②] 李双剑、周闰年：《藏族禁忌试析》，《中央民族学院学报》1988年第2期。
[③] 南文渊：《藏族生态伦理》，民族出版社2007年版，第181—182页。

德行善。① 斯布村和甲多村的村民均不吃鱼、不捕鱼。

对土地、草地的禁忌：忌随意开挖土地、草地，忌在田间说脏话、赤裸身体，忌在田间焚烧骨头、破布等恶臭之物，忌在夏季举家搬迁等②。

生产禁忌：如平时禁止打猎、捕鱼，下种后不能砍树，认为这样会触犯神灵，降下冰雹。秋收前不能割青草，割草会触犯地神。下种后不能在山上挖药，这样会触犯土地神，它要放虫来吃庄稼等。③

圣地禁忌：如禁止在佛塔等宗教场所抽烟、吐痰、擤鼻涕、大小便。在神山上不准喧闹、挖掘、采药、打猎、砍伐，禁止带回神山上的任何物种，禁止伤害神山上的兽禽飞虫，禁止砍伐神山上的花草树木，禁止在湖泉、水井、河流等处大小便，不准将垃圾等不洁之物倒入水中，等等。④

马鹤天先生在20世纪30年代对甘青藏边区的考察中，记载了当地藏族的禁忌。

> 夏河中有鱼，南山上有兽，均禁捕猎，拉卜楞为佛教圣地，禁杀生也。据云蒙、藏人所以食牛羊而不食鱼类者，因信仰佛教，且戒杀生。唯其地仅恃畜牧为唯一生业，不食肉类，即不能生活，故不得已，唯有少杀生命；因杀以牛羊，可供若干次之食用，而鱼虾之类一人一餐即伤无数性命，故切戒之。至野兽因猎者志在牟利，与其生活无关，故亦禁之。但距寺较远区之藏民，以猎为生者亦不少。唯藏人信佛教深者，旅行时绝不打猎。彼谓途中不伤一生，可常遇佳日，如猎伤野兽，必遇暴风或雹灾。又山中有矿产，亦不许探采，谓山中有神或魔鬼，不可动扰，一经得罪，必加害人畜，迷信之深，牢不可破也。⑤

---

① 华锐·东智：《浅论藏族的禁忌文化》，《西藏民族学院学报》（哲学社会科学版）2007年第6期。

② 南文渊：《藏族农耕文化及其对自然环境的适应》，《青海民族学院学报》（社会科学版）2000年第2期。

③ 华锐·东智：《浅论藏族的禁忌文化》，《西藏民族学院学报》（哲学社会科学版）2007年第6期。

④ 详见南文渊《论藏区自然禁忌及其对生态环境的保护作用》，《西北民族研究》2001年第3期；华锐·东智《浅论藏族的禁忌文化》，《西藏民族学院学报》（哲学社会科学版）2007年第6期。

⑤ 马鹤天：《甘青藏边区考察记》，甘肃人民出版社2003年版，第75页。

这段文献中记载的藏族禁忌，主要涉及忌杀生、忌捕猎、忌采矿三者，其中将藏族不食鱼虾也归为忌杀生所致，这背后的深层原因则是鱼虾所象征的神圣性，这种神圣性的存在更加强化了禁止捕食的合理性和该禁忌的约束力，因为在藏族的传统观念中，鱼虾居住的河湖当中都居住着"龙神"，鱼虾本身同样具有神性，从而被归入禁止捕食之列。此外，这段记述中将禁止在山中采矿归为迷信，则忽视了对藏区生态环境脆弱性的考虑，因为藏区的高山大川海拔高，生态环境十分脆弱，地表植被稀疏，地质条件复杂，自然环境一旦破坏就很难恢复，而且容易引起地质灾害，在不具备开采和保护自然环境能力的前提下，禁止开采成为一种保护生命安全和生态环境的有效途径，将其归入禁忌则进一步加强了保护的力度，促进民众自觉遵守。

如今的斯布村和甲多村村民，仍普遍遵循着以上禁忌，不杀生同样是其中的核心，虽然在一段时间内当地不杀生的禁忌有所松动，使捕猎野生动物的行为增多，但近年来此类禁忌的规约性再次强化，两地的野生动物数量也都有不同程度的回升。此外，例如斯布村的村民在进行田间管理时，很少交谈，即使必须交谈，也不会大声喧哗。

> 平时在地里干活的时候（互相之间）不怎么说话，一个是忙着干活呢，还有就是说话不好，如果非要说的话就小声地说，像刚才你们站得远，我要跟你们说话，肯定不会大声喊，走过去，小声跟你说，要不就等干完活了回去再说。骂人的话肯定不能说的。老人们跟我们说地里有神仙呢，大声说话、骂人、说坏话都会得罪神仙，庄稼就不好了。……我们信（这些禁忌），要是真做错了（打破禁忌），发生什么坏事，那时候就有麻烦了。（CRYZ，女，48 岁，斯布村，牧民）

看似普通的日常耕作劳动被赋予了神圣性，耕作过程所体现出的并不仅仅是人地关系，其中还包含了人神之间的关系，只有在满足、尊重神灵的前提下，才能够保证土地的收获，以此使人们开发、利用的行为受到规范。

斯布村境内河流和泉水较多，当地人被禁止向河道或泉水当中乱扔垃圾，大多数当地人仍认为污染河流和泉水会受到龙神的惩罚，这样的禁忌对于促进人们保护水源不受污染是有利的。甲多村背靠念青唐古拉雪山，每年夏季大量的雪山融水经过甲多村境内流入拉萨河的支流——藏布曲。这导致当地的很多草场都被雪水浸泡，形成季节性的湿地，给当地居民和牲畜的活动带来了一定的不便，但是当地村民并没有对此进行治理。

> 水太多了是有些不方便，有时候把路都冲了，（但是）挖土把水引到河里去也不好，（因为）水这么到处流着可以让更多草地浇上水，草长得更好，另外挖土会把草场给毁了。这么大的地方，要挖好大（面积）的草场，这样不好，挖了就回不来了（指无法恢复原来的面貌），我们藏族一直就不让随便挖土，虽然现在盖房子什么的挖土也多了，这些都没事，是正常的，在野外随便挖土，还是不行，不让挖。(GMGL，男，57岁，甲多村四组，牧民)

由于地表植被稀薄，在草场上开挖水渠容易造成水土的大量流失，长期下去草场就会受到破坏。甲多村境内的河流没有太多的整治，因此河流流经的地方每年都会因为大水导致一定的草场水土流失，此外，地表水流较大的时候往往也是植被覆盖程度较高的时候，这也在一定程度上降低了水土流失的发生概率。村民在经过长期的观察和实践之后，认为另外开挖沟渠，会导致更大面积的水土流失，所以当地貌似放任雪山融水四处乱流，背后却隐含着对生态保护的考虑。

在斯布村和甲多村村民看来，如果违背了禁忌，就得请喇嘛念经消灾，如果自己有能力，也可以自己举行一些简单的宗教仪式或者使用巫术禳灾，如果触犯了较大的禁忌则会被"治罪"。藏族禁忌文化反映了人们对保护自然环境的朴素认识，也正是这种朴素的环保观念，通过遵守这些生活禁忌，尽量避免发生违背自然规律的事件，使人类行为与自然环境之间免于冲突，使藏族群众在青藏高原的脆弱生态环境中维持着持续性的发展，体现出朴素的可持续发展观。

我们也要看到，在社会变迁的影响下，藏族传统禁忌的约束力正在发生松动，一些禁忌已经被打破。例如前文所述的禁止在河流中乱扔垃圾的规定，就已经被打破。在斯布村和甲多村的河道中，我们发现了大量的垃圾，其实不仅是这两个地方，根据我们在青海省玉树州以及云南迪庆州藏区的调查，都发现了在河流中乱扔废弃物的现象。当地的藏族认为，自己所扔的垃圾主要集中在小河、小溪边，并没有对干流造成污染，因此是没有关系的。而且对他们而言，这也是没有办法的事，因为当地并没有相应的垃圾处理设施。

藏族的生态伦理中，体现着人们对生态环境的感性认识，出于对自然环境内在价值和权利的承认和尊重，藏族在传统文化中创造了丰富的生态保护知识，并将其内化为民族文化和民族心理的宗教、法律、习俗禁忌等地方性知识。藏传佛教成为藏族的主体宗教之后，藏族的生态伦理中体现出强烈的藏传佛教色彩，使藏族生态保护的相关法律规定、制度体系与民间习俗禁忌都表现出强烈的宗教色彩。藏族生态伦理以其特有的方式规约着广大藏族行为方式，促使其保护自然环境，珍惜各种生命，通过奉行和谐、节制的生产生活方式，实现社会系统与自然系统友好共处，体现了藏族生态伦理中人与自然的和谐统一。

事物总是具有正反两面性，并不是所有的藏族文化都与当前的草地利用和社会发展的需要相适应。传统藏族社会中禁止乱采滥挖的规定，虽然确实起到了保护生态环境的作用，但这种规定也限制了部分正常生产活动的展开。受藏族传统文化的影响，"惜杀惜售"现象在藏族牧民当中非常普遍。从化解风险的角度来说，尽量保持较大规模的牲畜具有较高的经济学意义，首先，畜牧业的生产周期普遍较长，这是由牲畜的生长周期所决定的，这就导致单个牲畜生产能力降低，于是选择数量的优势成为化解生产风险的有效途径。同时，现实情况也证明，青藏高原多发的自然灾害使一些牲畜规模较小的牧户在灾后面临贫困，且难以恢复，而牲畜规模较大的牧户，虽然损失惨重，但却容易恢复。[①] 藏族传统宗教文化当中对生命的尊重与保护，以及与之相伴的"众生平等""不杀生"等观念，在人们的潜意识当中助长了"惜杀惜售"现象的产生。

从历史上来看，无论是禁止乱采滥挖还是"惜杀惜售"的现象，都促进了青藏高原的生态保护和藏族社会的发展，是与当时的历史相适应的。但是，禁止乱采滥挖限制了对相关地区的开发，在不具备必要的生产力水平的条件下，禁止开发不可谓不是一项明智的选择，现代社会已经具备了在部分地区开发的必要条件，在开发的过程当中正确地加以认知和采

[①] 罗绒战堆：《藏族地区"惜杀惜售"问题的研究》，《西南民族大学学报》（人文社会科学版）2009年第11期。

取必要的保护措施,是可以实现经济利益和生态利益的双赢的,但囿于这种传统观念,一些正常的生产活动却无法展开。"惜杀惜售"在历史上确实带来了巨大的经济效益,随着社会生产力的提高,牧区牲畜的存活率已经大大得到了提高,牲畜规模日渐壮大,此时仍坚持"惜杀惜售"的观念,不仅会降低牲畜的经济价值,同时,也会因为牲畜规模的增长而增加草场的载畜压力,引起草场的退化和生态失衡。

藏族地方性知识的产生和发展,有其特殊的历史背景,因此,特定地方性知识是与特定社会背景相适应的。也正因为文化需要在一定的社会背景下产生,在社会发生变化的时候,文化需要在新的背景中通过文化变迁的形式重新加以适应,相对社会的发展速度来说,文化的发展速度会有一定的滞后性。历史上对藏族社会发展起了极大促进作用的地方性知识,在当前的社会背景下会有一些不适应当前社会的方面,所以,我们在挖掘和分析藏族地方性知识价值的过程当中,不仅要看到其中有利于现阶段藏族社会发展的一面,也要看到其中不利的因素。

二 草地利用的地方特色

藏族利用草地的历史由来已久,在这个过程中,人们积累起如何放牧、如何进行耕种、如何保护草原的生态环境等关于草地利用方面的丰富知识。这些地方性知识的积累和发展,受到青藏高原特殊的地理环境的影响。传统上,藏族群众对青藏高原的开发是以顺应自然为前提的,他们依照环境和气候的变化进行农事活动。经过几千年的习服和适应,藏族的农业文化适应了青藏高原的自然环境,在农事活动中,人们遵循着一套特定的行为规范和价值观念。概括起来,斯布村和甲多村的农牧文化具有以下特征。

(一) 相互配合的农牧业生产

藏族群众在草地的利用方式上选择了以牧业生产为主,种植业为辅,这与其自然环境息息相关。前文已经提到,青藏高原地理位置特殊、自然环境和气象条件复杂,海拔多在4000米以上,气候寒冷,其境内的大部分都是高山草甸和高山草原,地表相应地被高山草甸、草原和灌木草甸草原所覆盖,牧草生长期短,生长缓慢且稀疏,由此导致产量低。受制于特殊的自然条件，畜牧业成为支撑青藏高原社会经济发展的主要产业之一。在青藏高原东南部和东北部的农牧过渡地区，这里的土地利用具有这样一个特征，即在河谷地区从事农耕生产，山地则以牧业为主。

西藏地区的农业并不是精耕农业，在这里发展农业的难度和风险更大。农牧结合是藏族传统农业文化中的一个重要特征，这种特征在农耕和放牧并存的地区表现得尤为明显。

农牧结合首先表现在农耕为牧业提供饲草和饲料。农耕作为初级的生产部门，其能量转化既能够满足人的需要，又能够满足饲养牲畜的需要。农作物在成熟之后，结出的优质果实可以供人食用，质量较差的果实和秸秆等人类虽然无法直接利用，但是对牲畜来说这是很好的饲料，人们可以通过牲畜将其转化为人可以食用或利用的物质，如肉、奶、皮、毛等。在甲多村和斯布村，当地农产品，尤其是粮食作物的商品率很低，很多牧民都表示自家生产的青稞、小麦等都不用于出售，而是将其中质量较好的加工成炒面、面粉等供家人食用，加工时产生的麸皮和质量较差的青稞、小麦则储存起来，在饲草短缺的时候作为补饲时所需的饲料。

> 斯布村每户人家都有耕地，少的有一两亩，最多的有十五六亩。种的粮食种类有青稞、燕麦（作为饲草生产）、油菜等，也有一些牧民种植少量的土豆和蔬菜。种出来的粮食自己吃，或者给牲口吃，不卖。冬天牲畜饲料不够，需要从外面购买。（GS，男，29岁，大专，扎西岗乡驻斯布村工作组成员）

青藏高原地区的自然条件相对恶劣，即使是在斯布村这样的适合农耕的地区，如果单纯地发展农耕生产，其风险较大，主要表现为作物的产量低，而且生产环境不稳定，土地的产出会随着自然条件的变化出现较大的波动；如果单纯发展畜牧业，则会造成人们对粮食的需要有可能无法满足。在既有农田又有草地的情况下，当地的藏族群众将农耕生产和畜牧业相结合，这样一来便弥补了自然条件的不足，资源和产业的优势得以发挥，牧民规避风险的能力得以提高。

（二）农牧业生产的宗教色彩

受藏传佛教的影响，藏族群众形成了完整的生态观念，对自然充满了敬畏，因此，在从事农牧业生产的同时，会经常请求自然界诸神的保佑。随着科学文化知识的不断传入，当地人对如何科学耕种已经有了深刻的认识，但是当地的一些藏族仍会举行一些小型的宗教活动，如在家中煨桑或者念经，这种宗教活动所起到的作用，更多的是心理上的。在斯布村，一部分藏族群众在进行农业生产之前都会先向神明祈祷，保佑今后能够风调雨顺。

ZXDZ（男，43岁，文盲）是加措堆的居民，一家有四口人，家里只有四头牦牛，所以家里的7亩多耕地对他来说就特别重要。虽然他也知道很多科学种田的知识和技能，但在春耕开始之前，他还是会在田里或者在家里煨桑，请僧人或本村会念经的人念一段平安经，祈求能够有一个好收成。在他自己看来，"这样心里会更踏实"。（斯布村调查日记，2012年7月19日）

夏天是作物生长的关键时期，人们需要遵守一些特殊的规定，或是进行一些宗教活动，希望能够保护庄稼、牲畜和自然万物的生长。

多咔村民小组的SLDW今年（2012年）61岁，家里有藏文写的经书，在空闲的时候经常念经，他认为这样不仅可以保佑家里人平安、健康，而且对家里的牲口和田里的庄家都有好处，"牛羊不会生病，越长越大，庄稼会丰收"。（斯布村调查日记，2012年7月26日）

另外，如果做了某些不应该做的事情，就会引起神明的不悦，从而影响庄稼的生长。例如：夏天的时候不可以在田间吵架或者说脏话、不可以在田间焚烧有臭味的东西，也不可以污染水源，因为这些都是不利于庄稼生长的，做了以后会影响收成，更严重的会引起神灵对行为者本身更重的惩罚。

秋天是斯布村收获的季节，在庄稼成熟之后、准备收获之前，人们会举行"望果节"。此处不再赘述望果节的过程，只述及其中一些为了敬神而存在的活动，例如：望果节第一天的早晨，斯布村村民会从自家长势最好的农田里拔几束麦穗或油菜等作物，作为献给"龙神"的祭品；之后的游行也是祭神的一项重要活动，同时有人在庄稼地附近的三岔路口焚香祈祷；寺庙在当天也会举行宗教活动。望果节的庆祝活动通常会持续几天，这其中既有感激神灵的保佑，也有祝愿庄稼丰收，以及希望能够在来年继续得到庇护的含义。

在甲多村，人们通常采取请僧人到家中念经的方式与神灵沟通，获得神灵的保佑。村民请僧人念经的时间不一，根据自己家里的实际情况安排，而且对于念经的报酬也没有特殊的规定，往往由家人按照经济条件而定，但一般都比较隆重。2012年8月2日，甲多村二组的村民ZXCR家请来了羊井学寺的僧人给家人念经，他们认为念经可以保佑家人平安、牲畜健康。

（三）基于多种考虑的牲畜选择

从经济效益来看，牧民大量饲养绵羊是最有利可图的。相对牦牛而言，绵羊、山羊的生长繁殖更快、食草量更少，而且羊毛产量比牛毛要多，经济价值高，故而其效益更好。牦牛的繁殖、生长速度都比较慢，食草量也更大，牛毛的产量和价值也更低，因此虽然牦牛的个体产肉率更高，但从总体经济收益而言，饲养牦牛并不是最划算的选择。但从现实情况来看，无论是在斯布村还是在甲多村，牦牛所占的比例却都是很高的。

斯布村的牦牛饲养量占到了绝对的多数，2011年年底全村共存栏9117头牦牛，在当地放牧牲畜总数中的比例达到83.6%，虽然斯布村藏族亦放牧黄牛、绵羊、山羊和马，但这四种牲畜所占比例的总和也只有16.5%。（见图5-1）从总体趋势上看，绵羊、山羊、马等牲畜正在逐渐退出斯布村民的牧畜选择，但在短期内尚不会完全退出。

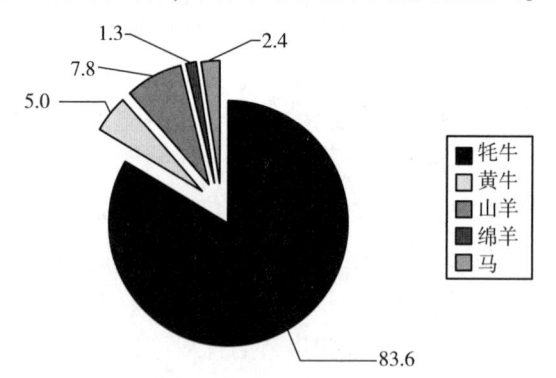

图5-1　2011年年底斯布村存栏牲畜构成（单位:%）[1]

---

[1] 数据来源：2012年7月斯布村田野调查资料计算所得，原始数据由斯布村LYL、SLBZ提供。

甲多村牧民饲养的牲畜同样以牦牛为多，2011年年底共存栏19098头，占全部牲畜的35.5%。同年甲多村饲养的绵羊占34.5%，山羊占29.1%，相对当地绵羊、山羊的规模来说，牦牛在数量上的优势并不像斯布村的那样明显，当年马的饲养量为151匹，在全部牲畜中所占的比例最小，仅为0.8%。

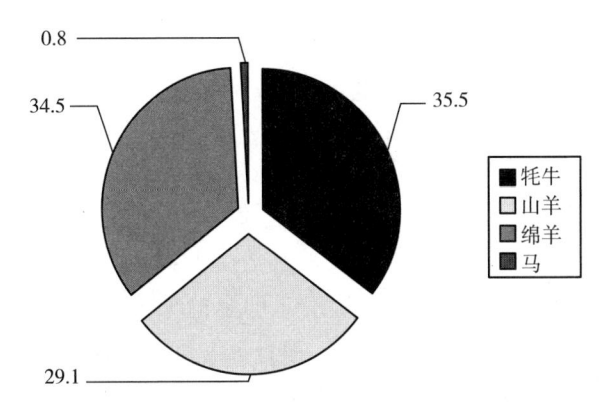

图5-2　2011年年底甲多村存栏牲畜构成（单位:%）①

藏族群众选择牦牛作为高原主要的畜种，是与自然环境相符的结果。青藏高原恶劣的自然环境要求牲畜必须具有较高的适应性，牦牛则是这里的优势家畜，其次为藏系绵羊和马。前文提到牦牛在斯布村的牲畜构成当中占有绝对的优势，据当地人介绍，养羊在当地曾经比较盛行，但后来逐渐被牦牛替代，其主要原因是山羊和绵羊个体相对较小，照顾起来较为复杂，牦牛所需要的精力则相对较少。而且当地山地牧场的海拔落差大，牦牛的适应性更强，能够抵抗极端天气的能力更可靠，所以，综合分析了精力分配和抵御风险的能力之后，当地很多牧民已经选择完全不养羊。

甲多村的定居点周边有大面积的草场，而且地势相对平坦，落差小、坡度缓，在放牧绵羊和山羊的时候不需要太远的距离，事实上，在当地牧民放牧的过程中，牦牛会被驱赶到更远的地方，绵羊或山羊因食草量小，所以家庭周边的草场即可满足它们的食量，照看起来也相对方便。

能够获得更多经济收入也是甲多村村民选择多饲养绵羊、山羊的重要

---

① 数据来源：2012年8月甲多村田野调查资料计算所得，原始数据由甲多村CRDJ、GMGL提供。

原因之一。以羊绒为例,羊绒是当地的一种重要商品,每年夏季都会有商贩前往收购,2012年夏天,一斤比较干燥的羊绒可以卖到131元。

表 5-1　　　　　2012 年 8 月商贩收购羊绒的记录（部分）[①]

序号	一	二	三	四	五	六	七	八	九	十
单价（元）	131	131	131	131	131	131	131	131	131	131
重量（斤）	28.4	9.5	22.1	12.8	12.85	14.9	18.75	12.7	2.6	12
总额（元）	3720	1245	2895	1677	1683	1652	2463	1165	340	1572

2012年8月,我们在甲多村调查期间,适逢几名外地商贩前往收购羊绒,表5-1节选了他们的部分交易记录。从中我们可以发现,羊绒的交易为牧民提供了较高的额外收入。但是由于当地山羊和绵羊的个体较小,单只羊的产绒量低,故而需要有足够多的羊才可以得到足够多的羊绒。因为可以得到更为可观的收入,而且不需要耗费过多的精力,当地牧民只要条件允许,普遍保留着较大的羊群规模,这也解释了为什么当地的羊群规模在数量上与牦牛相当。

（四）随环境改变而转换的转场轮牧

长期集中放牧将会导致草场退化,为使当地草场得到休养、恢复的机会,当前斯布村和甲多村都采取了轮牧的措施。斯布村牧民冬季选择在定居点周边海拔较低的山脚放牧,夏季则到海拔较高的高山地区,二者之间没有围栏,每年春夏、秋冬交替之际的迁移时间也没有统一的规定,全部由村民自己决定。村民们也严格地遵守着长期以来的规定,根据我们在田野调查期间的观察,在距离定居点较近的草场上,基本见不到成群的牲畜,只有个别散落的牛羊,这就使这一片草场在夏季得到了很好的恢复。在冬季来临之后,这里又成为牲畜越冬的理想场所:较低的海拔和山谷的地形可以抵御寒冷的气流,草场在经历了整个夏季之后,牧草从数量到质量都得到了很大的提高,可以为牲畜提供越冬期间的草料。同样地,冬季牲畜在低海拔地区越冬,高海拔地区的草场得以在第二年夏季牲畜回归之前获得休养生息的机会,夏季是牧草生长的季节,各种植物利用夏季迅速生长,虽然有牲畜活动,但牲畜在较大的范围内选择性地流动,而且植物

---

① 2012年8月在加多村调研期间由收购羊绒的商贩提供。

生长较快，所以草场可以得到较大程度的恢复。

甲多村最初并没有转换牧场的规定，只有少量牧民会定期迁移，多数人常年在住房周围的草场上放牧。2000年起，甲多村制定了轮牧的规定，并逐渐制度化，现在牧民们全部都能够自觉地执行。

（甲多村）夏秋季在山上牧场放牧每家都要去，这是村子里面定下的规矩，每年至少有一个半月在山上放牧，夏秋一个月，冬春半个月，让草地恢复一下。村上制定的规矩，由组长负责实施。冬天（公历的）11月到12月之间天气好的话就挑一段时间，个别家庭如果愿意的话可以自己延长一段时间。如果家里牲口多的就自己专门组织上去，家里牛羊少的可以几户人家放在一起赶上去。冬天母牛挤奶不多，就放在家里，只带公牛上山。山里的牧场也都是公用的，全村的人都有权利使用。以前没有这种规定的时候，主动的人家就自己走掉了，如果长时间没有动的家庭，会有人去专门通知，刚开始的时候有人不想去，嫌麻烦，现在没有了。如果没有去的家庭，会有一些惩罚，不过一直没有真正执行过。如果按照规定，没有去山里的家庭，每头牦牛会罚一些钱。（CRDJ，男，54岁，甲多村三组，牧民，支书）

在放牧的过程中，藏族群众长期以来都遵守着共同使用草地的规定，并且自发形成合作放牧。斯布村的草场虽然名义上已经承包到户，在实际操作过程中，牧民们并没有独自在自己的草场里放牧，依然采取集体放牧的形式。

（草场）没承包之前就是这种放牧习惯，草地都一起用。现在分了草场之后也有牛羊越界，但数量不大，少的就无所谓了，如果遇到数量大的赶过去就行。没什么矛盾。我们这里是半农半牧（区），无所谓，牛羊互相跑都没什么意见。（养的）牛羊多了，人也跟不住，特别是到了配种的季节，人根本控制不了。有时山南那里的牛也跑到这里来。这里是属于拉萨的，后面的那个山就是属于山南的。（XCG，男，46岁，斯布村，牧民）

在使用草场的时候，斯布村村民通常以天然的河流或者山脊作为界线，每一个山谷里根据面积的大小分布有五六户到十几户不等的牧民，牧民间会有一些自发的合作。甲多村的草场同样属于这种情况。每家每户的草场并没有明确的界线，每个村民小组以及和其他行政村之间虽然有界线，但是并没有任何围栏措施，对越界的牲畜也仅仅是采取驱离的措施。

斯布村和甲多村的牧民普遍认为，草场共有可以共享资源，草场的水源比较有限，而且分布不均匀，草的质量也会有差别，在共享的前提下，牧民认为使用草场的机会是均等的，所以是公平的。

（五）顺应自然的农田利用和保护

在耕种方式上，两地的具体情况也不尽相同。斯布村自然条件相对优越，水资源丰富，具有良好的灌溉条件，土壤肥力相对充足，耕地的利用率较高，作物每年一熟。甲多村的耕地主要集中在第二村民小组境内。这里的耕地质量相对较差，土壤中沙石的比例较大，所以土壤肥力有限。为了解决这一问题，村民在耕种的过程中通常采取轮耕的方式，如某村民家中总共有20亩耕地，每年只开垦其中的一半，另一半闲置，而且有些村民会将周边的围栏全部或部分拆除，这样可以让牲畜进入，利用其活动改变土壤结构，第二年重新开始耕种。

> 我七八岁的时候跟父母从南木林县全家搬到这里（甲多村），因为以前家里就是种地的，我跟爸爸妈妈也学了一些（关于种地的知识），所以本来就会种地，现在家里有20多亩地，今年种10亩，明年种10亩，每年都一起种的话地就会不好，每年种一点，剩下的可以休息一下。组里一共18户，14户种地，现在有不到300亩的耕地，"种1亩能收3亩"（即1斤种子能收3斤粮食）。种出来的粮食从来不卖，（质量）好的自己吃，（质量）不好的喂牲口。（GS，男，62岁，甲多村二组，牧民）

甲多村本是纯粹的牧业村，在20世纪五六十年代，伴随着农耕自东南向西北扩张的大潮，这里的土地也被开垦出来，主要集中在地势较低、靠近河流的平坦地区，但现在仅二组还保留着较多的耕地。由于自身缺乏种植的经验，所以一些山南地区的农民被迁移到这里，进行指导。上述这位牧民GS，也因为会种地，在1978年至2009年间，一直担任二组的组长,即使现在已经退休,村民仍会请教他一些关于耕种方面的事情。

建设围栏是农田保护的一个重要方面,人们以此阻挡牲畜的进入。斯布村境内多石材,农田的围栏多就地取材,人们在农田周围用石头垒起一座高约1.5米到1.7米的围墙,这样就使牛羊无法进入,而野生动物并不会受到影响。

> 因为(斯布村)禁止打猎,现在山上的野鹿、野羊渐渐多了,经常在天黑以后或者天快亮的时候下山吃庄稼,以前我见了还可以把它们打死,但是现在禁止了,只能把它们赶走。为了保护庄稼,这些年我们在农田四周修建了石头的围栏,其实这只能防住牦牛,牦牛跳不动,鹿、羊还是可以跳过围栏进到里面吃庄稼。(LBWM,女,45岁,斯布村,牧民)

在甲多村,这种就地取材的特征更加明显,一些村民的农田周围石头较多,便于取材,所以其围墙会是石头的,但另一些村民的农田周围并没有很多石头,去别处运既费时又费力,所以他们通常用铁丝网将农田围起来。

藏族群众长期面对脆弱的自然环境,在和自然的互动过程中对自然环境重要性的感受更为深刻。在藏族群众看来,保护草原生态就是保护自己的生存环境。藏族宗教当中,对自然也有特殊的认识,在这二者的综合作用之下,藏族逐渐形成了一系列系统的保护草原生态的规定。在现实生活中,藏族群众对这些规定并没有系统的认识,在他们看来,仅仅是有些事情能做,有些事情不能做。事实上,这些规定已经内化到藏族群众的内心世界,成为一种人们自觉遵守的乡规民约,通过规范藏族群众的行动达到保护生态环境的目的。

除了保护自然环境不受污染,对野生动物的保护也是一个重要的方面,"众生平等"的观念在藏族群众当中广泛存在着,这为人与动物和谐共存提供了前提,在人们的内心世界,也普遍认可这种观点。

> (打猎)禁止得好,可以保护环境,以前这里狐狸多,而且可以打,现在都不让打了,狐狸可以吃鼠兔,对草地有好处。以前可以杀野生动物(藏羚羊、熊、狐狸等),现在都禁止了。(DQLZ,男,50

岁，甲多村八组，牧民，兽医）

斯布村的农田经常会受到野鹿、野羊的破坏，而且随着近年来当地保护野生动物力度的加强，野生动物活动更加频繁，即使这样，现在当地人遇到野生动物啃食农作物，也仅仅是进行驱赶，不会伤害其性命。

另外，在斯布村从事矿山开采的工作人员中大多数是汉族，文化的差异容易造成汉族工人在工作和生活中会违反藏族风俗习惯的现象发生，主要表现为：其一，当地藏族群众的传统观念中，山体是不得随便开挖的，他们认为山里居住着山神，肆意开挖山体会引起山神的不悦，从而受到惩罚，而且挖山开矿会破坏草场植被，影响放牧。其二，藏族传统禁忌中有一项很重要的内容就是禁食鱼类，尤其是在每年鱼类繁殖的时候，这项禁忌更加严格。

> 有一次矿场的人在我们这里抓鱼吃，那个时候正是鱼产卵的时候，这件事被我们书记（指斯布村党支部书记 SLBZ）知道了，书记就去和他们的工头讲，工头也答应不再抓鱼，但是他下面的人还是来抓，我们就很生气，跟他们吵了一架。（GS，男，32 岁，斯布村，牧民）

矿业工人和本土牧民文化间的差异对二者在生活中的关系造成了很大的影响。斯布村党支部书记是一位退伍老兵，当兵期间他对汉族等其他民族的文化也有所了解，即使这样，他对本民族文化的认同使他坚决地站在本村人一方，虽然在处理该事件时他表现得很克制，但在对他的采访中他也透露出有"想上去揍他们"的想法。在这次事件的背后，是藏族群众认为自己的文化习惯没有得到相应的尊重，同样也反映了在其内心世界对自然生物的保护已经根深蒂固。

三 与草地利用有关的地方组织

对斯布村和甲多村来说，政府机构、村民委员会、村民间组成的互助组织以及宗教寺院等共同构成了参与当地社区治理的主要力量，通过不同的途径发挥作用，维护当地的社会秩序，促进社会发展。对两地的草地开发和利用来说，这些力量的功能同样是不可替代的。

从全西藏的范围来看，政府在草地的开发、利用以及管理过程当中发挥着主导作用，从政策的制定到负责实施、从物资的调配到生产指导等，都有各级政府机构在其中发挥作用。政府通过动用国家力量或地方力量调动各种资源，努力为西藏经济发展营造良好的经济和制度环境，促进了西藏的产业结构转型和经济发展。中央和西藏自治区政府制定、落实的各项与农村生产经营关系密切的农牧业方面的政策，都在客观上推动了西藏农村地区农牧民生产生活的发展和变化。西藏自治区各级政府以促进农村地区发展，提高农牧民生活水平为目的，在政策、资金方面向农牧区倾斜，鼓励农牧民参与城镇建设、发展非农业生产、提高劳动力转移的比重，为农村地区的发展创造了有利的条件。

政府机构的存在形式及其话语权均不属于地方性知识的范畴，它所代表的是官方知识，因此，代表政府话语权的西藏各级政府机构并不属于地方性组织机构。除了政府机构以外，斯布村和甲多村的村民委员会、村民间的互助合作组织以及藏传佛教寺院均可以被视为能够影响当地草地开发利用的地方性组织或者机构。

（一）村民委员会

有学者将村民委员会视为与政府机构一样的代表政府话语权的机构，基于这种理解，村民委员会应当不属于地方性的机构。[1] 不过，根据斯布村和甲多村的实际情况来看，两地村民委员会所扮演的角色以及发挥功能的途径与政府机构有着巨大的差异，更体现出地方性的特征。这个过程也是村民委员会发挥作用，影响两地草地利用的过程，此处就以斯布村和甲多村村民委员会的产生及其在当地生产生活中所扮演的角色为例说明其地方性及其对草地利用的影响。

首先，从村民委员会的基本性质来看，村民委员会是由特定行政村的村民经过选举之后产生的村民自治组织，它是村民实现自我管理、自我教育以及自我服务的基层群众性自治组织，[2] 村民委员会的成员不属于国家

---

[1] 宗喀·漾正冈布、何乃柱：《地方性知识与藏区和谐社会的构建——以民间或非政府组织为视角》，《藏学学刊》2008年第4辑。

[2] 《中华人民共和国村民委员会组织法》（2010年修订），中央政府门户网站，http://www.gov.cn/flfg/2010-10/28/content_ 1732986.htm。

干部的行列。斯布村和甲多村的村民委员会都由主任1人、副主任1人、委员3人以及妇女主任1人组成，这6人均为本村村民，由全体村民自行选举产生，负责管理、协调本村的各项事务以及与其他政府机构联系。从组成人员的本土化来说，斯布村和甲多村的村民委员会已经具备了一定的地方性的特征。另外，从斯布村和甲多村村民委员会的选举产生过程来看，其中亦能够体现出地方性的特征。

> 选村委会的时候就是大家凑到一起，说好哪一天选，要选哪几个，有时候是乡上规定几个候选人，从里面选。然后就每家派一两个代表到（村部）去，大家商量。有的想参加（竞选）的也可以临时报名，说一下自己的能力、计划什么的，然后就大家决定。因为很多人都不识字，有些就找别人帮自己选，告诉他要选谁，他就帮你画上。选的时候大家都在一起商量，都是自己村的，都清楚是什么情况。也不用怕别人看见，没什么，喜欢谁、相信谁，那就选谁。有的年轻人会问一下老人的意见，因为老人们知道的情况更多一些，知道这些参加的人（指候选人）的情况，有时候老人说选谁就跟着选。（DQLZ，男，50岁，甲多村八组，牧民）

> 我们有村民自己选的，也有上面（如乡镇干部）指定的，村长（由上级）指定的多，委员自己选的多。要是指定的人大家都不喜欢，他也当不了，就算是当上了，大家都不听他的，那他也干不长，还是会重新选大家都喜欢的。现在这个村长就是我们自己选出来的，所以村里的人大部分还是愿意听他的。（GSPC，男，53岁，斯布村，牧民）

由于经济基础较差，所以斯布村和甲多村的基层建设相对薄弱，虽然村民委员会有独立的办公地点，但是受条件限制，在村委会选举过程中并没有专门设置独立的投票间。此外，大多数村民对于是否应该设立秘密的投票间并没有要求，一些村民对此的看法是：

> 有没有（单独的投票间）无所谓，大家都是一个村子的，就这些人，其实都清楚谁是什么样的人，就算你不选我，我也没意见，当得上就当，当不上就算了。再说好多人又不识字，不让别人帮忙就更

不行了。(MM，女，50岁，甲多村，牧民)

大家从小就都住在一起，关系都很好，有些还都是亲戚，(所以)不怕被别人知道(自己选的是谁)，要是真不让别人看，有些人还会想你是不是干了什么(不该干的事情)。这样不好。要是真有关系不好的，离他/她远一点就行了。(BS，男，39岁，斯布村，牧民)

影响斯布村和甲多村村民委员会选举的诸要素中，群体的意见无疑是重要的一环，而群体的意见则会受到老人、社会精英(如有文化的人、经济条件较好的人)等的影响。地缘和血缘关系则拉近了村民之间的距离，使不同个体之间的信任感增强，使选举的过程增加了透明度。

其次，斯布村和甲多村的村民委员会在本质上仍代表着国家的利益，但它在对代表国家利益的各类知识进行理解和传播的过程却具有地方性的特征。国家的政策、措施通过各级行政机构逐级向下传递，在许多场合下都最终通过村民委员会传达给村民，村民委员会成员在接受这些政策、措施之后，需要先经过自身的"消化吸收"进行理解，然后再以适当的方式向村民转达和解释。

上面(指上级行政机构)有什么通知肯定是先告诉我们(村委会成员，尤其是村长、村支书)，然后我们再告诉村里人。村里人识字的不多，要是真和他们讲什么政策，那种书面的东西，没几个人能听得懂，像这个减畜的，村民们有的就不理解，我就要用自己的话跟他们解释才行。我就跟他们说：我们养的牲口太多啦，你看，草都不如以前好了，草场就这么大，能养多少牲口是固定的，你也多养，我也多养，草肯定就不够吃了，就好像我今天就做了我们四个人的饭，你想叫你的朋友来吃，他想叫他的朋友来吃，那肯定不行。现在我们要先把牛羊(的数量)减少，牛羊吃得少了，草也就长出来了。你要是直接跟他们说什么保护生态、草畜平衡，有些人肯定不懂。(QK，男，52岁，甲多村四组，牧民，村长)

我给他们通知的时候肯定有我自己的想法，这个跟通知里面、文件里面的意思肯定也是要一样的，通知错了我要负责任的，我说出来的时候都是要让他们(村民)能听懂，有时候有些通知里面的东西我也不清楚，我就要先问一问，弄清楚了才行。好在也没有什么特别大的事情，一般的我都能做好。（GBSL，男，46岁，斯布村，牧民，村长）

村委会所持有、解释和传播的这类国家和政府层面的知识，已经经过村民委员会成员们自身的理解与再解释，然后依据自身的经验以及对村民的预期进行宣传和解读。村民所接受到的已经是一种在遵循其原有价值和意志基础上被重新解读后的"官方知识"，与"官方知识"相比表现出一定的差异。因此，可以将当地村民委员会所体现出的知识归为地方性知识中的"类官方知识"。

村民委员会对草地利用和管理政策、措施的解释和传播，会直接影响到村民对以上知识的认知和执行情况。这一点很好理解，村民委员会对政策和措施的宣传情况会影响到村民对其的了解，村民委员会的解读越透彻、传播越广泛，村民的认知程度就会越深，也就会更多地影响村民的执行情况。

最后，村民委员会日常工作的性质和过程折射出的地方性。斯布村和甲多村的行政区划使两个村的地域范围、资源归属等问题更加清晰，从内部来说，这是建立在地缘关系和亲属关系基础上的社会关系和村民自治的内部整合而成的，因此，当地行政村的设置和运行具备了村落的整体性、自主性以及地方性的特征。

斯布村每年都会举行望果节，庆祝农业丰收。村民委员会在其中则扮演着组织、协调者的角色。

过望果节的时候村委会组织，我们这里是全村（行政村）一起过。每年庄稼快熟的时候，提前一个星期，我们几个（村委会成员）就会叫上村里的老人、种庄稼的人，去田里看看青稞熟得怎么样了，估计什么时候能割，然后提前三天过（望果）节，早了不行，晚了也不行。然后就开始召集人，要找帮忙的，这个事情大家都愿意参加，帮忙的人也多，我们就是要把他们组织在一起。我们村这三个小组（乃能岗、多咔、加措堆）过节在一起过，转田先自己转，因为田离得远，让你乃能岗的到我多咔来转田，肯定不合适。转完田了就到原来找好的空地，坐在一起聊天、玩骰子、跳舞什么的。有些人就帮忙做饭，然后就大家一起吃，老人、村委会的坐一起，也有分开坐的。吃完了，收拾一下，就有跳舞、拔河、赛马什么的，在一起热闹一下。后面两天不转田了，大家一起玩。我们村委会的也去玩，但是不能光玩，还要照顾一下，有问题了去解决一下。(GBSL，男，46岁，斯布村，牧民，村长)

望果节是斯布村重要的农业节日，宗教性、民俗性的色彩浓厚，村民委员会在其中的组织协调功能既有行政色彩的体现，也表现出了明显的地缘性特征：以村为单位，以村为活动场域——如本村的农田、村部、村民委员会选定的地点等，全体村民为活动的主体。通过望果节的组织，村民委员会既能够把村民组织在一起，增加村民之间的联络，同时也通过组织活动提高了自身的影响力，为其他方面工作的开展提供了便利。

村民委员会的另一个重要职责是在日常生产中以家庭为单位组织村民参加修路、修护栏、修防洪堤等公共性劳动。虽然这样的劳动频率低，但是这类劳动的规模普遍较大，需要较多的劳动力集体协作才能够完成。

修这个护栏（指农田周围由石头堆成的护栏）的时候，我们组每家都去人了，这个田是我们组的，就我们组的来修，你们组的就你们修，别的组来帮忙的也有，但是少。这是大家的事情，这里面的田不是一家两家的，我们也都愿意去，修了以后牛羊进不去，庄稼才能好。要是真有事来不了，你可以跟村长、支书、（村民小组）组长请假，也可以找人帮忙，这种很少，自己来不了就让家里别人来。要是都不来，别人会说的。有时候村里还规定，人不来可以，交一点钱，给大家买吃的、喝的。(RD，男，45岁，斯布村，牧民)

谁要是发现这些地方的围栏（围栏封育区）坏了，就跟村长或者小组长说一下，他们会找人来修。这些铁丝时间长了就不行了，要换一下的时候就多叫些人来，这块地要是我们五组、六组的，就从五组、六组找人，要是你们一组、二组的，就从一组、二组找。一家来一个就差不多了，要是愿意也可以去两个人。村长叫了就去，这个是大家的事情，也都还积极呢。(LZ，男，42岁，甲多村六组，牧民)

在这些类似的公共性劳动当中，村民委员会仍扮演组织者的角色，其过程则体现出村民委员会对草地、农田等农牧业生产资料的管理情况，同时其中还折射出一种基于村落基础上的集体观念和集体荣誉感，以及村落社会的舆论对本村成员的约束。

制定村规民约以规范村民在农牧业生产中的行为方式，是村民委员会作为地方性组织实施社区治理的一个重要方面。例如为保护生态，甲多村对村民的放牧以及相关方面进行了这样的规定：

> 1. 禁止一直在定居点周围的草场放牧，每年的夏季、冬季都需要到海拔较高的山上去放牧，夏秋季节至少一个月，冬春季至少半个月，以达到恢复草场的目的。违反此规定的需要交纳罚款（每头牛每天 5 元）。
> 2. 禁止在封育区内放牧，如果发现有进入封育区的牛羊，要及时驱赶。
> 3. 禁止采挖雪莲，禁止打猎野生动物，尤其是受到保护的野生动物。
> 4. 草场公用，不可以在自家的草场四周设置围栏。（违反这一点的受到的主要处罚是舆论的，如在本村社会被孤立。）
> 5. 与邻村的草场纠纷应由村委会负责协调处理，避免村民之间的纠纷。
> 6. 村委会在召集集体劳动或村民会议的时候应当积极参加。
> 7. 每年秋季割封育区牧草的时候应当根据自家牲畜的规模确定割多少，禁止多割。如果本村其他村民小组封育区的饲草不足，可以免费到其他村民小组饲草有多余的封育区割，但也不能多割。其他行政村的人如果来割草，要收费，所收费用由村委会支配，用于本村的公共事业。
> 8. 牧民应当积极配合每年的牲畜防疫工作。[①]

上述这些规定包含了甲多村与草地利用有关的村规的大多数内容。甲多村村民委员会在综合了国家政策和牧民的生产生活习惯的同时，与村民

[①] 根据 2012 年 8 月至 10 月在甲多村的调研资料整理。主要报告人有：CRDJ，男，54 岁，甲多村三组，牧民，支书；DQLZ，男，50 岁，甲多村八组，牧民，兽医；GMTB，男，26 岁，甲多村四组，牧民；QNBZ，男，67 岁，甲多村三组，牧民。

讨论之后制定，在日常生产生活中亦由村民委员会负责实施，村民则起监督的作用。因此，这些规定既遵循着国家政策和法律，也包含着自身约定俗成的规矩。对于维护社区秩序、规范村民的生产活动以及维护村民之间的关系来说，这些规定都起到了积极的促进作用。这些规定并非成文的，而是被村民接受、存在于村民意识之中，维护这些规范的机制更多地表现出道德约束的性质，破坏这些规定的人往往受到的是社区舆论的批评，对身处这种熟人社会的村民来说，舆论批评的惩罚更严重。例如在甲多村四组，有两户牧民在其他村民均放弃在自家草场修建围栏的做法之后，仍一度坚持修建围栏，其他村民自觉或不自觉地疏远了和他们的距离，使其处于相对孤立的境地，迫于舆论的压力，他们亦放弃了这种合法却不合理的方式，并重新融入社区生活。

（二）村民间的互助组织

斯布村和甲多村的村民互助组织更多地表现出自发性的特征，这种组织并没有完善的内部结构，也缺乏牢固的稳定性，容易因外界条件的改变而受到干扰。

当前斯布村和甲多村的草场均采用联户的形式——斯布村以若干户为单位、甲多村以村民小组为单位——进行承包，这种承包形式为村民在日常生产中的合作提供了条件。斯布村多山的地形使当地的草场多了山脊、河流、山谷等自然界线，村民放牧的时候就以"沟"（村民的俗称，指山沟，两山之间的谷地）为单位。

> 若干户村民在同一个山沟放牧，这些牧户自发地进行合作。我们这个沟里面有一共有8家人，有的沟大一些，放牧的人家就多，最多的好像是十五六家吧。……我们这8家都互相帮忙呢，比如你家里有事，要回去，那我就去给你看下牛羊，我有事你也会给我看，要是赶上剪羊毛，特别是以前养的羊还多的时候，都是几家一起干，现在羊少了，多的也就是二三十头，自己就干完了。……谁家的牲口不见了，帮忙找一找，谁家带的吃的（在牧场放牧定期携带的口粮）不够了又没空下去拿或者没人送，临时给他分一些，这些都可以的。互相帮忙嘛，没什么特别的事情就自己放自己的。（CR，男，34岁，斯布村，牧民）

斯布村在劳动中的性别分工具有这样的特点：男性多在牧场从事牧业生产，女性则留守在定居点，照顾家务以及从事农业生产尤其是田间管理的工作，因此，在定居点的女性同样有自己的合作组织。女性在田间管理中的合作同样具有松散、自发的特点。如农田除草，通常会由年长、精明的女性首先发起，和若干关系较好的其他女性商量好，根据迫切的程度安排除草的顺序。

> 春天（播种）和秋天（收割）的时候最忙，我们就留几个人先在山上看着（牛羊），其他人都回去帮忙。我先下去干几天活，然后再回来换你，有的是今年我去，明年他去这么轮着。现在犁田、耙地都用机器，方便多了，有些人家没有机器的就会找有机器的给帮忙，比如说你来给我帮忙犁田了，我就去帮你干别的，这么换，完了我还会给你点东西，因为你给我犁田要费油。秋天打场的时候也是，几家人一起，轮流打，力气大的干重活，力气小的干轻活。在谁家干活就在谁家吃饭，这家干完了去下一家。（GS，男，32岁，斯布村，牧民）

每年的农耕和秋收是斯布村最为忙碌的时刻，完全依靠女性已经很难完成工作，所以在牧场的男性们也会回到定居点，与留守的女性一起完成。这种互助式的劳动分工，不仅提高了劳动的效率，同时也增进了人们之间的感情，有助于培养对村落、集体的归属感和认同感。

> 谁家有事没人看（牲口）了找别人帮忙看一下（的情况）是有的，要说长期一起放的也有，少，有的是亲戚之间，你帮我放羊，我帮你放牛，这样的有。大多数还是临时的。（DWZX，男，40岁，甲多村二组，牧民）

> 其实牛羊还是自己放好，更放心，交给别人，有的人负责一些，那还好，要是有不负责任的，肯定会只顾着看自己的牛羊，不看别人的。所以我们家的牛羊都自己放呢，我们人也够，不用找别人帮忙。我们这里还是临时帮忙的多一些，谁家里都会有些急事。（NM，男，36岁，甲多村一组，牧民）

甲多村日常的合作主要表现为邻里、亲友之间的互相帮助，有部分关系较好的村民互相分工，如将各自的牦牛、山羊、绵羊分别集中在一起，各自负责其中一种具体的牲畜。这样的分工需要相互之间有较深的了解，用村民自己的话说，应该要满足这样几个条件："关系要好""知道他们家是什么样的人""要信得过"。在这样的前提下，这些村民早上把几家的牦牛或者羊赶出去，晚上则分别把各自的牛羊赶回相应的主人家。这种分工增加了劳动的专业性，对于提高效率和草场的利用率来说，是有利的。

另外，斯布村和甲多村以村民小组为单位的一些劳动和活动也带有互助的性质，例如前文所说的修建围栏、道路、河堤的劳动。在这些劳动过程当中，村民委员会、村民小组组长发挥着主导作用，各组的村民则通过分工组织在一起，共同完成目标。在村民自治制度下形成的村民小组，既具有行政性的特征，同时，在共同居住和共同生活基础上，村民小组也是一种自然形成的社会组织，具有生产上相互合作、生活上互相帮助的社会功能。

（三）藏传佛教及僧人

传统藏族社会的政教合一性使宗教具备了很高的权威性，具有不可替代的地位，徐旭就认为："藏民区域的政治，是与宗教密切联系着，政权随教权转移的，宗教寺院之所在，即政权之所在……藏族同胞，对于神佛十分信仰与敬畏，藏区社会秩序之维持，亦未尝不由于此种优良传统之故……"[①] 虽然徐旭的有些观点值得商榷，但是他的这段描述确实在一定程度上反映了当时藏族社会与宗教的密切关系。现代社会发生的一系列变迁，包括社会形态和意识形态领域的各种变化，使藏传佛教的权威性被削弱，但藏传佛教仍发挥着自己的作用。随着官方代表进驻寺院，直接参与寺院事务，政府的行政权力已经深入寺院内部，使二者之间形成区别于传统西藏社会政教合一的新政治、宗教结构，在这种结构下，宗教原有的居于政治之上、政治服务于宗教的状态被宗教居于政治之下、受政治管理所取代。宗教在斯布村和甲多村社会更多地表现为民间组织或者说民间权威的形式，它或多或少地参与和影响村内的事务，在当地的草地开发利用和管理等乡村治理的过程当中发挥自己的作用。

斯布村和甲多村各有一座寺院，分别为扎西雪林寺和羊井学寺，寺院

---

① 徐旭：《西北建设论》，中华书局1945年版，第71页。

内的僧人多来自附近村落，僧人日常的主要工作是学经、辩经，在村民需要的时候为村民提供帮助，如念经、治病等。

  我每天都念经，老婆每天也念，她比我念的时间还长，每天念两个小时，都是小的时候跟大人学的。让我认字我认不了，念经还可以，就会那几本。（BBCR，男，64岁，斯布村，牧民）

  我们这里每年都有人请僧人到家里来念经的，就是保平安呗，家人、牲口都平平安安的。要是生个什么病啊，有些人习惯在去医院看病之前找喇嘛先给算一下，看是什么原因，应该去哪里治，是西医还是藏医，换医院也找喇嘛，但是没有只找喇嘛不去医院的。牲口走丢了找不着也有找喇嘛算的，按喇嘛算的方向去找。喇嘛来家里念经的时候也给我们讲哪些能做哪些不能做，不要杀生、要敬神、不要做犯法的事情，要保护环境、爱护动物、多做好事，这样才能有好报。（NM，男，55岁，斯布村，牧民）

从这里可以看出，当前寺院所发挥的功能也不仅仅局限在宗教方面，它通过自己的方式影响村民的行为，如利用自身具有的权威向村民宣传现代法治、环保方面的知识等。

  我们这个小学就是寺里（羊井学寺）的喇嘛捐钱建起来的，他看村里原来的教学点不行了，就捐钱建了。我们这里的喇嘛地位也高，说的话大家都愿意听，有些事情村里说不能做，我们可能还不听，要是喇嘛们说的，大家都听。像不让喝酒、不能胡乱打猎，要是被喇嘛发现了，要挨（僧人）骂呢。有的就说谁要是干了坏事佛爷就不保佑他/她了，坏得很的要下地狱，我们就不会做了。（ZG，女，53岁，甲多村一组，牧民）

前文所述斯布村望果节，是祈求、预祝丰收的生产娱乐性节日，宗教在其中也发挥着重要的作用，如斯布村村民在庆祝之前要先对年、龙、赞诸神献祭，在转田时则有举佛像、背经书的活动。村民这一祭祀原始神灵和佛教神灵的行为，可以视为参与其中的村民（个体）、村落（群体）以及自然三者之间三位一体的通过仪式。从村民心理上来说，其中暗含着通过娱神的行为表达对神灵的感激，取得神灵的保佑，避免可能的危机，带来好运等想法。

藏族传统的神山、圣水信仰同样影响着斯布村和甲多村村民。斯布村和甲多村的绝大多数村民均认为水中居住着龙神（鲁神），如在斯布村主要的河流——斯布曲的两岸，分布有众多由水力带动的玛尼轮（桶），污染水源，尤其是这些地方，是村民极力避免的事情。此外，两地还分布有众多的佛塔、玛尼堆以及石经墙等，尤其以玛尼堆居多。位于念青唐古拉山脚下的甲多村，村民尤其是年长的村民经常采取转玛尼堆、石经墙、佛塔、煨桑的方式进行祈祷。设有此类"设施"的地方其神圣性也会增加，其自身和周围的土地都不允许随意乱动，牲畜也需要尽量避免在这些地方的活动。对于念青唐古拉山以及其中的圣湖（如纳木错）本身，部分当地村民会不定期地采取祭祀山神、朝拜圣湖等仪式行为，通过这种共同的宗教仪式，使村民产生共同的心理体验和行动模式，"藏族通过祭祀神山、朝拜圣湖等仪式行为，可以在参加者心中唤起遥远的社区记忆，将敬畏神山、禁止在神山砍伐、捕猎等社会规范内化于心；通过重复举行的对神、佛的献祭和祈祷，将因果报应、六道轮回、轻现世重来世、与世无争、轻物质重精神等价值观和行为模式反复强化并代代传承"。[①] 宗教信仰的这些作用，在延续集体记忆的同时，事实上也起到了规约社区居民利用和管理草地的方式的作用。

> 小时候大人就给我们讲这（念青唐古拉山）是神山，有神仙在里面住，对他们好他们就会保佑我们，要不然就会惩罚我们。山里的东西不能随便动，不能在里面挖土、骂人、打猎什么的，在里面放牧的话也要小心，要不然就会得罪他。我们每天早上煨桑就有给他（念青唐古拉山神）的，念经的时候也有给他念的，以前还有专门祭（祀）的仪式，现在很少了，每年乡上赛马节的时候会有人祭一下，村里面没有了，有的年龄大一点的人会自己弄（祭祀仪式），也很少。我们就生活在山下面，肯定各方面都要注意。放牧的话就是里面有些地方是不能去的，特别是高的地方，其实本来这些地方去的人也少，这样一弄就更没人去了。(CJ，男，62岁，甲多村一组，牧民)

[①] 钟玉英：《论藏族宗教仪式的类别与社会功能》，《青海社会科学》2006年第6期。

藏传佛教以及僧人和寺院组织在斯布村和甲多村的草地利用过程中所发挥的作用主要表现为通过宗教教义中提倡的思想、观念以及宗教活动影响人们的行为，同时还在一定程度上起到了满足人们心理需求、维护社会稳定的作用。如上述甲多村因对念青唐古拉山神崇拜而产生的相应放牧规定，使本就脆弱的山地环境避免受到人类活动的影响，有利于保护其中的脆弱生态系统。

岳永逸在研究了河北C村民间信仰中的娘娘庙会之后，认为：“与传说一体的娘娘庙会不仅给个人以新的能量，给村落新的荣光，也给自然交替以力量，使人、村落、自然免于失范的危险。……通过对娘娘的唱诵和敬拜，避免可能有的生命危机，并获得再生的能量。”[1] 藏传佛教在斯布村和甲多村所发挥的作用与之类似，它对普通村民来说，已经成为生活世界的一个重要部分。通过念诵藏传佛教经文、崇敬藏传佛教神灵、进行宗教活动、遵守宗教禁忌，避免可能出现的危机，从藏传佛教中获得能量。所以，我们很难将藏传佛教与村民的日常生活剥离开来，它以自身独有的作用影响着社区居民的生产生活和草地的利用与保护。

---

[1] 岳永逸：《灵验·磕头·传说：民众信仰的阴面与阳面》，生活·读书·新知三联书店2010年版，第74页。

第六章

藏族生态认知的影响因素

作为人类心理活动的开端和基础，认知影响着人们对客观世界的态度、思维过程以及行为方式，具有特殊的意义和重要性，因此，在关于民族文化和民族心理的研究中，认知成为一项重要的内容。

"认知"一词的定义有很多种，认知心理学的鼻祖奈瑟尔认为，"认知心理是感觉输入的变化、减少、解释、储存、恢复和使用的所有过程"。[1] 我国学者张春兴先生则将其定义为"吾人对事物知晓的历程。在此历程中，包括对事物的注意、辨别、理解、思考等复杂的心理活动"。[2] 无论定义如何差异，其中都具有一个共同的特征，即将其作为一个过程来研究。认知是人们用以认识客观世界，对来自客观世界的诸要素进行收集、整理的过程，人们依靠认知对来自客观世界的各种刺激做出反应。"人们的民族认知结果如何，不仅取决于各民族本身的实际情况，而且也取决于认知主体的目的、态度、价值观和过去的经验。"[3] 同时，这种认知结果还受到客观环境，即具体认知语境的制约，"具有不同社会生活条件和不同经验、生活在不同社会文化或民族群体中的人，其认知必定受其生活环境和生活经验的制约，从而表现出独特的认知特点"。[4]

对民族认知的研究，是民族心理学研究的重要组成部分，是运用认知心理学的方法研究民族成员通过感知觉、记忆、思维、推理、归因等方式对来自周围客观环境中的各类信息进行加工的过程，这些信息可能来自民族成员自身，也可能来自他人或周围的自然和社会环境当中。简单而言，

---

[1] [美]约翰·B.贝斯特：《认知心理学》，黄希庭等译，中国轻工业出版社2000年版，第4页。
[2] 张春兴：《现代心理学》，上海人民出版社1995年版，第22页。
[3] 唐健：《大学生民族认知特征初探》，《广西民族学院学报》1995年第2期。
[4] 李静：《民族心理学》，民族出版社2009年版，第238页。

民族认知的研究对象就是存在于民族社会的各种社会刺激,通过认知,人们人为地赋予这些刺激物——它们往往是以自然状态存在的各类事物、符号、图形等——以社会意义,从而使其具有除本身的物理属性之外的社会属性。

民族认知框架是指"某一特定群体或某一民族对某些事物共有的认同方式、传统的做法、固化的模式等。这种认知框架带有明显的民族或群体的印记"。[1] 民族认知框架往往具有稳定性、传统性、延续性和民族性的特征,特定民族所处的自然环境、生活条件、生计方式和历史经验等方面的不同,则会导致认知框架的差异。

民族的认知过程深受情境的影响,认知主体需要根据情境的不同采取不同的认知策略。不同的民族(团体或者个体)拥有不同的生存背景,生活环境的差异使他们积累起不同的生活经验,因此产生彼此不同的特有的认知方式。"不同民族的不同认知,最突出的表现是总是根据自己的心理结构或经验去解释、理解客观世界中的各种事物。这种认知上的差异并非完全天生,很大程度上是后天环境制约的结果。"[2] 作为认知的主体,民族成员具有多种信息加工的策略,或者说认知的策略,在自身情绪、目标预设、动机、需要、能力以及客观环境等情境力量的影响下,主体根据不同的需要对认知的策略进行有意识或无意识的选择,其目标则是为了满足情境的需要,或者说使自身与情境之间达到某种一致。

影响藏族认知过程的情境因素通常包括自然环境、社会经济条件以及民族历史记忆等,其中的历史记忆主要包括藏族在历史上积累起的各种经验体系,它们通过藏族成员的记忆得以保存,并在现实中通过藏族成员的日常行为得以表征。本章在分析影响藏族认知的自然环境、社会文化因素的基础上,梳理了影响藏族对自身生态文化认知的主要因素,并探讨了在此基础上的生态认知对现实中藏族草地利用所造成的影响。

一　自然环境的烙印

作为一种心理活动,民族认知结构深受环境因素的影响,因为对民族

---

[1] 李静:《民族认知结构研究的心理学取向》,《民族研究》2004 年第 6 期。
[2] 同上。

而言，能否适应居住地的自然生态环境，直接关系到民族生存的基础。"居住地的自然生态环境在某种程度上制约与影响着民族认知及其结构，影响着民族认识客观事物时对对象特征的取舍及取舍方式"①，民族认知因此表现出不同的特性。藏族先民经由母系氏族进入父系氏族社会之后，对客观世界的认知有了进一步的发展。"最早的宇宙发生论和人类起源说，大约就是在这个时期诞生的，藏民族中妇孺皆知、耳濡目染的《斯巴问答歌》和'猕猴变人说'，其最早的雏形就是在这个时期孕育和形成的。"② 在这些神话传说当中，虽然有很多幻想的成分，但这些思考却是以当时藏族先民生活地区存在的具体的、感性的事物作为基础的，这两个传说，分明地体现了客观自然对民族认知结构的影响。藏族文化建立在藏民族对自然环境与社会发展的认知基础之上，存在于现代藏族社会的生态伦理均体现着其对自然与社会的认知结构的特征。

人类是文化的创造物，同时也随着自身的发展创造并应用着创造出的文化，正因为如此，人类对适应和改造自然的过程已经不再单纯地依靠本身的生物本能。在文化的以及特定价值观念的影响下，人类对周遭的生存客观环境进行认知，并通过意识指导下的行动从中获得生产生活所需的各种物资，"凭借一定的知识和技能，有组织、有计划地从事自然再生产和经济再生产，并通过社会劳动实践，在不断发展自身的同时不断改变自身所处的自然环境"。③ 藏族先民即是在这种"有组织、有计划"的生产生活中对青藏高原进行着适应和改造。藏族地方性生态知识体系的传承和发展，是建立在这种藏族先民对自然环境不断适应的基础上的，在其谋求发展的过程当中，藏族先民利用自身的能动性不断地学习、总结，伴随着藏族适应与改造自然的过程逐渐形成，在形成之后又反作用于藏族利用自然、改造自然的过程。

（一）自然环境的特殊性造就藏族独特的认知结果

自然环境对藏族的认知结构和特性有着极大的影响。"居住地的自然生态环境在某种程度上制约与影响着民族认知及其结构，影响着民族认知

---

① 李静：《民族认知结构研究的心理学取向》，《民族研究》2004年第6期。
② 佟德富、班班多杰：《藏族哲学思想史论集·序》，民族出版社1991年版，第2页。
③ 王利华：《"生态认知系统"的概念及其环境史学意义：兼论中国环境史上的生态认知方式》，《鄱阳湖学刊》2010年第5期。

客观事物时对对象特征的取舍及其取舍方式。"①

关于藏族天文历算的形成,其传统谚语中就有这样的说法:"观察禽鸟和植物是珞门法;观察星和风雪是羌塘法;观察日月运行是本象法;观察山、湖、牲畜是岗卓法。"② 这则谚语在说明藏族历法形成特征的同时,也证明了不同的自然环境对藏族认知的影响:不同自然环境下的藏族群众,通过观察不同的自然事物计算天文的变化。生活在不同地区的藏族群众在判断天文和气候的时候,会根据不同的参照物,选择与自己生活相关的认知对象作为依据。谚语中所说的珞门,乃是"卫藏南部珞巴和门巴之合称"③,当地气候温暖湿润,鸟类和植物种类繁多,当地藏族通过对鸟类的迁徙和植物生长认知总结季节变化的规律。羌塘,属于"卫藏北部的草原地区",这里气候寒冷,地广人稀,天气多变,游牧成为这里的主要生计方式,在判断时间和气候的时候,星光和多变的天气,成为人们的主要参照物。"本象即阿里三围地区",这里的自然环境与羌塘类似,草原、高山、湖泊构成其主要地貌,日月运行的变化对其天文历法的形成产生了重要的影响。"岗卓"则是"指羊卓雍错及其周围地区,也即拉萨以南的半农半牧区",这里的野生动物资源丰富,世代生活在这里的农牧民对周围的山川、湖泊以及牲畜生活习性的变化都非常了解,也因此产生了一套富有特色的天文历算的认知体系。

藏族群众的生活方式当中,也体现着人们认知客观环境的特征。在《斯巴问答歌》当中有这样一段:

问:"最初斯巴形成的时候,在连火石大的石头都没有的地方,游牧人民用啥来做架锅石?最初斯巴形成的时候,在连鞭把长的木头都没有的地方,游牧人民用啥来做柴火烧?最初斯巴形成的时候,在连一点滴水都没有的地方,游牧人民拿啥来当饮水喝?"

答:"最初斯巴形成的时候,在连火石大的石头都没有的地方,挖了草皮来当架锅石。最初斯巴形成的时候,在连鞭把长的木头都没

---

① 李静:《民族心理学》,民族出版社2009年版,第252页。
② 黄明信:《藏历漫谈》,中国藏学出版社1994年版,第10页。
③ 文中对谚语中珞门、羌塘、本象、岗卓四个地名位置的确定,依据宗喀·漾正冈布等人的研究。见宗喀·漾正冈布、拉毛吉《探究藏族传统天文历算的渊源》,《西藏大学学报》2011年第2期。

有的地方，割了边麻来当柴火烧。最初斯巴形成的时候，在连一点滴水都没有的地方，取来白雪当饮水喝。"①

藏族先民在艰苦的自然条件下，通过认知，掌握了如何在这种艰苦条件中生存的方法，面对没有"石头""木头"和"水"的高原自然环境形成的刺激时，他们选择了利用周围可以利用的条件，并适当地加以改造，从而满足自己生存的需要。

在现在的生活中，藏族群众在选择生活中所需要的资源时，仍是因地制宜，根据自身所处的具体环境而决定。如在选择燃料时，甲多村的村民几乎完全依赖于干牛粪这种传统燃料，斯布村的藏族群众同样选择了干牛粪，但是也间或使用一些来自低矮灌木的树枝，需要指出的是，这种情况很少见，而且如果条件允许，他们通常不会随意砍伐新鲜树枝，而是捡拾枯树枝或是在树木长得比较茂盛的地方砍一些次要的树枝。在云南香格里拉县小中甸乡和平村，情况就又发生了改变，这里树木茂盛，从低矮灌木到高大乔木都有分布，所以这里的藏族，其主要的燃料是树木，牛粪反而被禁止捡拾，当地藏族认为捡拾牛粪会影响草场土壤的肥力，降低草原的质量②。对于生计方式的选择，上述地区的藏族群众的选择也表现出了对自然环境很强的适应性。甲多村的高海拔导致当地不利于从事大面积的种植业生产，因而以畜牧业作为主要的生计，斯布村则在低海拔地区沿着山脚与河谷的走向开垦农田，在和平村，因为自然环境更加温润，所以种植业的分布范围就更广。

生存环境变化导致的认知结构改变，人们认知世界的结果和采取的行动也发生变化。社会认知理论中的"双过程模型"（Dual-Process Model）认为，人对于将要达成的目标和社会情境的特殊性十分敏感，人们会随着具体情境的需要自动选择是采取信息加工策略中的"系统加工策略"还是"策略性加工策略"，其中前者需要花费大量的认知资源，后者所需的资源则较少。③ 对于认知的主体来说，刺激物的价值和重要性直接决定了主体在认知过程中投入的资源和精力。对民族而言，如果刺激物具有较高的价值，与民族本身的生存和发展至关重要，那么该民族就会对这一特定

---

① 佟德富、班班多杰：《略论古代藏族的宇宙观》，《思想战线》1984 年第 6 期。

② 2013 年 5 月和平村实地调研资料。

③ S. Chaiken, Y. Trope, *Dual-Process Models in Social Psychology*, New York: Gull-ford, 1998.

刺激物非常重视，分配足够的认知资源，反之，该民族会简化认知的过程。斯布村和甲多村的生态环境的变化，对当地村民的农牧业生产会造成直接的影响，所以，村民们对其给予了极高的关注。

  以前我们这里4月就开始下雨了，现在下雨比以前晚了好多，要到5月，有时候6月雨才多起来。4月天气也暖和了，草都发芽要开始长了，这时候不下雨，草就没水，就长不大，牛羊能吃的也少了。雨下得早一点，草的质量也好一点，下得晚了，这一年的草就差，最近这几年都不行。(CJ，男，62岁，甲多村六组，牧民)

  冬天天气冷，山上（指高山牧场）更冷，就要把牛羊都搬下山来。到了春天，天气一暖和，就要把牦牛这些赶上山，牦牛不怕冷，怕热，热了就容易生病，山上冷，反而不容易生病。(YZ，女，63岁，斯布村，牧民)

  以前这山上都是雪，夏天经常都能看见雪，现在都没有了，就是有雪的地方，（雪线）也比以前高了。(CRYZ，女，48岁，甲多村五组，牧民)

全球气候变化对斯布村和甲多村的藏族来说，是遥不可及的，但是他们对自己生存范围内的气候以及自然环境的变化却非常了解，雨季的变化、降水的多少、节气是否正常、牧草和庄稼的生长情况等，当地藏族可谓一清二楚。这正是因为生态环境的条件直接影响着藏族的生存和发展，而且青藏高原生态环境的脆弱性尤其要求藏族需要在处理人与自然关系的过程中谨慎加以对待。藏族对自然生态环境的认知过程倾注了大量的时间和精力，获取了大量的经验和知识，自然环境也对藏族的整体认知结构产生了足够大的影响，使藏族将正确处理人与自然的关系作为其行为方式的重要准则。

（二）藏族生态文化源自对青藏高原脆弱生态的认知

  民族认知是民族认识客观世界的基础，藏族生态伦理的产生和发展同样是建立在藏族群众对生活在其中的客观世界的基础之上的，它是人们在认识到周遭的自然环境特征之后，经过抽象思维加工，逐渐建立起的、系统的、针对客观现实的心理反应。借助认知，藏族群众认识自然环境，采取相应的行动，由于自然环境的脆弱性，促使他们更加注意保护自然，发展出一套系统的生态伦理知识，并逐渐上升为一系列乡规民约，融入地方性知识的各个方面之中，并在不断的实践活动当中根据对新情况的认知更改或完善自身的行为方式，不断地发展完善自己的生态伦理知识，从而达到适应新境况、维持人与自然和谐共存的目的。

  在面对不同的自然和社会环境时，人们的认知结果会表现出不同的差异性，所采取的活动也会有所不同。甲多村和斯布村自然环境差异较大，前者位于海拔4500多米的山麓地区，气候寒冷，降水较少，其自然条件使当地的藏族需要依靠畜牧业作为主要的生计方式；后者位于海拔较低的河谷地区，河谷地带的降水、温度、日照等气象条件都可以满足种植业生产的需要，因此，居住在这里的藏族群众发展起种植业结合畜牧业的生计方式。无论何种生计方式，都蕴含着当地藏族对本地区生态环境的深刻认识，通过这种认知结果，指导现实中藏族的生产生活。

  藏族先民曾在历史上对自己所处的自然地理环境做出过这样的判断，"雪岭吐蕃，如仰卧之女魔，岩谷险峻，鬼妖众多，山黑而粗，诚属蒙昧昏暗之洲"。[1] 在这种认识当中，将青藏高原比喻成一个仰卧着的"女魔"，是活生生的存在物，其中暗含了藏族先民对青藏高原险峻的高山峡谷、多变的自然气候、险恶的自然环境的认识，活生生的女魔则代表了高原生存环境处在一种不断变化的状态。同时，"女魔"的比喻还暗示着生活在其上的藏族群众必须谨慎地处理各种事务，以免引起"女魔"的"不悦"和可能带来的"惩罚"；同时，这种比喻还暗含着藏族群众在面对脆弱的高原生态环境时，需要谨慎处理人与自然之间的关系，稍有不慎，就可能会招致自然界的惩罚。在另一段记载中，则反映出了人们应对"女魔"的另一种方式："此雪邦地形如岩女魔仰卧之状。其中卧塘湖为魔女心血，红山及夹波日山作其心骨形状，若在此湖上供奉释迦牟尼佛像，而山顶又建赞普王宫，则魔必制矣。其周围地脉风水，各有胜劣之分。"[2] 青藏高原的天气多变，自然灾害频繁，受制于客观条件，当时的藏族先民还无法认清其背后的深层原因，从而将这种恶劣的气候条件和自然灾害等比喻为被惹怒了的"女魔"，所以人们希望通过谨言慎行，避免

---

[1] 索南坚赞：《西藏王统记》，刘立千译，民族出版社2000年版，第2页。
[2] 五世达赖喇嘛：《西藏王臣记》，刘立千译，民族出版社2000年版，第26页。

这种情况的出现，但是藏族群众并不是一味地在自然环境面前迁就、退让，他们同样在以自己的主观性对其进行改造，以使之利于自身的生存与发展。

在"岩魔女和猕猴"①的传说当中，"观自在菩萨，为一灵异神猴授具足戒，令往雪域藏地修行"。当他在"扎若波岩洞中修道"时，"忽有宿缘锁定之岩山罗刹"以各种媚态蛊惑之，欲与神猴"结伉俪"，神猴为护"戒律"拒绝之，罗刹女以实情告知，神猴恐"若作彼夫，坏我律仪。设拒不取，将造极大罪业"。于是，神猴来到"布达拉山圣观自在菩萨"前寻求帮助，菩萨赐言"汝可作岩魔之夫"，于是神猴与"岩魔女"结为夫妻。后来，岩魔女生下六只性情各异的小猕猴，"由父猴菩萨送於甲错森林多果树处中，放置三年"。三年后，那只父猴"前往观之"，发现猴群"乃由业力繁衍成为五百小猴"，但林中"果实已尽"，子女们陷入饥饿之中。情急之下，父猴又去向布达拉山向菩萨求救，"尔时圣者起立，从须弥山缝间，取出青稞、小麦、豆、荞、大麦，播於地上。其地即充满不种自生之香谷"。五百小猴在父猴的带领下，"来于其地"，"幼猴等食此谷实，皆得满足。毛亦渐短，尾亦渐缩，更能语言，遂便成为人类"。此后，众猴以"香谷为食，以树叶为衣"。根据《西藏王臣记》中记载："下方朵康之部，为猿猴与岩山罗刹之区"②，"下部朵康三岗或称六岗……皆是青康一带的古时地区划分的名称"。③ 这则关于人类起源的故事把藏族的祖源归结于猕猴，抛开其中神话传说的部分，其中关于林地、果树的描述，反映的是当时人们对藏东南地区温和的气候、茂密的森林及其物产的认知结果，六只小猕猴的故事则再现了藏族先民经历的与鸟兽为伍，过着采集野果的生活，之后的五百猕猴的描述则反映了高原原始居民经由原始的采集生活向农耕种植发展的漫长进化过程的认知。

藏族传统禁忌中有"禁春"的习俗，即春季来临之际，藏族僧众要"闭关修炼"，足不出户。这并不是简单的宗教的要求，其中也蕴含着对自然的认知：春暖花开的时节也正是万物复苏，重新开始生长的季节，此时的动物和植物都正处在一个比较脆弱的时候，人们在户外的活动会影响它们的正常生长，因此在此时"禁春"，可以有效地避免人类的影响，让

---

① 索南坚赞：《西藏王统记》，刘立千译，民族出版社2000年版，第30—32页。
② 五世达赖喇嘛：《西藏王臣记》，刘立千译，民族出版社2000年版，第9页。
③ 同上书，第147页。

其更好地生长。

藏族传统的天葬文化中也折射出其对生态环境的认真思考。自然环境在天葬的形成中发挥着重要的作用。对于生活在青藏高原的藏族而言，如何处理死者的身体，体现着其在处理死者尸体方式上的独特性。对于任何一个民族而言，丧葬中使用的工具在当地必定具有充足的来源，"一种葬具，如果为一个民族在相当长的历史时期内普遍使用，必须就地具有充足的原料，实行石棺葬、石室葬、大石墓、石棚葬的地区，当然首先得具有相当多，又便于开采的石料。以木棺做为葬具的地区，必具有充足的木资源"。① 但是对于以草原为主要特征的青藏高原的大多数地区来说，缺少树木是其主要特征，而且，高原环境的脆弱性导致树木被砍伐后很难恢复，一些有石材的地区也因此加大了开发的难度，"人们对葬法的选择，必然要从实际出发，不可能超越现实"。② 因此，天葬成为藏族丧葬中很经济的处理方式。天葬中的一个重要角色——秃鹫，在藏族的传说中被视为灵鸟，藏族将尸体喂给秃鹫的过程本身也体现了佛教中的生命轮回、慈悲为怀等思想，其中也包含了藏族群众对自然环境的保护意识，尽量减少对自然的影响，通过天葬，让人在死后重新回到自然物质的循环过程之中，表达着藏族古老的生态观念。

> 我们这里还是天葬，在后面的山里，专门有人（负责天葬）。天葬好，从哪来还回哪去。……我们这里没有火葬跟土葬的习惯，这也不好，没那个条件，下面的地我们自己要放牧、要种地，山上老人们说那是神仙住的，我们（凡人）怎么能跟神仙一起住呢。（GSLB，男，47岁，斯布村，牧民）

藏族群众在日常生活中所看到的、接触到的外在事物与自己的生存和发展息息相关，这些外在的事物和某些意识过程相对应，通过意识的加工构成具有意义的影响人们生产生活的意义体系。对作为观察者和实践者的藏族群众来说，当他们利用自身能动性和认知客观世界的能力观察、认识这些意义体系并对其进行建构的过程中，他们的诠释结果和他们对社会实

---

① 罗开玉：《丧葬与中国文化》，三环出版社1990年版，第74页。
② 丹珠昂奔：《藏族文化发展史》（下册），甘肃教育出版社2001年版，第742页。

际的全部经验交融在一起，并与情境中的各种情况的组合相调和。客观情境的特征引起人们认知结果的差异，这些各具特征的认知结果，都是与客观情境相符合的。藏族群众创造的最初的生态伦理知识在被民族成员接受之后，被吸收进社会生产和生活方式的各个方面，经过一系列的再认知和"深加工"之后，成为民族传统文化的组成部分得以保存，在不断的嬗变当中得以继续发展。在这个过程当中，这些传统文化又对后世藏族群众的认知结构以及在此基础上的行为方式产生影响。

二 历史记忆的影响

文化的产生源于人类的生活经验，历史记忆延续着人类生活经验的传播。藏族传统记忆在现代社会中的践行，表征着藏族文化的特征。从认知心理学的角度来说，历史记忆具有认知图式的作用。"图式"（或称"基模"）是认知心理学中的一个中心概念，它是人们用以组织信息的方式，用以认识、解释世界。[①] 根据性质的差异，人脑中的图式一般可以区分为四类，即人的图式、自我图式、角色图式和社会事件图式。人们往往根据头脑中已经形成的经验体系来认识和解释客观世界，当客观情境发生改变时，原有的认知结果和生活经验在新的客观现实中可能已经不适用，人们需要重新认识客观存在并建立新的经验，即重新积累经验以确立新的认知图式。藏族固有的历史记忆，影响着人们在现实社会中信息的感知、记忆、推理以及在此基础上的行为表现，在一定范围内，我们可以将藏族的心理活动和行为方式视为其历史记忆在现代社会的重现。

（一）传统知识在藏族认知过程中的作用

民族认知结果的差异，是自然环境和社会环境综合作用的结果。作为社会环境的重要组成部分，传统知识在民族的发展过程中不断通过有形或无形的方式发挥着自己认知图式的作用，内化民族成员的心理因素之后，这种影响常常通过某种有意或无意识的行为得以表现。"在民族文化的历史发展中，无不受到民族认知特点的影响。而长期形成的民族文化及文化模式又作用于民族认知及其结构，使得认知结构与组织的发展更具民族性

---

① 时蓉华：《社会心理学》，浙江教育出版社1998年版，第261页。

与文化性。"① 民族文化的内在影响往往渗透于民族成员心理活动和行为方式的各个方面，民族成员的认知结构亦在其产生作用的有效范围之内。

藏族传统的农牧业生产知识是建立在其对周围生态、社会环境的认知基础上的，其传统的历法同样是与其特定的生态环境相对应，是在特定的认知框架中形成的，与农牧业生产相配合。与其他民族的天文历算类似，藏族传统的天文历法也是在其农牧业生产的过程当中，在长期观察日月星辰和动植物的变化之后，逐步总结而得的。在产生之后，传统的天文历算就对藏族群众的认知产生了影响。例如在藏医体系中就认为，气候、节气的变化，会对人体有不同的影响，所以藏医在对病患施治、用药的时候，也会根据时令的不同采取不同的措施。1916年，噶厦政府和十三世达赖喇嘛在拉萨创办"门孜康"（藏医星算院）的时候，其主要的教学内容除了藏医学教育、治疗技术、药物配置等之外，天文历算也被确定为很重要的一项内容。将藏医和藏历结合在一起进行研究，是藏族医药科技的一个重要特征。

现实生活中，天文历算对藏族认知的影响还体现在其仍为人们提供的历法功能，即提供纪年、纪月和纪日的功能，也只有具备了这些功能，才能将其称为"历法"。藏族民俗宗教节日的确定，也依据传统的藏历，如藏族新年、望果节、雪顿节、沐浴节、酥油灯节、煨桑节、噶尔恰钦节等，很多寺庙的宗教节日，例如扎什伦布寺的西莫钦布节、桑耶寺经藏跳神节、甘丹寺昂觉节、萨迦寺的七月金刚节、热振寺帕蚌唐郭节、楚布寺树经幡杆节等也都依据藏历。

与藏族群众的日常生活关系最为密切的农牧业生产，从春耕、播种、除草、灌溉、追肥、秋收到接羔、剪毛、牧场转移等，均会参照历书所描写的节气和物候。虽然现在政府的相关部门，如农技推广站、畜牧局等单位的技术指导是按照公历进行定位，但是藏族群众在牧民们按照公历对传统的农牧生产进行定位的同时，仍会参考传统的藏历。

(藏历)以前就有，什么时候下多少雨，会不会有冰雹、大雪，土地好不好，什么时候该播种，什么时候可以收获，那上面都说得清清楚楚的。现在让我说我也说不好，寺院里面的大喇嘛们知道呢，以

---

① 李静:《民族心理学》，民族出版社2009年版，第246页。

前我们就是他们怎么说我们就怎么做。说的准得很，现在我们都还要经常看一下。县上、乡上的人来了，给我们讲怎么种地的，我们也学，他们那个都是按照公历的，有时候我们自己还是按照原来的（藏历），有的藏族老师自己懂（藏历），讲的时候也会加一些老（藏历）的内容。（LS，男，52岁，斯布村，牧民）

生活在斯布村和甲多村的藏族群众长期以畜牧业作为其主要的生计方式，牛、羊、马等牲畜在其生活当中具有重要的地位，所以对不同年龄、用途、体形、颜色等不同特征的牲畜都有不同的称呼，具有各种区分细微类别的名称，其语义场层次十分复杂。例如对马的称呼就有："驮马"（khyid）、"骑用的马"（zhon ba）、"放牧人的骑马"（rdzi rta）、"不骑不驮散放的马"（rta yan），从性情温顺暴烈上分，有"烈马、未驯服的马"（rta rgod po）、"温顺老实的马"（rta g·yung ma）、"容易驾驭的马"（rta vgros ma）、"不容易驾驭的马"（需套上马嚼子）（rta kha shang mo）等。关于牛的各种名称，从用途上分，有"骑用牛"（g·yag sna lo can）、"驮用牛"（g·yag khal can）、"不骑不驮用的牛"（g·yag rgod）、"怀犊牦牛"（vbri khyid）、"空怀犏牛"（不宰食）（mdzo skam ma）、"空怀牦牛"（不宰食）（vbri skam）[①]。

民族在认知客观环境的时候，会具有一定的选择性，"根据自己民族发展的需要、所处的自然社会环境、宗教文化等，选择主要的内容、合理地安排认知能力的投入"。[②] 这种有选择的认知，使不同的民族在"认知的深度、广度以及认知对象选择性力度"上都会有所区别。畜牧业在藏族经济文化生活中具有重要的地位，牲畜这一刺激源对藏族群众来说具有特殊的意义，所以藏族群众对与畜牧有关事物的认知，投入了更多的能力和精力，我们可以从他们对不同特征牲畜的不同称呼当中明确地体会到这种影响力的存在。即使是现在，畜牧业的重要性仍是不言而喻的，现实生活中的藏族群众仍会以不同的名称去称呼不同种类的牲畜。

传统文化在藏族的认知过程中发挥着认知图式的作用。所谓图式即"人们用以解释社会情境和自然刺激的主要工具。它是一套关于反复出现

[①] 华侃：《藏语词汇与畜牧业文化刍议》，丹曲、扎扎主编《安多研究：藏学论文》（第2辑），民族出版社2006年版，第205—210页。

[②] 李静：《民族认知结构研究的心理学取向》，《民族研究》2004年第6期。

的、高度类似的刺激和情境的知识储存。图式告诉我们如何解释情境，如何在其中行动。"[1]认知图式是对过去的反映或过去经验的一种积极的主观建构，其内部包含着许多有机的相互制约着的变量。藏族的传统文化是藏族先民在生存和发展过程中以周围的客观环境作为基础创造出的文化体系，同时也是其对已经经历过的社会事实的经验体系。藏族的风俗习惯、谚语、禁忌等传统文化中包含着大量的对处理人与生态环境之间关系的规定，这些规定至今仍影响着藏族群众对自然的认知与采取的行为。"民族的传统习俗作为社会环境的重要部分，以有形或无形的力量对本民族成员的认知发生重要影响。"[2]

藏族传统知识指导着藏族对新社会情境和社会物的感知觉，通过对原有信息的回忆以及建立在二者之上的推理，影响着藏族在现实社会中的思维与行为方式。通过经验的积累和增加，传统知识得到了进一步的拓展，发挥图式作用的能力和方式也得到了强化或重构，无论是哪种变化或过程如何，其最终的结果都是朝向使认知与社会现实相适应。在本书的主题下，这种变化维持藏族的草地利用与自然生态系统之间的平衡，增强藏族社会发展的可持续性。

（二）历史记忆直接影响藏族的草地利用方式

受宗教信仰的影响，藏族群众普遍从宗教的角度对连绵巍峨的雪山和星罗棋布的高原湖泊加以认知和解释，在藏族人的观念中，有"雪山犹如水晶之宝塔，低湖犹如碧玉之曼遮"[3]之说。自然界被藏族群众根据宗教信仰，加以形象的比喻之后，得到升华和神化，因而，"青藏高原无处不是宗教圣地，尤其是这里的山山水水，都与佛教或苯波教有着千丝万缕的因缘关系"。[4]

这些特定的山、河、湖在被神化之后，直接导致了这样一个后果：藏族群众在认知这些特殊对象时，不是将其作为客观的自然环境来对待，而

---

[1] [美]吉洛维奇等：《吉洛维奇社会心理学》，周晓虹等译，人民大学出版社2009年版，第25页。

[2] 李静：《民族心理学》，民族出版社2009年版，第255页。

[3] 智观巴·贡却乎丹巴绕吉：《安多政教史》，吴均、毛继祖、马世林译，甘肃民族出版社1989年版，第4页。

[4] 尕藏加：《藏区宗教文化生态》，社会科学文献出版社2010年版，第20页。

是将其视为一种神圣的存在物，认为它们可以为自己提供保护。《安多政教史》中有这样的记载：

> 咱日神山上，自生胜乐像，珍贵多曲河，导源于其处；冈底斯雪山，五百罗汉像，甘露之神水，即在此山上；结热岩山上，自然显文字，空行手印峰，该处突兀峙；玛法木错湖，龙王菩萨处，具功德之水，即源于该处；赤肖嘉摩湖，龙臣菩萨出，所有大河流，都受他裨益；南措秀摩湖，中有圣菩萨；唐拉雪山岩，五百罗汉像；卜措湖之洲，龙王菩萨处，卡伍雪山上，众多罗汉像；山高地洁净，历神绕雪峰。①

在藏传佛教的影响下，藏族群众将自身居住环境内的山川描绘成各种本尊、神佛、菩萨以及一些大成就者的居住地，在向人们展示出一幅佛国画卷的同时，也体现出藏传佛教对藏族群众认知客观环境的影响。

从整体上看，山、河、湖构成了青藏高原重要的组成部分，青藏高原的藏族人就生活在由这些要素构成的自然环境当中，二者之间关系密不可分。"自古以来，藏族人与山和湖形影不离，结下深厚的亲密关系，并将山和湖看作自己的主宰者、父母、伙伴。"② 在藏族群众中有这样一种传统观念：山是父亲，即父山；湖是母亲，即母湖。青藏高原上的山川，山大沟深，其中的天气变化莫测，藏族先民面对这些无法解释的现象时，将其归于宗教，认为是"神"在其中居住和活动，山中的各种变化则是"神"的活动所致。被神化之后，这些山、河、湖也因此受到保护，从而保证了这里的生态环境受到人类活动影响的程度很低。

在藏族群众的农牧业生产当中，传统认知结构的影响也随处可见。藏族的农业生产长期以来形成了一套特殊的规定，在不同的生产阶段，需要遵循不同的规定，如若不然，就会受到相应的惩罚。例如四川甘孜地区的藏族就在长期以来的生产过程中形成了一套固定的生产禁忌。

生产禁忌有以下几项：

---

① 智观巴·贡却乎丹巴绕吉：《安多政教史》，吴均等译，甘肃民族出版社1989年版，第4页。

② 尕藏加：《藏区宗教文化生态》，社会科学文献出版社2010年版，第31页。

1. 下种后不能砍树,认为"砍了树会触犯天神,就要下冰雹"。
2. 秋收前不能割草,"割了草触犯地神,就要打霜"。
3. 下种后不能打鱼,"打了鱼触犯水神,就要天旱"。
4. 下种后不能在近处挖药,"挖了药触犯地神,它就要放虫出来吃庄稼"。①

这几条禁忌,通过人们对诸神的敬畏心理来限制人们的行为方式,这些无处不在的神灵警告人们不得随意砍伐树木、捕捞鱼类或是割草、挖药,促使藏族群众不得不对自然环境加以保护。

其实在这些规定当中,涵盖了人们对自然环境变化与人类行为之间关系的朴素认识:树木具有涵养水源、调节气候的功能,过度砍伐树木,会导致自然环境恶化,极端天气就会出现,播种的季节正是天气由冷转暖,万物复苏的时节,动植物活动都进入生长期、活跃期,如草药,春季正是草药发芽初生的季节,而且也是草原生态脆弱的时期,在这时候挖草药,不仅会造成大量的浪费,也容易对草地造成更大的破坏;牧草在秋季成熟,如甲多村就会在每年 10 月之前割草储存,这些都要赶在天气变冷之前完成。

在当时的科技水平条件下,人们并不能完全清晰地认识其中的科技知识,无法对其进行科学的解释,所以人们在宗教中寻求合理的解释,通过宗教的禁忌,将其内化在当地藏族经由传统知识的积淀而形成的民族习俗之中,进一步以规范化的叙说成为乡规民约的一部分。在斯布村的藏族群众中,至今还有类似的规定,如不准在庄稼地里说脏话、不准在春天的时候挖草药、不准在田地里倒垃圾、不准随便砍树等。

在甲多村藏族的历史记忆当中,畜牧业一直是历史上最重要的甚至是唯一的草地利用方式,先民们通过定期在不同类型的草场间游牧保持草畜平衡以及人与自然的平衡。在 20 世纪 60 年代种植业自东南向西北推进的过程中,甲多村一度发展了较大规模的种植业,这种情况的出现受到了外界尤其是行政手段的影响,而且符合当时人们的心理需要,或者说这是当时情况下人们对各种情况综合认知后的结果。

---

① 《中国少数民族社会历史调查资料丛刊》修订编辑委员会、四川省编辑组编:《四川省甘孜州藏族社会历史调查》,民族出版社 2009 年版,第 191 页。

这里一开始不种地，就放牧，后来也开始种地，（一九）六几年的时候。后来这里开始种地，就也跟着种地了，因为我以前就会，所以还教他们（指原来就居住在甲多村的村民）种地。我从（19）78年的时候开始当（二组）组长，安排组上种地的事情，一直干到（20）09年，现在组里种地的事情还找我。那时候"以粮为纲"，就把这里也开了一些地出来，每个组都有，现在种得少了。一开始觉得也不错，因为粮食本来就不大够，种了才发现这里种地划不来，地里面石头多得很，光捡石头就要捡很久，地也不够肥，像三组、四组那里，本来就小，不好种。种了几年就慢慢地不种了，就我们二组这里还有一些，这里地好一些，还能种，下面他们就没什么种的了。（GS，男，62岁，甲多村二组，牧民）

进行了一段时间之后，人们逐渐认识到种植业对甲多村来说并不是最佳的选择，反而造成了一些负面的结果，如资源浪费、粮食产量不高、投入产出不成正比、对自然环境的破坏也比较大，等等，故而在执行了一段时间之后，随着行政要求松懈，当地的种植业规模迅速缩小，只在自然条件相对较好的二组中有所保留，并发展至今。

斯布村和甲多村的村民均以青稞作为主要的种植对象，虽然同属麦类植物，青稞却比小麦低很多。"我国的科技工作者也多次以产量低为依据，希望藏族居民改种小麦，甚至采取行政手段推广种植小麦，然而收效并不理想，藏族居民仍然偏好自己的青稞。"①

我们这里以前种过小麦，好几年以前了，（通常）产量也还可以，不过有时候天一冷就长不出来，我们这里还容易冷，夏天都会下雪，长不出来这一年就完了。（所以）种了两年以后大家就又慢慢地全种青稞了，青稞还是好，冷也不怕，干一点也不怕，产量（虽然）低一点，（但是）年年都肯定能收，不怕亏本。（CRDJ，男，54岁，甲多村三组，牧民，支书）

伴随着在高原上的长期生产和生活，当地的藏族逐渐认识到这样一个

---

① 杨庭硕、田红：《本土生态知识引论》，民族出版社2010年版，第16页。

现实，即青藏高原生态环境特殊，季节性的升温和降温十分频繁，升降温的幅度也很大，而且青藏高原的土质较差，土壤贫瘠，缺乏有机质和植物所需的养料，但是青稞的生长却不会受到这些不利因素的影响，所以当地的藏族居民一直坚持以青稞作为主要的作物。这种结果是传统认知结构发挥作用的结果，建立在藏族群众对高原生态环境与青稞特殊属性的认知结果基础之上：在其原有的认知结构当中，藏族认识到青稞的特殊生物属性，虽然收获较少，但是不会在自然环境差的年份绝收，有利于自身的生存和发展，长期的农业生产经验则更加坚定了他们的这种想法。

> 老人们会给我们讲怎么放牧，什么时候该干什么。一开始我也什么都不会，都是跟大人这么一点一点学会的，我们这里都这样。我父亲以前也会给牛、羊看病，那时候用草药用得多，去别人家给牲口治病的时候我也会跟着去，那时候是觉得好玩，看着把牛羊一点一点治好这个过程觉得特别有意思，就喜欢看，看他弄得多了也就学会了。父亲去世了以后村里的人也来找我，后来我就当了兽医了，当了25年多的兽医，现在乡上看我当得好，年纪也大了，就让我当了个乡里兽医的组长，带着几个徒弟，算是把技术传下去。……刚当兽医的时候也是一边当一边学，学现在的技术（指现代兽医技术），还跟别的会的老人们学怎么用草药。现在（给牛羊治病的时候）很少用草药了，基本不用，因为好多草药都没了。（DQLZ，男，50岁，甲多村八组，牧民，兽医）

藏族的历史记忆为我们阐释藏族文化及其日常行为提供了便利，同时它也为藏族社会的发展提供了支撑，影响当代藏族的社会认知和社会行动。历史记忆本身具有不断的传承性和延续性，正如藏族农牧业生产知识的延续，通过代与代之间历史记忆的传递不断获得延续，这个过程又由于主体的差异和能动性表现出重构的特征，主体在这个过程中，根据历史记忆和现实情况的需要选择具体的行为方式。同时，历史记忆的集体属性和社会属性则使得民族成员对历史上的某一特定内容的记忆都大体相同，如某个具体的事件、关于农牧业生产的某个方法等，斯布村藏族可以确信本村从事农业生产的历史已经很久，甲多村则从不反对自己是从20世纪60年代以后才从事农业。这样的历史记忆或帮助他们更好地适应社会现实，或阻碍他们在现实中的发展。

> 我没文化，有些事情你让我说我真说不好，我们也是听老人们说的。小的时候大人就告诉我们什么该做什么不该做，有时候也没说为什么，我就知道不让做的事情如果做了肯定（会有）不好（的结果）。长大了能明白一些事情，刚才给你说的天葬就是长大以后才知道的，小时候什么都不懂，大人怎么教我就怎么做。我放牧、种地的本事都是跟爸爸妈妈学的，村里其他人那里也学一些，（放牧、耕种的方式）跟以前都一样。（GSLB，男，47岁，斯布村，牧民）

对部分普通藏族村民来说，现实生活中的行为规范、生产技能等表现出一定的"历史惯性"，他们在现实中延续着前人的社会经验，根据前人的经验从事各项活动。不过这种延续并非一成不变，社会变迁的趋势使他们必须面对不同于前人世界的新情况，仅凭历史经验已经无法解决，因此，他们必须根据现实对历史记忆进行改造以适应现实社会的需要。藏族历史记忆和现实社会对藏族认知的影响是同步进行的，这两种对应的存在以自身的特色发挥着不同的作用，不过这两种要素对藏族来说都是可及的，均被用作藏族认知、解释现实世界并展开行动的基模，它们的存在可以被当作经验可重复的准则。

三 宗教信仰的作用

其实宗教信仰也属于藏族传统文化的组成部分之一，"作为一种特殊的'生活科学'，宗教已经深入到人们的日常活动里，贯穿于人们的处世态度中"。[①] 出于对宗教信仰在藏族历史上的重要性，而且现实中它也确实在很大程度上影响着藏族认知结构的形成与取向，故此处将宗教信仰对藏族认知的影响作为一个专门的部分加以论述。

（一）宗教信仰在藏族认知过程中的持续作用

在藏族的发展历程中，其宗教信仰也在很大程度上影响着藏族群众认

[①] 黄任远：《赫哲那乃阿伊努原始宗教研究》，黑龙江人民出版社2003年版，第3页。

知结构的形成和发展。"如他们崇拜山神、水神等，对与此有关的事物的认知总是带有宗教色彩：'神湖'中的水是天神赐给人们的甘露，喝了可以解除人们身上的各种病痛，可以使人增加力气、精神焕发；如果在里面沐浴，不仅可以洗涤掉肌肤的污垢，还可以清除人们心灵的烦恼。"① "由于宗教的影响，由于对山神、水神等的崇拜，藏族在对山、水等客观事物进行认知时总是受到宗教因素的影响。而这种对事物认知的特殊体验又进一步影响其在认知这些事物时的认知结构的建构，从而形成了藏民族在认识山、水等事物时不同于他民族的一些认知结构特点。"②

前文中提到的藏族创世神话，反映了藏族先民对大自然的最初认识，与其生活环境和生计方式有着直接的关联。随着社会的发展和人们认知客观世界能力的提升，这种创世神话也在不断地变化。在安多地区流传的一首"创世歌"中就有这样一段记载：

大地的颜色是何样？大地的形状是何样？里面的因子是什么？
火的颜色是何样？火的形状是何样？火的因子是什么？
风的颜色是何样？风的形状是何样？风的因子是什么？
水的颜色是何样？水的形状是何样？水的因子是什么？
请别拖延请回答。
大地的颜色是金黄，大地的形状是四方方，大地的因子是"兰木佑"。
火的颜色呈红色，火的形状是三角，火的因子是"仁木佑"。
风的颜色呈青色，风的形状是扇形，风的因子是"雅木佑"。
水的颜色呈白色，水的形状是椭圆，水的因子是"卡木佑"。③

歌词中唱到的"兰木佑""仁木佑""雅木佑"和"卡木佑"分别代表了构成土、火、风、水四种物质的最小分子。与前文提到的《斯巴问答歌》一样，这首创世歌也是在探索自然中物质的起源，但是它所反映的内容更加深刻，哲理性更强，更加清晰地表达了大自然是由一些基本元素构成的这一观念。此处所反映出的藏族群众的认知，已经较《斯巴问

---

① 索代：《藏族文化史纲》，甘肃文化出版社1999年版，第91页。
② 李静：《民族心理学》，民族出版社2009年版，第259页。
③ 丹珠昂奔：《佛教与藏族文学》，中央民族学院出版社1988年版，第16页。

答歌》中所反映的认知有所进步，需要建立在更深层次的认知结果上，而且这段材料并没有明显反映出人们的认知受到宗教的影响。

在接受了藏传佛教之后，佛教的宇宙结构论发生了很大的改变。"佛教在藏族地区立足并形成藏传佛教之后，完全替代了苯波教在藏族文化领域中的正统地位，从而改变了藏族人的古老宇宙观，他们开始用佛教的理论去重新认识大自然。"①

藏传佛教的广泛传播，使人们在认识客观环境的时候，加入了很多藏传佛教的观念。所以，藏传佛教传入之后的自然形成观念当中，我们可以看到很多藏传佛教的痕迹。《西藏王统记》在开篇讲述世界形成过程的时候，有这样的记载：

> 最初，此器世间为空寂无垠之体，由十方风起，互相激荡，称为风轮，名风十字架。其色青白，性极坚硬，深六百万亿由旬，广袤无量。其上水聚，成为大海……其上有金地基，平如手掌……其中有由各种宝物构成之须弥山王……四周有七重金山围绕，即双持山，有四万由旬，持轴山二万，担木山一万，善见山五千，马耳山二千五百，象鼻山一千二百五十，持边山六百二十五。……须弥山缝间，有阿修罗城邑。山顶为忉利天之所居。此种有帝释宫殿，名最胜宫……其上八万由旬，为夜摩天所居。又上一亿六万由旬，为兜率天所居，又上三亿二万由旬，为化乐天所居。又上六亿四万由旬为他化自在天所居，以上皆欲界天所摄。又其上则为色界和无色界等天所居。……须弥山东，有身胜洲及二小洲……南有瞻部洲及二小洲……西有牛货洲及二小洲……北有俱卢洲及二小洲……②

由于藏传佛教源于印度佛教，所以其关于宇宙结构的观点与佛教无异，佛教经典《俱舍论》在这其中扮演了重要的角色。从上面这段文字中我们可以明显地感受到佛教的影响，"须弥山""七重山""阿修罗""忉利天""兜率天"等符号，无不是象征着佛教，这恰恰也从一个侧面证实了佛教在藏族认知结构中所发挥的作用。

---

① 尕藏加：《藏区宗教文化生态》，社会科学文献出版社2010年版，第12页。
② 索南坚赞：《西藏王统记》，刘立千译，民族出版社2002年版，第1—2页。

藏传佛教的存在甚至影响了藏族传统法律的制定。根据《贤者喜宴》的记载，"吐弥等率领一百大臣居中理事，尊王之命，仿照'十善法'的意义在吉雪尼玛地方制定'图伯法律二十部'"。① "十善法"是藏传佛教思想中的经典内容，在藏族社会中影响深远，甚至被作为藏族制定法律时所依据的重要参考。这些法律涉及行政、刑事、民事、军事等众多方面，是藏族历史上第一部比较完整的法典，它的产生对藏族社会的稳定和繁荣发挥了重要的作用。

普度众生被认为是大乘佛教提出的一种学说，也是大乘佛教区别于小乘佛教的主要观点。"大乘佛教承担着积极帮助有情众生，使他们从一切痛苦中解救出来的重任，即普度众生。"② 为此，大乘佛教提出了"行菩萨道""发菩提心""修六波罗密多"。藏传佛教当中的"普度众生"这一带有浪漫主义色彩的、理想化的宗教思想，在藏族地区特别是农牧区的藏族群众当中，已经逐渐发展为一种根深蒂固的意识，直接影响着藏族群众对野生动物以及豢养的牲畜的认知。这主要表现为藏族群众广泛地爱惜"有情众生"，对周边环境中的动物爱护有加，即使是现在在布达拉宫周围，我们仍能看到为数不少的野狗存在，虽然这是无家可归的流浪狗，但它们的生存环境却也安全，僧俗、男女、老幼不但不伤害它们，还会时不时地施以食物和水。2006年4月26日，新华网西藏频道报道了一则新闻，西藏拉萨市八廓街附近一藏族市民家中喂了一只长有三只角的藏绵羊，家里人把它当成吉祥的象征，称其为"神羊"③。在藏族群众的传统观念当中，绵羊被视为一种十分温顺而又极为吉祥的动物，可以给人带来好运，上述报道中的"三角绵羊"，实际上是由于基因变异造成的一种畸形生长状态，而藏族群众则受到藏传佛教的影响，赋予其神圣的地位，不能不说是宗教信仰对认知过程的影响。

（二）宗教信仰影响藏族对人与自然的认知

在藏传佛教的思想中主张众生皆有佛性，并且认为众生皆平等，这种思想对后世影响深远，直至今日，在藏族群众的生活中仍能发现这种影响的存在。藏传佛教高僧米拉日巴尊者曾说："我们众生所具有的这

---

① 巴沃·祖拉陈哇著：《贤者喜宴》，民族出版社1986年版，第193页。
② 尕藏加：《藏区宗教文化生态》，社会科学文献出版社2010年版，第26页。
③ 资料来源：新华网，http://tibet.news.cn/wangqun/2006-04/26/content_6846228.htm。

个清净，性空，不被生死涅槃是非所染的心识，叫藏识佛性，亦名如来藏①。……如来藏识遍众生，一切有情皆为佛。"②在这种众生皆有佛性的思想中，认为世间的一切众生无论贫富贵贱、善恶好坏，皆有成佛的根据，因而都可能成佛，在成佛的原则上众生毫无差别，拥有绝对的平等权利。在众生平等的思想当中，无论人类或是世间的动植物，都是有价值的，有自己的生存权利。在这一系列观念的影响下，藏族群众的认知结构中，认为一些生物是具有神圣性的，不允许侵犯，而且使藏族群众产生了不轻易杀生的思想，藏传佛教"十善法"中就有"不杀生"的规定，至今仍能看到这种影响的存在。

高原鼠兔（ochotona curzoniae）的危害已经被很多草地生态学者的研究所证实③，在现实生活当中也能够获得直观的体验。高原鼠兔在海拔5000米以下的草原、草甸草原属于优势种，由于在现实中缺少天敌，所以在适宜环境当中数量容易激增。高原鼠兔对草场的危害是多方面的，主要表现为：挖掘鼠洞造成的草场和土壤破坏，啃食牧草，破坏草场的生态平衡，引起草地沙化、草场退化以及水土流失等一系列后果，影响高原畜牧产业的发展。

> 我们这里以前也灭过鼠兔（高原鼠兔），上面要求的，不去不行，用老鼠药（实际应为专门的灭鼠药，牧民统称老鼠药）。很多人家都不愿意去，尤其那些年纪大一些的。这个跟我们信（藏传）佛教还是有关系，不能随便杀生，鼠兔多是多，但是它有它的天敌，人

---

① 所谓"如来藏"，即佛性，乃成佛的依据。《大乘起信论》中有如下记载："从本以来，性自满足一切功德，所谓自体，有大智慧光明义故、遍照法界义故、真实识智义故、自性清净义故、常乐我净义故、清凉不变自在义故。……名为如来藏。"详见方立天《佛教哲学》，中国人民大学出版社1986年版，第197页。

② 桑杰坚参：《米拉日巴道歌传》（藏文版），青海人民出版社1981年版，第550—551页。引自白玛旺杰《〈米拉日巴道歌〉佛教哲学思想初探》，载佟德富、班班多杰《藏族哲学思想史论集》，民族出版社1991年版，第20页。

③ 关于这方面的研究可参阅赵好信、张亚生、旺堆《谈西藏草地鼠害及其天敌》，《西藏研究》2002年第1期；刘伟、王溪等《高原鼠兔对小嵩草草甸的破坏及其防治》，《兽类学报》2003年第3期；韩天虎、花立民、许国成《高原鼠兔危害级别划分》，《草业学报》2008年第5期；仓央卓玛、杨乐等《高原鼠兔生物控制技术在西藏当雄的应用》，《西藏科技》2011年第1期。

不应该去杀。(BZ,女,58岁,甲多村四组,牧民)

高原鼠兔被认为是高原生态环境恶化过程中的一个元凶,被列入捕杀的名单之中。甲多村境内的高原鼠兔分布已经对当地的草场造成了很大的影响,即使如此,由于受到藏传佛教"不杀生"观念的影响,当前情况下村民并没有主动采取人工灭鼠的措施,很多村民认为高原鼠兔和人一样,是有生命的,不应该随意捕杀。

> 以前这里狐狸、老鹰都还很多,这就是鼠兔的天敌,所以那时候鼠兔也不多。其实鼠兔在也还是有好处呢,狐狸、老鹰什么的野生动物都有吃的,后来打猎的多了,狐狸、老鹰少了,鼠兔才慢慢多起来,前些年又开始禁止打猎,野生的那些动物也多了,就又有能吃鼠兔的了。(DQLZ,男,50岁,甲多村八组,兽医,牧民)

高原鼠兔的存在,对青藏高原的生态环境其实也有有益的一面,"高原鼠兔可提高栖息地植被的丰度;维持生态系统的多样性,为捕食者提供食物资源,也为许多其他动物提供栖息地;同时,其挖掘活动会对土壤产生扰动,增加土壤的渗透力和含水量,促进物质循环"。[①]

在青藏高原的野生动物仍然丰富的时期,高原鼠兔的天敌数量足以满足抑制高原鼠兔成灾的需要,因而,当时高原鼠兔发挥的正面功能要远远大于其负面影响。在这种情况下,藏族群众对鼠兔的认知结果往往是"无害的",再加上传统生态知识当中要求保护野生动物,鼠兔无须担心人类的捕杀。传统认知结构的持续影响,使甲多村境内的高原鼠兔在现实生活中也很少受到人类的捕杀。

青海玉树藏族自治州称多县歇武镇牧业村的高原鼠害情况也比较严重,2012年以来,当地进行过多次灭鼠活动。当地灭鼠过程中的一个明显的特点是:只有年轻男性参加。据我们于2013年4月在灭鼠现场的调查结果,每次参加灭鼠行动的人都是村里的"年轻小伙子",30岁以上的

[①] 李娜娜等:《高原鼠兔的生态功能》,《野生动物》2013年第4期。此外,还可参阅李文靖、张堰铭《高原鼠兔对高寒草甸土壤有机质及湿度的作用》,《兽类学报》2006年第4期;周雪荣等《高原鼠兔和高原鼢鼠在高寒草甸中的作用》,《草业科学》2010年第5期。

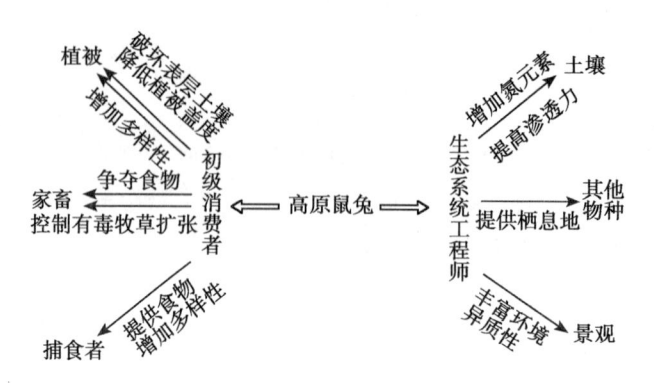

图6-1 高原鼠兔在生态系统中的功能①

人都"很少见",更不会发现老人和妇女。其中的原因,与老年人的藏传佛教信仰更虔诚有关,女性则被视为扮演了赋予生命的角色,因而不应该杀生,年轻男性则可以做一些"出格的事情","年龄大了以后好好信(佛)就行了"。②

不杀生的观念全面地影响着斯布村和甲多村村民的观念和行为,如斯布村村民只赶走而不捕杀毁坏庄稼的野生动物,两地村民都不亲自宰杀牛羊、不猎杀野生动物、放生对家庭贡献大的牛羊或者在家里有重大变故的时候放生牛羊等。

藏族学者尕藏加通过对果洛甘德县岗龙乡夏日乎寺的调查发现,该寺背面的班玛日托神山上曾经有丰富的野生动物资源,由于该寺僧人的倡导和维持,这里的野生动物种群曾一直保持着较大的规模。1958年以后,由于该寺被废除以及"文革"等因素,山上的野生动物被游客或猎人随意枪杀,致使濒临灭绝。1981年该寺恢复之后,寺院又再次发挥了保护幸存野生动物的职责,在这之后,山上的野生鹿、熊、豺狼、猞猁、麝、黄羊、岩羊等野生动物数量开始逐渐增长。③ 这种情况得益于寺院和僧侣在其中发挥的巨大作用,究其本源,这与藏传佛教的影响密不可分。首先,由于受藏传佛教的影响,藏传佛教寺院和僧侣被赋予了崇高的地位,并具有权威性。其次,普通藏族群众经过长期的信仰,在其意识中已经形

---

① 李娜娜等:《高原鼠兔的生态功能》,《野生动物》2013年第4期。
② 2013年4月在称多县歇武镇牧业村调查所得的田野资料。
③ 详见尕藏加《藏区宗教文化生态》,社会科学文献出版社2010年版,第29—30页。

成了"呵护野生动物"的认知结果,在这些因素的综合作用下,藏传佛教中的生态伦理知识得以发挥其作用,影响藏族群众对生态的认知及其相应的行为。

藏族群众对山神、水神等的崇拜也与其宗教信仰有关。当今社会我们见到的藏族群众对神山、圣水的崇拜,其实是原始苯教与佛教相结合的产物。山神、水神等最初源自苯教当中古老的鬼神观念,藏传佛教传入之后,藏族先民逐渐接受了佛教的伦理观念,但是传统苯教对其认知结构的影响仍然存在,在认知客观世界的时候,仍然受到古代自然观不同程度的影响,一直发展至今。

> 那家人家的女儿,今年刚二十岁,因为在河边有转经筒的房子里面丢了一个鞋垫而身染重病,很久都没治好,家里人请和尚念经也没有用,一个多月以前这个女孩不幸去世。大家好多人就认为她是因为在那个房子里面丢了不干净的东西把神给得罪了,因此受到神的惩罚。(ZM,女,22岁,斯布村,牧民)

我们在斯布村调查的时候,一个访谈对象正请了当地一个会念经的人给家里的小女孩念经。因为她的孙女在泉水里面丢了垃圾"得罪了住在泉水里的龙神",她的脚疼了很久都不好,去医院也没能治好,因此家长希望通过念经得到神的原谅。对所念的经文是什么,即便是那个念经的人也不清楚叫什么。除了念经,还要在泉水里面放一块插了柳树条的土块。人们在犯下过失之后,希望可以通过这种和神的互动,祈求神灵的原谅,避免受到神灵的惩罚。

社会心理学的观点认为,主体的价值观念会影响个体对社会事物在自己心目中的意义或重要性的评判,而客观事物的价值则会增强个人对之的敏感性。[1] 宗教信仰尤其是藏传佛教信仰在藏族社会生活中具有毋庸置疑的重要性和权威性,深入其道德因素、风俗习惯、价值观念、社会制度等日常生活的诸多方面,鉴于藏族宗教信仰的这种特殊地位,藏族认知所受到的藏传佛教的深刻影响也就不难理解。

---

[1] 全国13所高等院校社会心理学编写组:《社会心理学》(第四版),南开大学出版社2008年版,第117页。

四 社会发展的促进

一般而言,藏族对自身生活环境中的各种自然事物和生态环境进行认知的过程包括了最初级的感觉、知觉以及较高级别的记忆、思维、想象等。通过这些认知活动以及人类自身所具有的学习能力,藏族先民在漫长的历史中逐渐掌握了如何从自然中获取生存和发展所需的各种能源与物质资源,并依据自身的抽象思维的能力,创造出属于自己的地方性知识系统。在这个系统中,藏族先民通过赋予自然世界中的不同事物以不同的意义,形成了关于自然环境的地方性生态知识体系,表现为完整的,经由人们的学习、演绎并代代相传的特殊意义系统。

藏族社会的发展及其认知广度和深度的增加是一对互相影响和互相促进的因素,社会的发展使藏民族认知世界的广度和深度不断得到拓展,随着认知广度和深度的拓展,藏民族认知世界和改造世界的能力获得了提高,从而使藏族社会不断地发展进步。

(一) 社会的发展促进藏族认知的发展

简单而言,认知的过程即人脑对客观事物的特性与联系的反应过程,以及对事物对人的价值和作用的揭示过程,在这个过程中,个体积累起对于客观世界的知识,进而促进群体对世界的知识积累。根据认知对象的特性,我们可以以将其分为物理性客体和社会性客体。"从根本性质上讲,物理客体和社会客体之间无疑存在着许多共同之处:第一,两者都独立于主体的感知和动作而存在;第二,两者都具有空间广延性,都具有一定的物理维度,如大小、颜色、形状等;第三,两者都随时间而变化;第四,社会客体彼此之间相互发生作用,物理客体亦然,尽管两者相互作用的方式不同。"[①] 可见,认知客体的属性会发生变化,从而导致认知主体——人——的认知结果产生变化。此外,从认知主体的特征来说,人作为具有主观能动性的知觉者,会根据自身主观的感知能力、过去的知识经验、特定情境下动机状态的不同,采取不同的方式采集和加工信息,而认知客体具体特性的差异又会反作用于认知主体的这些特性。随着社会的发展,藏

[①] 林崇德、张文新:《认知发展与社会认知发展》,《心理发展与教育》1996年第1期。

族群众生活的情境也在发生着不断的变化，认知客体的特征通过异于以往的形式得以表征，认知主体则随着社会的变化和代际知识传递积累着更多的知识经验，在这些变化的共同影响下，藏族社会的认知结果也在发生着改变，就其一般趋势而言，往往表现为认知广度和深度的不断拓展。

在旧石器时期，青藏高原的古人类"不但稀少且活动范围狭小，对大自然的认识有限，尤其对生态环境的影响可以说微乎其微"。[1] 由于生产力水平低下，藏族先民只能在有限的生存空间内选择极为简单的生产方式，狭小的生活空间以及其中的社会生活构成了其认知结构的全部。由于生产力水平低下，藏族先民所选择的居住环境往往都是自然条件较好的地区，诸如雅鲁藏布江流域自然条件好、水源充足、地势平坦、气候温暖、森林茂密、有岩洞可供居住、便于采集狩猎的地区。上述这些地区，人们可以通过较简单的劳动即可获取食物等生存所需，从而降低了生产力低下的影响，提高了生存的概率。

在距今一万年左右时，藏族先民进入新石器时期，不但人口有了一定增加，而且其活动范围也越发广泛，与外界的联系和交往日益紧密，这些无不扩展了其生存的空间和可供认知的客观事物。这一时期出现的畜牧业、种植业和渔业，建立在生产力提高的基础上，也反过来促进了生产力的发展进步。从藏东河谷出土的大量彩陶，"一方面反映出当时的生产力已经有了相当水平，另一方面也说明人们开始逐步对自然中的生老病死、风雨雷电、四季交替等有了浅显认识，并且能够对一般疾病进行预防和抵抗，由此使人口大大增加，生活水平也有所提高"。[2]

在新石器时期，青藏高原西南部和以藏北高原为中心的辽阔地域广泛分布着细石器文化，在进入青铜器时期之后，"在青藏地区发现的动物形纹饰的青铜器主要是带钩、扣饰、小铃等饰物或小件生活用品，有鹿、马、熊、鸟等地区性较为明显的图案"。[3] 这些文化遗存中的发现，真实地反映了当时生活在青藏高原的人类群体在活动范围上已经有所扩展，与外界的联系增加，也反映出当时生产力水平的提高，人们已经能够掌握制铜工艺。

发展到现代社会之后，藏族社会生产力水平得到了进一步的提高，社

---

[1] 马生林：《青藏高原生态变迁》，社会科学文献出版社 2011 年版，第 141 页。

[2] 同上。

[3] 同上。

会开放程度空前提高,各种新事物不断涌入,藏族群众可以有更多的机会接触到更多的事物,这些都在客观上促进了藏族群众认知广度和深度的提高。我们以藏语的发展为例进行说明。

藏族社会的发展变迁,新事物不断出现,在藏语中必然会得到体现,表现为藏语中反映认知对象性质和特点的新词汇。比如1951年西藏和平解放,"金珠玛米"(bcing grol dmag mi)成为当时流行的新词,也是反映人们认知当时社会特征过程中的一个极具代表性的词语。1951年以来,尤其是最近30年,西藏的各项事业都获得了很大的进步,生产力发展,科技水平进步,各种表达生产力和科技的词语也逐渐增加,如"科学"(tshan rig)、"生产承包制"(thon skyed vgan vkhrivi lam lugs)、"小康社会"(vbyor bring spyi tshogs)、"信息"(cha vphrin)、"保险"(vgan srung)、"手机"(lag vkhy er kha par)、"摩托车"(sbag sbag)、"短信"(vphrin thung)、"市场经济"(khrom rai dpal vbyor)等①。以上种种都反映了随着藏族社会的发展,藏语词汇在原有基础上不断丰富的过程。就其实质而言,"在每一种语言中,每个新词汇的出现都是因为人们需要对新出现的现象、事物、观念给予抽象归纳并进行交流,这些词汇都是应思维与交流的客观需要而产生的"。②

在藏族社会发展变迁的大潮中,斯布村和甲多村这两个传统藏族社区也发生了很大的变化,传统的生产生活方式发生改变,大量的外界事物涌入,不断有人走出社区的范围进入城市和更大的社会空间,村民们不断接触到更多的社会性知识和非社会性知识。客观情境和主观知识的变化,使斯布村和甲多村藏族的民族社会认知也处在不断发展和变迁之中。

随着藏族社会开放程度的进一步增加,信息传播的方式、速度和深度都有了很大的提高,例如手机、电视、广播等工具的出现,使大量的信息进入斯布村和甲多村社会,村民们可以更快捷地了解外界的社会,这在客观上改造着其原有的认知客体和知识经验等影响主体认知的主、客观因素,最终影响着当地藏族对一些原有事物的认知结果。以两地藏族对学校教育的认知结果为例,因为政策支持、舆论宣传和自身的体会等因素的共同作用,近年来,越来越多当地藏族群众改变了原有的对学校教育的认知

---

① 利格吉:《试论西藏当代藏语词汇的发展变迁》,《西藏大学学报》2009年第3期。
② 马戎:《试论语言社会学在社会变迁和族群关系研究中的应用》,《北京大学学报》2003年第2期。

结果。

由于世代以来的传统生计方式和生活方式，两地藏族旧有的观念中，有很大一部分人认为只需要掌握种植和放牧方面的技术就可以生活，而且由于生产力较低导致的传统生计方式的劳动密集型特征，使农牧业生产需要大量的劳动力，因而当地藏族在很长一段时间内认为学校教育没有多大的意义，不愿意让子女接受学校教育，或者在子女接受一段时间的教育后使其辍学，与父母共同分担农牧业生产劳动，部分适龄儿童自身，也不愿意接受学校教育。

> 我小时候就没上过学，那时候没条件上学，也不用上学，放牛、放羊就能活下去，也觉得过得挺好，所以就不上学。有些人学校里去了几天就回来了，大多数人还是没上学，学不会，就不想学，觉得没什么用，而且那时候还要挣工分呢，小孩子干活也算工分。现在肯定还是觉得上学好，放牧辛苦得很，出去打工没文化也不行，汉话不会说，别说打工了，就是跟人家说话也不行，像现在跟你（指采访者）说话有人翻译，没人翻译的话就肯定不行。放牧就只能是混个吃饱，想过得更好还是要读书，可以出去打工赚钱。（WDW，男，46岁，甲多村七组，牧民）

由于社会条件和主观意识的原因，斯布村和甲多村的很多藏族群众一度认为不需要接受太多的教育，例如斯布村的许多村民就表示在农忙的季节曾经把自家的孩子从学校叫回来帮助家庭进行劳动，其中的一部分学生则在这之后选择了放弃学业。随着近年来义务教育制度在西藏的普及，教育投入导致的家庭负担大大降低，社会现实也使村民们认清了教育的重要性，因而现在在斯布村和甲多村的村民当中，支持子女接受教育的人口比重占到了绝大多数。

"认识既不是起因于一个有自我意识的主体，也不是起因于业已形成（从主体的角度看）、会把自己烙印在主体之上的客体；认识起因于主客体之间的相互作用，这种作用发生在主体和客体之间的中途，因而同时既包含着主体又包含着客体……"① 认知源于主、客体之间的互动，是主、

---

① ［瑞士］皮亚杰：《发生认识论原理》，王宪钿等译，商务印书馆1996年版，第21页。

客观的统一，我们既不可能找到独立于主体的认知，也不可能发现游离于客体的认知，二者之间存在紧密的函数关系，任何一方的改变都会影响认知的结果。随着社会的变迁，认知的主、客体都会随之发生变化，从而使人们的认知不断拓展和深化。

（二）认知的拓展促进农牧业生产水平的提高

藏族先民的生产力水平一度非常低下，这种情况使其认识到只有依靠群体的力量才能够有效地生存，于是其生产生活方式均以群体狩猎和采集为主。"到距今1万年左右时……其生存已不再是原先单纯依靠狩猎和采集为主的岩洞方式，而是采用极为先进的劳动工具，除从事畜牧业外，还从事新兴的农业和渔业生产活动。"①这种巨大的变化说明，当时藏族先民认知自然和社会的能力已经获得了很大的提高，利用这种认知结果以及积累的经验、技术和能力，藏族先民发展出了更加先进的生产方式，尤其是种植业的出现和发展，代表了人类认知能力的极大进步。种植业的出现使人们的生存方式有了本质的变化，人们从被动接受自然的馈赠，转向主动地向自然索取。必须说明的是，这些生产方式虽然已经对自然产生了一定的负面影响，但是就总体而言，这种影响是建立在对自然环境的严重依赖基础上的，人类所有的活动对高原自然环境的影响仍旧微弱，因而是符合青藏高原特殊的生态环境的。

随着社会的发展，藏族群众的活动范围拓展到传统居住地以外的地区，除了青藏高原，全国各地，甚至世界各地，都有藏族群众活动的踪影。而且，随着科学文化的积累，藏族群众的认知思维能力获得了提高，这些都有助于帮助其更好地认知客观环境，可以帮助其更好地采取相应的行动。通过不断地积累和开发，藏族群众在利用自然的时候已经不仅仅局限于种植业和畜牧业等初级生产方式，新的草地利用方式出现在藏族群众的日常生产生活之中。

根据考古学的基本理论，细石器文化主要存在于畜牧经济类型的社会中，在藏族社会中也不例外。造成这种情况的原因很多，但其中一个主要的原因是藏族群众在长期的游牧生活过程中不断地逐水草而居，在这种频繁的、大范围的迁徙途中携带众多沉重而大型陶器等易碎品无疑是不明智

---

① 马生林：《青藏高原生态变迁》，社会科学文献出版社2011年版，第141页。

的选择，这使得藏族先民在开发生产生活工具的时候不得不往小体积、多用途的方向发展（如工具向复合工具的发展），客观现实使他们认识到小型工具的重要性，要求他们不断地提高细石器的制作工艺水平，在客观上促进了其生产力的提高。

> 以前种地我们从来不用化肥，那时候也没见过化肥，（一九）六几年、七几年的时候慢慢地有化肥了，现在也用化肥，（粮食）产量比以前也高了，但是用了化肥的青稞不好吃，所以就用得少，有些还是不爱用。还有人给教怎么种地，像什么时候该施肥了，什么时候该浇水了，青稞得了什么病该打什么药。特别是这个打药，以前青稞也有不行的时候，但是我们都不知道是怎么回事，后来才知道打药可以治得好。给牲口打预防针也是，打了以后就不容易生病了。（ZRMD，男，65岁，斯布村，牧民）

科学技术的进步使更多的农业生产技术和产品进入藏族的传统农业生产过程当中，例如上述材料中所反映出来的，斯布村的村民对如何进行农牧业生产就有了更深入的认识，生产技能和手段都获得了提高。

社会发展促进主体认知广度和深度的拓展，从本质上说，是因为社会认知对象本身的特点和认知情境在发生不断的变化，随着这种变化的过程，认知者本身的心理特点和思维水平也在发生相应的变化和提高，从而使认知者对客观世界的认知结果更加深刻，认知到的事物也越来越多，积累起更多的关于社会的经验。这些条件，使现实中的藏族群众改造客观世界的能力提高，以农牧业生产为例，他们掌握了更多的农牧业生产知识，使生产的过程更加具有科学性和合理性，从而促进农牧业生产力的发展。

第七章

牧民认知对草地利用的影响

民族是历史的产物，民族的形成和发展经历了一个漫长的历史过程，在这个过程当中，民族会受到包括其生存环境、社会经济、生活方式、文化传统等在内的一系列主观和客观因素的影响。这些因素长期作用于民族成员，会对其民族心理产生潜移默化的影响，形成民族心理的不同特征，民族心理在形成之后，又会反作用于客观现实，影响其社会生活的方方面面。

民族心理是指某一民族共同的心理，它是民族心理的整体特点而非个体特点，是"特定民族在长期的历史发展过程中，由一系列共同的历史条件，特别是经济生活的影响而形成的民族心理素质和心理状态的总和。它是一个民族的社会经济、历史传统、生活方式以及地理环境的特点在该民族精神面貌上的反映"。[1] 简单而言，民族心理就是民族的社会、政治、文化、经济等因素在人们心理上的反映，是一个民族在长期历史发展过程中逐渐形成和发展起来的。民族心理与民族所经历的一定的物质生活条件密切联系在一起，现实中的物质生活条件对民族心理的形成和发展有直接而深刻的影响。

人对环境的适应并不是消极被动的，"人能够积极地改造世界（现实），人在从事某种变革现实的实践活动之前，已具有一定的心理水平，有主观印象，有动机、需要、愿望，有自觉活动的目的、行动计划和克服困难的决心，再加上聪明才智和创造性的思维品质等，因而推动人们在物质生产、科学技艺、文化精神生活等各个方面，取得最大成功，创造一个又一个奇迹"。[2] 长期生活在青藏高原的藏族群众发展出一套颇具特色的

---

[1] 戴桂斌：《略论民族心理》，《青海社会科学》1998年第1期。
[2] 李静：《民族心理学》，民族出版社2009年版，第45页。

高原畜牧和农耕文化体系，有自己独特的生计模式、生活空间、民族文化、社会结构与民族心理，这也造就了他们对草地的利用和管理有自己的认知和心理体验。鉴于民族心理所具有的稳定性的特征，藏族群众的民族心理特征会在很长时期内影响其社会化的过程。

就目前广泛存在的各类生态问题而言，其产生的本源与人类的行为不当密切相关，生态问题不仅仅是生态、经济或者技术问题，同时也是社会问题，因此，在分析生态问题的时候，应该给予社会心理和人们的行为以关注。藏族地方性知识中蕴含的朴素的生态伦理使其逐渐形成了尊重自然、顺应自然、与自然和谐相处的民族心理，并逐渐发展起与之相适应的以农耕和畜牧为主的生产生活方式。藏民族的这种民族心理特征在现实社会中仍发挥着作用，现代藏族的生态伦理和行为与其传统具有很强的延续性和同质性。现代藏族依据其对生态的认知进行活动，同时，受到来自民族心理的影响，使藏族群众遵照传统生态伦理的要求进行社会活动。但是我们也必须承认，在某些场合下其生态伦理和心理特征的作用被削弱，使藏族社会中出现与自然发展不适应的行为方式。

无论是草地利用方式还是青藏高原的保护和建设，虽然国家政策和政府投资在其中扮演着重要的角色，然而起主体性作用的仍是藏族牧民。牧民的行为方式受到其民族心理的影响，从这个意义上来说，研究草地利用过程中的民族心理及其影响，对藏族草地利用和社会的可持续发展和生态保护都有重要的意义。

一 社区居民对草原生态的认知

青藏高原的草地利用方式已经延续了1000多年，长期以利用草地为生的藏族谋求生存和发展，是建立在对客观世界的认知结果基础之上的，他们依靠对草原生态的认知，有选择地收集各种信息，针对草原生态的特点做出不同的反应。藏族群众对青藏高原草地生态系统的认知因其历史、文化等因素表现出自己的特点，而这些又影响着他们日后的草地利用和管理。

（一）对草地重要性的认知

藏族群众长期依靠草地作为最基本的生产和生活资料来源，因而草地在藏族群众的心理中具有重要的地位。从表7-1中就可以明显地看出，无论是性别、文化程度还是居住地的差异，都不影响草地在藏族群众中的重要性，就总体而言，认为草地"非常重要"或是"重要"的藏族群众占全部被访者的比例达到94%①，分别为61.9%、32.1%，认为草地"不太重要"的人仅占0.8%，全部被访者中只有2个人持有这种观点，无人认为草地不重要。

在不同群体之间，人们对草地重要性的认知差异性不甚明显。其中，男性认为草地非常重要的人口比例相对较高，达65%，女性被访者持该观点的比例为58%。文化程度也不是影响被访者对草地重要性认知结果的因素，虽然全部被访者的文化程度均不高，但是他们都长期地直接从事着或者从事过牧业生产，依靠草地得到的农牧业产出支撑着他们的日常生活，所以在他们看来，草地无疑是重要的。农耕生产比例相对更大的斯布村和几乎纯粹从事牧业生产的甲多村之间，人们对草地的态度也基本相同，仅甲多村有两人认为草地不太重要，这二人的思考有其特殊的原因："现在可以出去打工了，可以不用一直放牧了""丈夫在拉萨打工，不放牧的话也可以过得不错""以后想去打工，不想在家放牧"。这二人更多的是从今后的生活出发，认为脱离了草地也可以生存，虽然他们的想法不具有代表性，我们仍不能忽略其存在的意义，因为我们有理由相信随着社会的发展，牧民在选择发展路径时拥有了更多可能性，认为草地不再重要的人口比例会呈现逐渐增加的趋势。

表 7-1　　　　不同群体对草地重要性的认识（N=287）　　　　（单位:%）

		非常重要	重要	比较重要	不太重要	不重要
性别	男	65.0	30.0	5.0	—	—
	女	58.0	34.8	5.4	1.8	—
文化程度	文盲	68.3	25.2	5.7	0.8	
	小学	55.0	39.4	4.6	0.9	
	初中	60.0	35.0	5.0	—	
居住地	斯布村	56.9	37.9	5.2	—	
	甲多村	63.4	30.4	5.2	1.0	

---

① 本章所使用的数据除有特殊说明的之外，其他均根据在斯布村和甲多村的田野调查计算所得。为行文方便，在此一并说明。

被访者认为草地重要的原因,主要有两点:其一是从藏族的民族特征出发,认为"放牧是藏族的特征",而"放牧离不开草地",持这种观点的人已经将草地作为构成其民族特征的一个基础;其二是从日常生活的实际出发,认为草地为其提供了生活所需。

> (我们)再没有清闲的时候,夏天也放牧,冬天也放牧,还要种地,挖虫草、贝母,不干的话就没钱呗,别人都在干,(自己)不干也不好。出去打工的也有,但是人少,主要还都是在家里放牧的、种地的,我们藏族就是世世代代放牧的,现在(如果)不放牧,(因为)也不会干别的,那生活肯定就不行了呗。(ZX,男,28岁,小学文化,斯布村,牧民)

> 我们平时吃的、用的、穿的有很多都是放牦牛、山羊、绵羊得来的,用的钱也靠它,实在要用钱了就把牦牛、羊卖掉一头、两头,再不够就再卖,没有草地的话就没有放牧的地方,我们也就没有办法生活了。(LBWM,女,54岁,文盲,甲多村二组,牧民)

> (斯布村)打工的很少,也没有什么固定的收入,吃的肉、奶子、酥油、青稞都自己家的,也不用买,要用钱的时候就卖点酥油、奶渣、肉什么的,也有直接卖牛的,还有的人家卖马的,自己去看,觉得马好、跑得快就买回来,然后喂几年再卖给别人,赛马节上用的。开车拉货、拉人的都有,但是活少,不如放牧稳定。要赚钱还是要出去打工,找别的活干,放牧就是饿不死,也富不起来。(NM,男,45岁,斯布村,牧民)

两地男女性对草地重要性的认同并没有太多的差异,其原因与两地的性别分工有一定的关系。斯布村的种植业当中,女性承担了更多的田间管理工作,但是播种和收割的过程均由男女性同时参与。在放牧过程中,男性和女性共同承担着放牧的工作,共同参与草地的实际管理,共同进行家庭生产任务和放牧行为,因此在日常的生产生活当中接触草地的概率基本一致,因此对草地重要性的认知结果基本一致,均认为草地对其经济发展和生态安全起着重要的作用。

(二) 对草地功能的认知

生态系统"形成和维持人类赖以生存的自然条件,具有支持地球生命系统的功能，与人造资本、人力资本共同贡献于人类福利，是整个地球全部经济价值的组成部分和效用，不仅提供影响人类福利的市场经济产品和服务，而且可产生不通过市场交换而直接作用于人类福利的生态服务和愉悦价值"。① 青藏高原草地生态系统的功能"主要表现为保护生态环境、生产草畜产品和维持牧民生活的功能，即生态功能、生产功能和生活功能"。② 所谓生态功能，以气候调节、水源涵养、土壤的形成、营养物质的循环以及生物多样性的保护等为主要特征，即对生态环境的维系和保护，它是草地生态系统可持续发展的前提和基础；生产功能则是指为畜牧业生产提供基础、提供各种初级产品和次级产品等，强调草地生态系统的生产使用；生活功能强调的则是其社会属性，一则草地为人类提供了生产、生活所需的物质和经济基础，二则它也是草原民族文化传承发展的重要载体，因此可以将其视为维持草地生态系统可持续性发展的最终目的。

草地生态系统的各种功能具有高度的全局性和系统性，就理论上而言，三者之间具有高度的一致性，然而，在现实当中，人们却往往将各要素尤其是生态功能和生产功能相互分离，只注重后者而忽略前者。

表 7-2　　　　　　对草地作用的认知结果（N=283）　　　　　（单位:%）

		保护环境	提供生产生活资料	民族文化的基础	都重要	说不好
性别	男	17.1	56.4	19.3	4.3	2.9
	女	21.4	56.3	15.2	7.1	—
居住地	斯布村	31.0	50.0	13.8	1.7	3.4
	甲多村	15.5	58.2	18.6	6.7	1.0
文化程度	文盲	19.5	57.7	15.4	7.3	—
	小学	20.2	53.2	19.3	3.7	3.7
	初中	10.0	65.0	20.0	5.0	—

从田野调查的结果来看，超过半数的被访者认为草地最主要的功能是提供草畜产品，作为衣食的来源而存在，这部分人在被访者中达到了

---

① 曹建军：《青藏高原地区草地管理利用研究》，兰州大学出版社 2010 年版，第 3 页。
② 刘兴元等：《青藏高原高寒草地生态系统服务功能的互作机制》，《生态学报》2012 年第 24 期。

56.3%，认为草地是民族文化存在和发展基础的被访者占17.5%，认为保护环境是其最主要功能的被访者占19.0%，仅有5.6%的被访者认为草地的这三种功能的重要性是一致的，不应该将其孤立看待。此外，还有一小部分人（1.6%）对草地功能并没有太多的思考，因而他们也说不清楚应该从哪个角度对草地的功能进行归类。

女性被访者中认为草地的生态功能应当最重要的人口比例占21.4%，高于男性被访者中持该观点的人口比例（17.1%），而且女性被访者对三种功能一致性的认识（7.1%）也要高于男性（4.3%）。从统计结果中我们还可以看到，这种由性别不同而产生的认知结果差异并不大，无论男女，大多数人都认为草地最主要的作用就是为人们提供生产和生活所需要的各种基本资料，其经济价值是最主要的。另外，居住在斯布村的被访者认为草地生态功能最重要的人口比例比甲多村多了整整一倍，认为三者同样重要的人口比例则是甲多村高于斯布村。甲多村的地理位置较斯布村更为偏僻，与外界的交往相对来说也更少一些，生活在斯布村的居民外出打工、与外界接触的机会更多，社会的开放性更强，因此他们对草地的依赖性也相对要小一些，故而斯布村认为草地提供生产、生活资料的功能最重要的人口比例相对较低，斯布村为50%，甲多村为58.2%。

需要，是人的社会行为的主要归因，人们的需要极大地刺激了人类的进化和人类文明的进步，"需要是个体和人类社会发展与进化的最根本和最原始的内驱力"。[①] 同样的，被访者需要动机的差异也影响着他们对草地功能的认识。

人的需要会随着人所处的具体情境的不同而产生差异，在不同的阶段、不同的社会环境下，人的需要是不同的。美国社会心理学家马斯洛将人的需要划分为生理的需要、安全的需要（也称归属与爱的需要）、社交的需要、尊重的需要以及自我实现的需要五个层次。在这五个层次当中，生理的需要是最基本、最原始的需要，同时也是最强烈的，如人们对食物、水、氧气、睡眠等的需要，这是其生存的最低保证，如果得不到满足，那么人就会有生命的危险，民族将无法延续，更不用提创造和传承民族文化。为了满足生理的需要，人们采用不同的方式从自然界获取食物、水源等各种资源，并利用获取的资源使自己过上更好的生活。这也解释了

[①] 李静：《民族心理学教程》，民族出版社2006年版，第408页。

为什么多数被访者会将提供草畜产品、提供生产生活资料作为草地的最主要的作用。与任何人一样，生活在青藏高原上的藏族群众首先要生存，而高原的自然条件则决定了他们需要利用草地作为最主要的生产和生活资料来源，通过放牧牲畜，将草地资源转化为可以被人们直接利用的各种草畜产品。

安全的需要反映了人们希望免于灾难，能够使未来得到保障。近年来的生态系统恶化使青藏高原上的人们逐渐意识到生态保护的重要性，伴随着各种媒介的宣传和自身的亲身体验，牧民们也逐渐意识到草地生态系统在整个生态保护中的价值，所以也有部分被访者认为保护环境和生态系统的平衡是草地最主要的功能。

社交需要中一个重要的方面就是归属感。人是社会性的动物，任何个体都有希望有所归属、成为某一团体一员的心理，这个团体可以是基于民族、地域、职业、宗教信仰、收入等各种因素而划分的。藏族在历史进程中所创造和发展起来的丰富文化是其重要的特点之一。这种文化的形成与其长期以来的高原放牧生活是紧密联系的，围绕草地和放牧，藏族群众发展起一系列特定的观念、风俗、习惯和生活方式等丰富的文化因素，因此，我们可以将草地作为其文化形成和发展的一个重要基础。在满足了生理和安全的需要之后，人们开始追求社交的需要，共同的文化形成了藏族群众强力的民族归属感，草地在其中发挥的作用则不容小觑。

相比而言，认为草地是作为民族文化的基础和保护生态平衡的重要屏障而存在的人口比例要远低于认为草地是为人们提供生产生活资料的人口比例，其中前者的比例最低，这和人们的需要层次的发展变化有很大的关系，只有在满足了生理的需要之后，人们才会追求更高层次的需要。

（三）对草地质量变化的认知

西藏天然草场的产草量较低，但是牧草的营养含量较高，大面积的草场资源，为西藏发展畜牧业生产提供了丰富的物质基础。由于全球气候变化，青藏高原的高寒气候特征和自然灾害等自然原因，以及人类不合理的生产生活行为等人为因素的共同作用下，青藏高原草场面临逐年退化、面积缩小、草场质量下降、毒草害草数量增加的趋势，导致草地生态环境恶化、牧草产量和品质降低、草地的可利用性能降低，甚至最终失去利用的价值。这也正是促使人们正视人地关系、保护生态环境的重要原因。

有科研人员以遥感技术对1986年至2010年的青藏高原高寒生态系统植被退化的时空变化进行了研究，研究结果显示，自1986年以来，部分地区的草场出现了不同程度的退化。"草地退化由东南向西北逐渐减弱。在三个时期中，高原草地以轻度和中度退化为主，重度退化面积所占比重很小。草地退化面积比例由1986年至1990年的44.43%增加到2001年至2010年的49.05%，轻度退化草地面积逐渐增加，中度退化面积呈现微弱的先增加后减少趋势，重度退化草地比例增加，特别是2000年以后，重度退化面积比例显著增加。"[1] 该研究认为，这25年间草场退化面积的增加并不多，但是草场重度退化的面积明显增加，因此，近年来青藏高原草场退化的程度是越来越严重的。

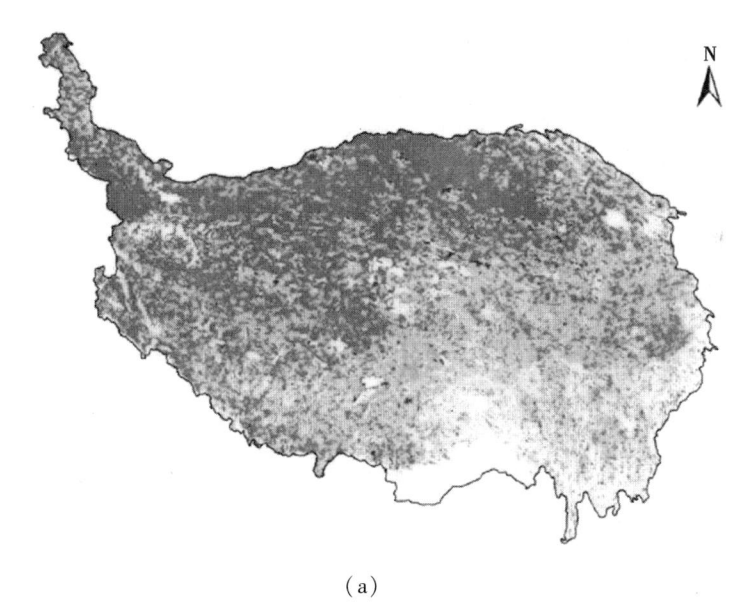

(a)

图7-1 青藏高原

1986—1990（a）、1991—2000（b）和2001—2010（c）年草地植被退化等级空间分布[2]

---

[1] 于惠：《青藏高原草地变化及其对气候的响应》，博士学位论文，兰州大学，2013年。
[2] 同上。

(b)

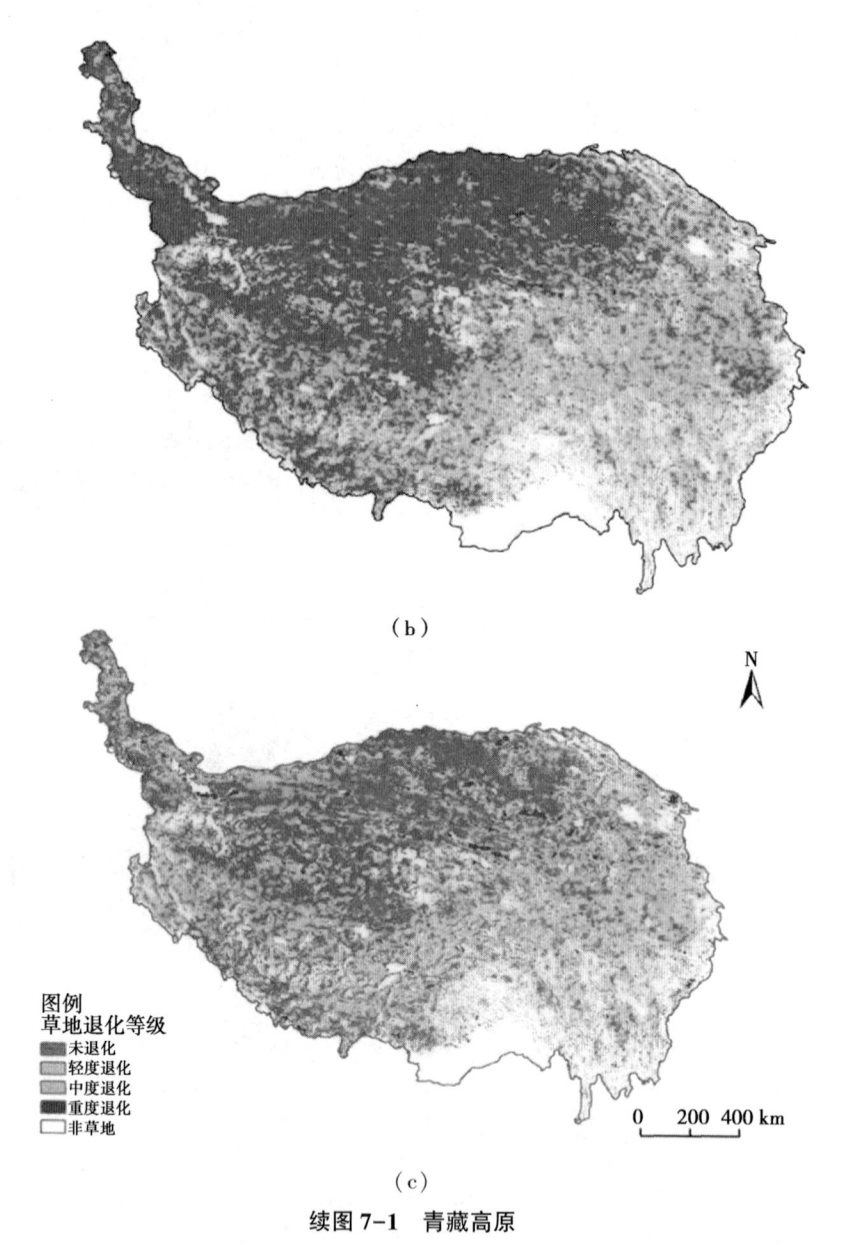

(c)

图例
草地退化等级
■ 未退化
■ 轻度退化
■ 中度退化
■ 重度退化
□ 非草地

续图 7-1 青藏高原
1986—1990（a）、1991—2000（b）和 2001—2010（c）年草地植被退化等级空间分布①

在调查中我们发现，当地的大多数牧民都认为当地的草场质量不如从

---

① 于惠：《青藏高原草地变化及其对气候的响应》，博士学位论文，兰州大学，2013 年。

前，如图7-2所示，认为草场质量越来越差的被访者比例占到了60.3%，30.6%的被访者认为草场并没有明显的变化，仅7.9%的被访者认为草场质量是在向好的方向发展。

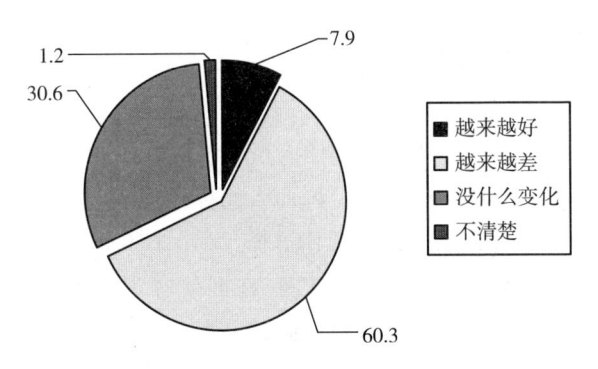

图7-2 被访者对草场质量变化的认知结果（N=280）（单位：%）

草场质量的变化因为地区的差异而有所不同。在墨竹工卡县斯布村，当地海拔较甲多村稍低一些，平均约为4350米，自然条件相对较好，降水量也比较丰富，因而草场的生长条件更好一些，草场质量的变化不甚明显。而在甲多村，当地近几年的降水量较往年减少很多，据当地人介绍，尤其是春季的降水量减少得最为明显，雨季来临的时间较往年推迟，而此时正值牧草返青的重要时节，由于降水得不到保证，牧草的生长也就得不到保证，部分草场的牧草较往年更为稀疏，而植株的个头也较往年小了很多，杂草、毒草的数量逐年增加。

表7-3　不同地区被访者对草场质量变化的认知结果（N=280）　（单位：%）

	越来越好	越来越差	没什么变化	不清楚
斯布村	16.1	25.0	58.9	—
甲多村	5.2	71.1	22.2	1.5

这种变化的情况我们也可以从被访者的感受当中得到证实。在斯布村，认为草地质量变差的人约占其总数的1/4，更多的人认为当地的草场质量并没有发生什么明显的变化，相当一部分人甚至认为草场的质量在向好的方向发展。在甲多村，情况则截然不同，认为草场质量越来越差的人占到了71.1%，觉得草场质量变好的人则只有5.2%。斯布村的自然环境优于甲多村，因而草场质量的变化并不明显，而在甲多村，近年来降水量

明显减少，再加上频繁的人类活动，草场退化现象比较严重，人们的感受也更加明显。

（四）对草地退化的归因

归因是指"人们对他们或自己的所作所为进行的分析，指出其性质或推论其原因的过程，也就是把他人的行为或自己的行为原因加以解释和推测"①，"是人们用来解释自身和他人行为的过程"。② "归因理论认为寻求理解是人类的一种基本的需要，因而人们都自觉或不自觉地去探寻行为的原因，并根据行为的原因去理解和解释行为，这种理解和解释在决定人们对行为的反应上发挥着重要作用。"③ 在面对客观现象时，人们也会去探求导致某一结果的原因，根据对原因的分析采取相应的对策和行为，这也是人们在改造自然、寻求社会发展过程中十分常见的现象。

科研工作者在分析草场退化原因的时候，通常将其归结为自然因素、人为因素、草地管理和野生动物等方面，如青藏高原自身生态环境脆弱性引起的严酷的自然条件、频发的自然灾害等，气候的变化也是导致草场退化的重要原因；人为因素中主要包括过度放牧、过度开垦、滥樵乱挖以及地方经济发展中的生产建设和旅游开发等；草地管理方面包括草地管理制度、草地畜牧利用制度、政府投入不足等因素的影响；野生动物中的植食性小型哺乳动物，如高原鼠兔和高原鼢鼠对草地的破坏，还有些学者认为近年来高原野生动物保护力度加大后，藏野驴、野牦牛、藏原羚等大中型野生食草动物的增加，也对草地环境造成了负面的影响。④

在斯布村和甲多村的调研中，我们发现被访者更多将草地退化归结于自然条件变坏和人为破坏两方面。其中前者主要包括降水量减少、雨季推迟、自然灾害等方面，尤其是降水量减少，是牧民们普遍接受的原因；开

---

① 时蓉华：《社会心理学》，浙江教育出版社1998年版，第282页。
② ［美］托马斯·吉洛维奇等：《吉洛维奇社会心理学》，周晓虹等译，人民大学出版社2009年版，第222页。
③ 叶浩生主编：《心理学理论精粹》，福建教育出版社2000年版，第86页。
④ 参见赵好信《西藏草地退化现状、成因及改良对策》，《西藏科技》2007年第2期；李志昆《青海省高原草地生态系统退化的成因分析》，《养殖与饲料》2008年第5期；范远江《西藏草场退化的解决途径》，《黑龙江民族丛刊》2008年第2期；邵伟、蔡晓布《西藏高原草地退化及其成因分析》，《中国水土保持科学》2008年第1期；陈爱东、代卫川《经济学视角下西藏草地退化的成因探讨》，《经济与管理》2011年第5期。

矿对草山和水源的破坏、机动车碾压等人为原因造成的破坏也占很大一部分；认为是过度放牧造成草场退化的人口比例只占被访者的4.8%，有当地牧民表示，自家的牲口数量并不多。

>草的质量主要取决于下雨多不多，在2002年到2005年，这几年春旱有点厉害，雨水少，草开始发芽的时候就缺水，草的质量就差，今年的雨水也比较少，来得晚，草长得不好。要是下雨早的话就还是没问题。最近几年的雨水还可以。草刚长起来的时候就下，4月底左右，那是最好，但是现在要五六月份才下雨，草受到的影响比较大。(CRDJ，男，47岁，甲多村三组，牧民)

>草场的质量一直差不多，牛羊的质量也一直差不多。今年的草不行了，最主要的是因为下雨少了，草比以前矮了，但是草还是够（牲畜）吃呢，就是按照现在的草场，村里就算再多养一倍的牲口也没有问题。(QNBZ，男，67岁，甲多村八组，牧民)

以上这段话出自甲多村的一位老牧民，传统的经验告诉他，当地的牲畜数量并不算多，即使将养殖规模扩大一倍，也不会有问题。但是根据科研机构的分析，当地的草场实际载畜量已经远超过了理论载畜量，因此，这位牧民所做的归因和判断是存在偏差的。其着眼点是自身的放牧经验和在日常生活中的观察，而科研机构的着眼点则是科学测量和计算，尤其是在控制合理的载畜量这件事情上，更需要精确地测算；此外，这位牧民在归因过程中涉及了自身的利益，如果承认放牧导致草地退化，草场质量降低，将与其坚持的反对控制载畜量相悖，这种心理使他在作为认知者在归因过程中出现了偏差，因此，这里的科学研究比肉眼观察具有更高的可靠性。

另外，如果按照居住地、性别、教育程度三个因素将被访者进行划分，得出的统计结果的趋势与整体的趋势基本相同，我们也能够从表7-4中看出其他的一些情况。

a. 不同地区的被访者对草地退化原因的归纳基本一致，但是甲多村的被访者更倾向于将草地退化的原因归结为自然条件恶化，甲多村有接近50%的被访者持这种观点，斯布村则略低，有44.6%。

b. 52.1%的男性被访者更倾向于将草地退化的原因归结为自然条件的

变化，尤其是降水量减少，女性人口比例相对较低，为43.8%；男、女性中认为过度放牧是首要原因的人口比例虽然都较低，但是女性的人口比例远高于男性。

c. 文化程度越高，认为过度放牧造成草地退化的人口比例也越高，认为人为破坏因素最重要的人口比例随着文化程度的升高而下降，选择"自然条件变坏"这一项的人口比例则是"初中>文盲>小学"，分别为55%、50.4%和45%。

如果按照被访者在分析原因过程中所站角度的不同进行归类，可以将他们的答案分为外部归因和内部归因两种，外部归因是指在分析原因时倾向于将其归结为客观存在的外部因素，如牧民们所选择的"自然条件变坏"，内部归因则是指被访者从人的主观行为进行的分析，如答案中的"牲口太多"和"人为破坏"，这均是在人的主观意识的支配下进行的活动。可见在面对草场退化这一现象时，牧民们更多的是将其归结为外在的自然因素，而忽略了对自身行为的检讨，科学研究已经证明，包括过度放牧在内的人类活动对青藏高原草场退化有着重要的影响。

表7-4　　　　　　被访者对草场退化的归因结果（N=278）　　　（单位:%）

		牲口太多	人为破坏	自然条件变坏	不知道	其他
居住地	斯布村	5.4	37.5	44.6	8.9	3.6
	甲多村	4.6	40.2	49.5	4.6	1.0
性别	男	2.1	40.7	52.1	3.6	1.4
	女	8.0	38.4	43.8	8.0	1.8
文化程度	文盲	4.1	42.3	50.4	3.3	—
	小学	6.4	39.4	45.0	7.3	1.8
	初中	10.0	25.0	55.0	—	10.0

牧民的这种归因特点，不利于认清引起草场退化的真实原因，这也是影响牧民参与草场保护措施与行动的积极性的一个重要因素。历史上的西藏，人口稀少，人类的经济生产活动和社会生活对自然环境造成的影响很小，草原生态受到的人类干预程度很低，因此草场生态系统相对较好，保持了原有的稳定性和完整性。但是青藏高原本省脆弱的草原生态环境和恶劣的自然条件相结合，形成了引起草地退化的外在动力条件，草场在主观

上就容易产生退化现象，而人类日益增强的活动，不断干预自然生态系统，这也是草地退化发生、发展的关键。

二 社区居民对草地管理的心理认知

作为最终执行人，藏族牧民对草地管理政策的心理体验是直观而深刻的。这些草地管理措施在其传统的放牧过程中大多是不存在的，所以在执行的过程中牧民需要经历一个新的认知过程，通过采集和综合加工这一过程所带来的社会刺激，牧民的内心世界最终形成对草地管理措施的心理体验，其中包括社会知觉、归因评价和社会态度三个主要的方面。

(一) 对草地家庭承包制度的了解程度

中华人民共和国成立之后，西藏的草地经营权所有制先后经历了合作社、人民公社以及"三级所有，队为基础"的实践，最终，家庭草场承包责任制成为现阶段最终的正式制度安排。自党的十一届三中全会以后，西藏就开始探索草场承包经营的有效形式。1985年，西藏开始推行草场承包试点工作，但是只将草场划分到乡村一级，并没有真正将经营权落实到牧民手中。至2002年，开始推行草场家庭承包责任制，2005年开始在全区范围内推广。

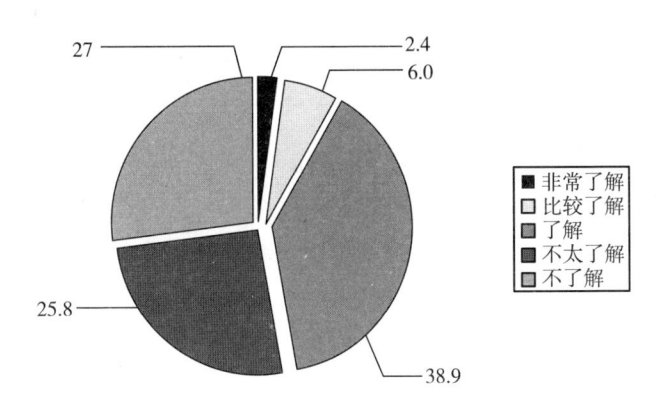

图7-3 对草地家庭承包经营的了解程度 (N=281) (单位: %)

"对牧区草场实行家庭承包责任制度，这是西藏和平解放之后西藏经济发展过程中为数不多的一次自下而上的需求诱致型制度变迁。……随着牧区改革的深入推进，草场承包经营责任制的逐步完善，'草场公有、承包到户、自主经营、长期不变'与'牲畜归户、私有私养、自主经营、长期不变'一起，构成了西藏牧区的基本政策，牧区的'两个长期不变'政策是牧区工作的基石。"[1]

从 2005 年算起，至 2012 年斯布村和甲多村的草场承包已经实行了 7 年，但是从我们的调查情况来看，当地牧民对草场承包的了解程度并不深刻，对很多普通牧民来说，草场承包只是文件上、政策里的陌生事物，与自身的日常生产生活并没有太多的联系。根据调查结果来看，两地对草地家庭承包责任制表示了解的被访者占全部被访者的 35.4%，其中表示"非常了解"的被访者占 2.4%，"了解"的占 6%，"比较了解"的占 27%，38.9%的被访者了解程度一般，其中一些表示"只知道有这个事情，不清楚具体情况"，"不了解"的占 25.8%。

表 7-5　　不同群体对草地家庭承包经营的了解程度（N=289）　　（单位:%）

		非常了解	了解	比较了解	一般	不了解
性别	男	2.9	5.0	30.7	34.3	27.1
	女	1.8	7.1	22.3	44.6	24.1
文化程度	文盲	2.4	4.9	32.5	31.7	28.5
	小学	1.8	5.5	21.1	46.8	24.8
	初中	5.0	15.0	25.0	40.0	15.0
居住地	斯布村	3.4	5.2	29.3	41.4	20.7
	甲多村	2.1	6.2	26.3	38.1	27.3

不同群体对草地家庭承包经营的了解程度也有所差异，但也有共性：其中无论哪个群体，选择"一般"的人口比例都是最高的，大多数人都停留在一个初步的认知结果，政府职能部门对其有所宣传，但是在实际操作过程当中牧民并没有深刻的认识。男性群体对草地家庭承包经营表示了解的人口比例占 38.6%，其中"非常了解"占 2.9%，"了解"占 5%，"比较了解"占 30.7%，而"一般"占 34.3%，"不了解"占 27.1%；女性中表示了解的人口比例相对较低，占 31.2%，但"不了解"的人口比例也较低，为 24.1%。不同文化程度之间，表示了解的人口比例呈现出

---

[1] 范远江：《西藏草场产权制度变迁研究》，四川大学出版社 2009 年版，第 57 页。

一种逐渐上升的趋势，不了解的人口比例则在逐渐下降，但了解程度主要仍集中在"一般"。不同地区之间，甲多村"不了解"的人口比例明显高于斯布村，其他选项统计结果的差异性则相对较小。

2012 年 7 月我们在斯布村进行调查的时候，适逢当地对牧民的耕地和草场重新登记并换发承包证，这个过程当中并没有牧民的直接参与，其实际执行者为村干部以及驻村工作组的成员。牧民需要做的仅仅是等待领取新的"承包证"。甲多村每家每户也都有《草原承包经营权证》，发证日期是 2005 年 8 月，"承包证"对每户的人口、劳动力、从事牧业的人口数以及草场总面积、可利用面积、冬春草场和夏秋草场的面积、草场的位置都作了详细的登记。对普通的牧民来说，这一"承包证"在日常生产生活中并没有太多的实际意义，他们在放牧的过程中仍旧是遵循长久以来的习惯，草场实行共有，因此也导致他们对草地承包并没有太多的了解，对很多人而言，这个概念也是陌生的。

在调查中我们发现，两地的草地家庭承保责任制更多的是一种自上而下的、由政府部门主导的行政措施，仍较多地停留在政策层面，牧民对这一政策的了解情况和参与程度仍然较低。牧民直接与草地打交道，他们的行为直接影响草地管理模式的推行，因此，在草地管理中，他们应该作为主体而存在，但就草地承包政策的执行情况来看，其主体地位和作用并未得到体现。

"家庭草场承包责任制这种制度安排，实践已经证明是很成功的，但这种制度本身还存在不少缺陷，而且这些制度缺陷主要源于外部因素对制度创新的侵蚀，具体表现为：一是牧户对承包的草场期限长短预期不足，从而影响了有效的草场投入和积累机制的形成；二是在收入、预期、风险目标的制约下，无法在更大范围实现草场资源的流转和合理配置；三是产权虽然是明晰的，但从牧户的角度而言产权却又是残缺的，从而影响了这种制度安排的绩效；四是草场按人均分配，细化了草场的经营，影响了规模经营效益。"[①]

（二）对草地承包方式的选择倾向

牧民经营草场的方式通常包括以下几种：其一，牧民以家庭为单位，

[①] 范远江：《西藏草场产权制度变迁研究》，四川大学出版社 2009 年版，第 57 页。

每个家庭独立放牧；其二，若干家庭以血缘关系、亲缘关系或地缘关系为纽带联合起来，合作放牧；其三，以自然村为单位，集体放牧，由于这种方式在执行中容易导致分工不明，所以目前在实践中已经逐渐被淘汰。

表 7-6　　　　不同群体对草地承包方式的接受程度（N=283）　　　（单位：%）

		性别		文化程度			居住地		合计
		男	女	文盲	小学	初中	斯布村	甲多村	
全村承包	非常接受	—	—	—	—	—	—	—	—
	比较接受	12.9	12.5	14.6	11.9	5.0	19.0	10.8	12.7
	一般	30.7	25.9	25.2	28.4	50.0	41.4	24.7	28.6
	不太接受	47.9	37.5	45.5	42.2	35.0	27.6	47.9	43.3
	很不接受	8.6	24.1	14.6	17.4	10.0	12.1	16.5	15.5
联户承包	非常接受	10.7	8.0	10.6	6.4	20.0	6.9	10.3	9.5
	比较接受	52.1	53.6	52.8	51.4	60.0	48.3	54.1	52.8
	一般	27.9	20.5	26.0	26.6	5.0	32.8	22.2	24.6
	不太接受	7.9	15.2	8.1	13.8	15.0	10.3	11.3	11.1
	很不接受	1.4	2.7	2.4	1.8	—	1.7	2.1	2.0
单户承包	非常接受	2.1	0.9	1.6	0.9	5.0	—	2.1	1.6
	比较接受	6.4	9.8	8.1	7.3	10.0	12.1	6.7	7.9
	一般	24.3	25.0	23.6	26.6	20.0	39.7	20.1	24.6
	不太接受	45.0	47.3	48.0	47.7	25.0	36.2	49.0	46.0
	很不接受	22.1	17.0	18.7	17.4	40.0	12.1	22.2	19.8

就牧民的接受程度而言，他们对联户承包的接受程度是最高的，有62.3%的被访者对此持积极接受的态度，表示"不太接受"和"很不接受"的人口比例分别为11.1%和2%，接受"全村承包"或者"单户承包"的人口比例分别只有12.7%和9.5%，不接受的比例高达58.8%和65.8%。

牧民心理上的选择倾向在现实生活中得到了清晰的反映：斯布村的村民在放牧的时候都以若干家庭进行联合，共同使用草场进行放牧；甲多村的村民在草场承包之初有部分家庭尝试着用铁丝围栏将自家的草场围起来，但是很快发现这种方式存在弊病，用水和草场质量不一就是其中的重要原因，而且，当地人认为围栏之后，当地的人际关系也受到了负面的影响，人与人之间逐渐疏远，家庭间的矛盾增多，所以，人们很快放弃这种放牧方式，重新回到从前的草场共用、不同家庭间进行合作的模式。当地的这种放牧模式是牧民在长期的实践中逐渐摸索出的，被牧民广泛接受和认可的一种高效的模式，可以减少所需的劳动力，提高效率。

实施草场家庭承包经营就是为了明确草场使用权和保护权，实现责任和权利的统一，从而充分调动牧民作为草场承包者的积极性，使之愿意投入草场的投资与管理当中，把放牧和草场管理视为经营一项可供自己支配的重要资本，只有当这一资本的运作形成可持续发展的良性循环之后，牧民的各种经济利益和社会收益才能够得到真正的、可持续的保障。因此，在实行草地承包经营的时候，调动承包者的积极性是一个重要的方面。现实情况中，牧民个体的差异性导致了其对草地承包方式的选择出现不同的倾向，联户承包成为大多数牧民的普遍选择，其次是全村一起承包，单户承包则是最不受欢迎的选择。然而，从目前的实际情况来看，单户承包确实有其推行的必要性，在草场承包到户之后，无论是从明确产权的角度，还是为生态补偿政策的执行，又或者是草原生态保护责任的落实，都获得了顺利进行的必要条件。由于不同地区具体情况有别，同时也由于藏族群众的心理差异，牧民在选择承包方式的时候会有不同的考虑和倾向，这样的现实情况要求在制定和执行草场承包方式的时候，必须从实际情况出发，坚持实事求是的原则，因地制宜地推进草场承包，"在实行单户经营模式，明确草场使用主体的基础上，采取灵活多样的承包形式，进一步深化和完善草场承包责任制，从体制上解决牧业发展的瓶颈问题，理顺草场产权关系"。[1]

斯布村和甲多村的草场，在家庭承包的基础上，形成了广泛存在的联户经营模式，这种模式既解决了草场使用主体的问题，使草场的使用和保护实现了统一，也解决了单户承包之后，草场数量有限、牲畜越界、生产效率低下、生产经营中牧户间的矛盾等问题，更重要的是，联户放牧的经营方式更加符合藏族历史上长期以来形成的放牧习惯。

由于地理环境、文化传统和历史等原因，藏族的部落制度历史漫长，而且很牢固，逐渐发展为部落联盟的形态，至今仍有一定的存在。藏族历史上的放牧活动往往以氏族、部落为单位，现实社会的行政区域

---

[1] 赵好信：《西藏草地退化现状、成因及改良对策》，《西藏科技》2007年第2期。

划分虽然在一定程度上打破了这种部落的色彩，但是我们仍能在其中发现部落的痕迹。私有制产生之后的藏族游牧经济生活，可谓私有与公共并存：牲畜、生产工具、畜产品等均为私有，赖以放牧的自然资源，草场、河流、森林等却是公有。草场公有使牧民解决了生产生活与严酷的自然环境之间的矛盾，"大自然铁的法则使人们只能采取草场等资源公有制的形式来维持共同生存，求得共同发展。而这些资源只能由部落统一管理、计划使用"。① 共同的集体放牧使藏族的不同氏族、部落和部落联盟形成了更强的力量，抵御恶劣的自然环境带来的危机，抵御来自其他部族的侵袭。经过漫长的历史发展之后，这种放牧的形式已经在藏族群众心中成为一种习以为常的、很容易被接受的事情，成为其民族心理特征中的重要内容之一，对藏族认知客观世界也产生了深远的影响。当前斯布村和甲多村的联户放牧形式，体现着藏族传统放牧模式的特征，这也是畜牧业生产顺应民族心理发展特征的表现，村民通过自发地选择形成了与传统游牧生活接近的形式，同时也是能够提高生产效率、明确草场保护责任的形式。因此，对草场承包制度的选择，同样应当以顺应民族心理特征和民族文化的发展作为依据之一，从而使之更容易被承包者接纳，更容易产生经济与生态效益。

（三）对控制出栏率的认知

控制出栏率是现行的草地管理措施当中除草地承包之外比较重要的一个方面，牧民对这些措施有着不同的认知结果和心理体验。就总体情况而言，绝大多数牧民都对这些措施和政策持肯定和认可的态度，认为国家政策的制定有其合理性，会保障牧民的权益。由于这些管理措施中有相当一部分和长期以来的放牧习惯背道而驰，所以有不少牧民对此表示担忧，尤其是对未来生活稳定性的担忧，并因此表现出一定的排斥心理。

谭淑豪等人通过对环青海湖地区藏族草地治理技术的推广和牧民关系的研究发现，牧民对利益最大化的追求会随着文化程度的提高而提高，他们倾向于少禁牧、休牧与轮牧，多种植人工牧草、粮食和经济作物。随着经济收入的增加，牧民对草原生态保护的关注程度也逐渐提高，在对比了

---

① 格桑本、尕藏才旦：《青藏高原游牧文化》，甘肃民族出版社2000年版，第69页。

甘肃、内蒙古、新疆等地牧民的情况之后，该研究发现藏族牧民相比其他民族的牧民更不喜欢国家实施的禁牧政策。[①] 根据我们在斯布村和甲多村的调查，当地牧民对禁牧政策同样持广泛的抵触态度，认为禁牧会影响藏族赖以生存的生活来源，影响生活水平的提高。

表 7-7　　　　　对控制出栏率的心理体验（N=289）　　　　　（单位:%）

	性别		文化程度			居住地		合计
	男	女	文盲	小学	初中	斯布村	甲多村	
非常介意	20.7	24.1	22.8	21.1	25.0	22.4	22.2	22.2
有点介意	65.7	68.8	68.3	64.2	75.0	62.1	68.6	67.1
不介意	13.6	7.1	8.9	14.7	—	15.5	9.3	10.7

控制出栏率是西藏禁牧政策的一个重要方面，其目的是通过人为减少牲畜的数量，使牲畜与草原之间达到平衡的状态，使载畜量控制在可以使草原生态环境实现可持续发展目标的范围之内。2011年西藏自治区出台《西藏自治区"十二五"时期农牧业发展规划》，根据该规划的目标，在"十二五"期间，西藏需要在整体上控制牲畜存栏总量在 2100 万头（只/匹）左右，牲畜出栏率则要达到 32% 以上[②]。根据斯布村和甲多村的村长等人介绍，2011 年两地的牲畜出栏率均在 10% 左右，这和"规划"所提出的总体目标仍相去甚远。在调查过程中，我们普遍感受到牧民对控制出栏率的担忧，近 90% 的被访者表示自己介意政府控制出栏率，其中 22.2% 的被访者"非常介意"。在牧民传统的放牧方式下，牲畜出栏率往往较低，民主改革前西藏主要牲畜的出栏率不足 10%[③]，较低的出栏率与其畜牧业商品化程度较低有关。

根据统计结果的显示，斯布村不喜欢控制出栏率的人口比例较甲多村略低，这与斯布村的种植业生产有一定的关系。斯布村的自然环境能够满足种植粮食和经济作物的需要，使村民能够获得额外的经济收入，因此不需要完全依赖于畜牧业。甲多村则无法开展大规模的农耕生产，因为实践

---

① 谭淑豪、王济民等:《公共资源可持续利用的微观影响因素分析》,《自然资源学报》2008 年第 2 期。

② 中央政府门户网站：http://www.gov.cn/gzdt/2011-11/27/content_2004383.htm。

③ 《西藏经济发展报告》,《光明日报》2009 年 4 月 3 日。

的经验使牧民意识到虽然通过种植业生产可以在短期内增加收入，但这必须以草场退化为代价，不但增加了种植业生产的成本，而且会对占牧民生计来源更大比重的畜牧业造成负面影响，对牧民来说，这成为一种得不偿失的选择。

长期以来，牧民能够通过放牧满足自己的生活，自给率很高，牲畜则构成了其生活资料的主要来源，表面看来，"拥有更多的牲畜"能够使生活来源的保障更为可靠，这就自然而然地成为牧民心中普遍存在的一种愿望，要求其提高出栏率则与此正好相反，于是牧民接受这种措施的难度加大。由于传统的方式被改变，而在生活中牧民又没能找到更多的经济收入和生产生活资料来源，因此牧民对此表示担忧，希望能够自己决定出栏率的多少，同时，牧民也普遍相信"政府不会不管我们"，希望国家和政府提供更多的生活保障。

藏族牧民多保持着对藏传佛教的虔诚信仰，这就使他们尽量减少宰杀或贩卖牲畜，而且在长期的放牧过程中，人们形成了对牲畜的深厚感情，牲畜往往被认为是家庭的一分子，在调查中我们仍能够发现人畜同院、同屋的情况，一些身体孱弱的幼畜会被主人养在屋中。这就导致其在感情上不愿意宰杀或贩卖牲畜。此外，牲畜是藏族群众主要的财富表现。调查中我们发现，当地藏族没有什么现金储蓄的概念，自给自足的产品经济方式仍占据重要的地位。在这种前提下，牲畜和粮食成为其首要的储蓄方式，在甲多村我们就见到几户人家中储存着几千斤的粮食。"在自然经济和自给自足的传统藏族社会里，牲畜不仅是最耀眼的财富，同时也被认为是最有效的储蓄和最理想的保值、升值产品。"[①] 牧民也因此愿意保留更多的牲畜。

以控制牲畜数量、禁牧、休牧等为主要措施的草地保护过程，在执行过程中的政府导向性特征使执行的难度加大。因为从制定政策到负责实施，起主导作用的是与草地管理相关的政府部门，牧民只是被动地接受这些政策，积极性没有被有效地调动。虽然近年来随着生态补偿政策的实施，牧民的积极性有所提高，但作为草地使用和保护的真正主体，牧民的参与度并不高。

（四）对围栏建设的认知

畜牧业中的围栏建设主要包括两种情况：一是在草场家庭承包经营之

[①] 罗绒占堆：《藏族地区"惜杀惜售"问题的研究》，《西南民族大学学报》2009年第11期。

后，为了进一步明确牧户之间草场界线，便于管理等目的进行的在不同牧户的草场之间建设围栏，以达到划界的目的；二是在特定的区域内进行围栏封育，通过禁止在其中放牧达到使草场恢复的目的。对于前者，斯布村和甲多村的牧民中绝大多数都表达了反对的意见，对于后者，牧民则表现出不同的支持态度①。

牧民对第一种围栏建设所作的评价普遍偏低。在预设的五个评价等级中，最高等级"很好"无人选择，认为"比较好"的被访者也仅占全部被访者的4.8%，认为不好的被访者占69.5%，其中28.2%认为"很不好"，还有41.3%认为"不太好"，另有25.8%的被访者认为这种做法"一般"。不同群体之间，其态度的一致性也非常明显，这主要源于其相似的生活环境、生活方式和文化背景。人们"对这个世界的所有解释都建立在人们以前有关它的各种经验储备基础之上"②，相似的生存背景使其在认知客观世界的时候具备了相似的"经验储备"，即人们在认知客观世界的时候所具备的参照图式是相似的，因此其所得出的结论会具有一定程度的相似性。

表7-8　　　　　　　　对围栏建设的评价（N=279）　　　　　　（单位:%）

	性别		文化程度			居住地		合计
	男	女	文盲	小学	初中	斯布村	甲多村	
很好	—	—	—	—	—	—	—	—
比较好	4.3	5.4	4.1	4.6	10	3.4	5.2	4.8
一般	25.7	25.9	22.8	28.4	30	12.1	29.9	25.8
不太好	39.3	43.8	46.3	37.6	30	48.3	39.2	41.3
很不好	30.7	25	26.8	29.4	30	36.2	25.8	28.2

对围栏建设的负面评价带来的直接后果就是在日常放牧中人们普遍放弃围栏的做法，在他们看来，围栏并没有什么好处，反而会造成一些社会问题。

> 围栏不好，有的地方草不多，牛吃草不方便，要围就大家都围在一起。（DZQB，男，72岁，斯布村，牧民）

---

① 为了便于表达，文中将前者简称为"围栏"，将后者称为"围栏封育"。
② 舒茨：《社会实在问题》，华夏出版社2001年版，第32—33页。

草地公用的好，以前这里有围栏，但是后来觉得不好，就都拆掉了。（ZX，男，40岁，甲多村，牧民）

围栏不好，牛羊吃草、喝水都不方便，也不自由了，牛羊喜欢到处跑，天天关在里面，牛羊的心情也不会好，就不长了。（BZ，女，58岁，甲多村，牧民）

去年村里有人弄过铁丝网，但是后来村里不让弄，认为铁丝网一围，就把别人的牲口也都挡住了，人和人之间也会有矛盾，这样不好。（DWZX，男，40岁，甲多村，牧民）

那样（指围栏）很难做成，牲口自己感觉也不愿意，不能想去哪儿就去哪儿，心里不舒服，也不会长了，不围的话，它们就可以经常换地方，心里也会舒服。对农区来说，没有多少牲口，围起来好管，我们的牲口多，不好管，那样（围栏）效果肯定不好，牛羊的大小、质量都会变差，不管卖还是自己吃都会不好，人也会不团结，会有矛盾的。（CRDJ，男，54岁，甲多村，牧民，支书）

大多数人反对围栏建设的原因很简单，其一，草地的质量会有差异，一些地方围起来之后，容易导致牲畜饲草不足；其二，围栏之后限制了牲畜的自由，不利于其成长，进而会影响牧民的收入；其三，人们认为将草场用围栏隔开之后，人们在日常生活中也会产生隔阂，不利于民族内部的团结。斯布村和甲多村的水源相对充沛，除了少数地方之外，多数牧场的牲畜饮水十分便利，所以，水源并不是牧民反对围栏的主要原因，仅在部分牧民中存在。

并不是所有的牧民都反对围栏建设，一些牧民认为围栏之后可以限制他人的牲畜进出，可以保证自家的草场不被他人的牛羊"侵犯"，但是这种围栏并不是单纯地以家庭为单位的围栏，人们更倾向于若干家庭之间合作，即将相邻牧户的草地划分在一起，在对外的边界上建设围栏。

把草地用铁丝围起来最好，围的时候虽然麻烦，但是可以保护草，因为这样其他的牛就进不来。几家的最好围到一起，一个沟里的围到一起。（CR，男，43岁，斯布村，牧民）

我们这个沟里有15家，如果把这15家都围在一起最好，这样人家的牛羊就进不来。每家围的话牛羊多的就不够吃，少的就浪费掉

了。(LBCR,男,45岁,斯布村,牧民)

以前这里弄过围栏,弄了以后牛羊走起来不方便,而且觉得人和人之间好像也生疏了,后来就都又拆掉了。如果把草地围起来其实也好,这样别人的牛羊就吃不到自己家的草了。……几家人一起放牧的时候更好,一起放的话可以到别人的草场吃草。(ZXCR,男,23岁,甲多村三组,牧民)

家里有铁丝网,上面发的,也想把自己家的草地围起来,别的牛羊就进不来了,可我们组的人都不围,自己也不好带头。(QP,男,28岁,甲多村一组,牧民)

从后两则案例中我们可以看出两者面对围栏这一现象时是一种比较矛盾的心理。前者认为围栏确实有不利的一面,但是他又希望能够将自家的草场围起来,同时他又希望能够和别人一起放牧。后者则是希望能够将自己家的草场围起来,但苦于本组的村民无人带头,自己也不愿意成为"出头鸟",所以处在矛盾之中。这种现象在牲畜较多的甲多村村民中比较常见,围栏建设的前提是草地承包到户,这种承包是以家庭人口为基础的,于是牲畜多的牧户就有可能分到较少的草地,出于对牧草来源的担忧,这一部分牧民普遍希望能够共用草地,一些牲畜较少的牧民恰好持与此相反的态度。

围栏封育使禁牧的可能性得到增加。"禁牧的做法只有通过围栏才能实现,它降低了非保护性生产活动的可能性,这可能是因为,围栏可在一定程度上提高草地的生产率以使牧户可以较少地依赖作物生产作为收入来源。围栏对超载也有显著的限制作用,这表明在牧区,围栏是一项环境友好型技术。"[1] 围栏封育成为斯布村和甲多村草地的合理利用和保护的最有效的手段,封育区域内的牧草覆盖度明显高于未封育的地区,牧草产量明显提高,通过封育,植被得到了有效的恢复,牧草的产量明显提高,通过秋季的收割,使牧民获得了冬季牲畜所需的牧草,形成较为充足的供应,即使冬季降雪量过多形成灾害,牧畜存活率也不容易受到影响。鉴于围栏封育的种种优势,斯布村和甲多村的牧民都对其持支持的态度。

---

[1] 谭淑豪、王济民、涂勤、曲福田:《公共资源可持续利用的微观影响因素分析》,《自然资源学报》2008年第2期。

第八章

藏族文化对缓解草地利用风险的贡献

文化可以简单地定义为人类实践的总和。"文化作为人创造的客观事实，对人的作用是双重的。文化为人控制、掌握，就能赋予人自由，对人起肯定作用；文化不为人控制、掌握，亦能造成对人的压抑、破坏，乃至毁灭，对人起否定作用。"[①] 简单而言，前者指产生风险以及诱导风险变迁的文化因素，后者则指的是对风险进行反省、规避的文化因素。[②]

藏族草地开发利用过程中所面临的风险，与社会文化具有很大的关系。历史上的藏族实践受到自然环境的限制，同时由于人们认识和改造自然能力有限，使文化否定性的负面作用并不明显，而且这种负面作用的破坏性后果是局部性的，能够通过自然循环加以恢复和平衡。随着社会发展的加快，影响藏族社会实践的文化已经不局限于藏族文化本身，随着异文化的进入，藏族社会受到多种文化的影响，使得无论是藏族认知和改造自然的能力，还是以此进行的实践以及实践的成果，都远大于从前。取得巨大成果的同时，文化所具有的负面作用和造成的破坏更加明显。藏族开发和利用草地的实践需要面对更多的风险。

当代藏族所面临的风险，主要起因是文化原因（对整个人类世界来说也是如此），所以要解决当代藏族草地开发利用过程中的风险问题，需要从文化的角度入手，解决实践中的二重性问题，尽可能地发挥实践的积极作用。藏族文化中积累有很多预防风险和处理风险的内容，发挥其中自我肯定的作用，是有利于降低藏族草地开发和利用过程中的风险的。值得注意的是，各种社会要素之间的广泛联系使藏族草地利用带来的风险并不仅仅集中在草地利用的领域，它同时存在于生态、经济以及社会等领域，

---

① 邴正：《当代人与文化——人类自我意识和文化批判》，吉林教育出版社1996年版，第25页。

② 刘岩：《风险社会理论新论》，中国社会科学出版社2008年版，第182页。

基于这种考虑，本章在分析藏族文化对草地利用风险的贡献时，根据实际需要，对上述领域均有涉及。

一 藏族草地利用过程中的主要风险

所谓"社会风险"，是指"由社会各个领域中的不确定性因素引发社会动荡、社会冲突、社会损失的一种潜在的可能性关系状态"。[①] 社会风险具有广义和狭义之分。狭义的社会风险指的是单纯的社会领域内的风险，是人类的社会活动引起的风险，与生态、经济、政治等领域的风险相区别。广义上的社会风险则是指在生态、经济、政治以及人类社会活动等不同领域中，由于不确定性因素对社会整体正常运行和发展导致的损害和风险。此处所使用的社会风险的概念是广义上的。

由于实践的二重性特征，任何实践有可能导致风险的产生。西藏草地开发和利用的历史由来已久，在这个长期的历史过程当中，风险时刻存在，藏族群众也以自身实践的经验，积累起对风险的认知。传统藏族草地开发利用过程中的风险与现代社会有所差别，因为无论是当时人们对人类自身、自然环境的认识程度，还是所掌握的改造世界的能力，都有别于现代社会，风险的具体表现形式和发生的根源随社会的发展而处在不断变化的过程中，"原始人为食物不足发愁；农民为天灾人祸发愁，在马克思时代的工人为呼吸不到新鲜空气发愁；现代人为环境污染发愁"。[②]

（一）生态领域的风险

进入现代社会之后，生态领域的风险仍是人们需要面对的一个主要风险，实际上，人类不合理的实践方式都可能会导致生态风险的产生，在农业文明时代，人为风险就已经有所表现。进入农业社会标志着藏族先民的社会生产力已经有了很大的提高，这时人们可以主动地利用和改造自然界。至少从布德贡杰时期开始，藏族先民就已经具备了熔炼金属，制作金属工具，开掘沟渠，从事农耕的能力。这种成规模的集中耕种，为藏族先民提供了更多的粮食和生活资料，很好地解决了由于人地矛盾而导致的生

[①] 刘岩：《风险社会理论新论》，中国社会科学出版社2008年版，第6页。

[②] 邴正：《现代人与文化——人类自我意识和文化批判》，吉林教育出版社1996年版，第22—23页。

存风险，能够维持更多人口的生存需要。不过这一时期的人们仍需要面对很多风险，其中首要的仍莫过于恶劣的自然环境带来的风险。例如对藏族的农业生产而言，由于高原的自然环境更加残酷多变，因而农作物经常会因为自然灾害的原因面临减收、绝收的境遇。

随着藏族进入农业社会阶段，定居式的生活方式开始出现并有所发展，这种定居式的生活方式利用地缘和血缘的关系将人类社会联系起来，在面对自然界的时候，人类具有了某种"规模效应"，从而增强了藏族先民适应自然、应对自然的能力，同时也提高了他们改造自然的能力。但是这并不意味着藏族群众所面对的风险削弱或是消失。藏族先民利用草地的行为，包括开垦耕地、放牧、城镇建设等，在以人类的局部优势改造自然环境的同时，对自然环境造成的改变也增加了人类所要面对的风险，即生态领域的风险。

自然科学的许多研究都已经发现，西藏的生态系统正在逐渐恶化。例如大量的调查研究也已经表明，最近几十年以来，"作为全球变暖敏感区的青藏高原，大部分地区均出现了显著的增温，持续变暖趋势明显，且青藏高原及其相邻地区的地面气候变暖与海拔高度有关"。[①] 由于全球气候变暖，青藏高原的冰川正在迅速地消失，尤其是进入20世纪80年代以后，地球总体升温速度加快，青藏高原冰川响应地球整体的气候变化过程而发生一系列的退化现象。有关学者在利用遥感技术，对比了20世纪70年代末的 Landsat MSS 数据和2000年的 Landsat ETM 二期的影像数据之后，提取了其中现代冰川变化的信息。通过调查发现，2002年青藏高原的冰川分布面积为46887 km^2，较20世纪70年代末减少了3941 km^2，其间年均减少131.4 km^2。该项研究认为，随着高原冰川大面积减少和雪线不断上升，"中华水塔"蓄水总量正在下降。在不考虑全球气候加速变暖的前提下，预计到2050年冰川面积将减少到现有面积的72%，到2090年将减少到现有面积的50%。[②]

相对于科学研究，牧民对青藏高原生态环境的恶化主要是通过直观的感受获得，就与牧民关系最密切的草地退化现象来说，牧民尤其是年长牧

[①] 程志刚、曹双平、李婷：《21世纪青藏高原气候变化及气候带可能变迁》，《第28届中国气象学会年会会议论文》，论文来源：http://cpfd.cnki.com.cn/Article/cpfdtotal-zgqx201111004066.htm。

[②] 方洪宾等：《青藏高原生态地质环境遥感调查研究》，《国土资源遥感》2007年第4期。

民，对此有深刻的感受：

> 草地的质量没以前的好了，我们这里下雨多，（草场退化的现象）还不那么明显，到当雄、那曲那些下雨少的地方，比我们这里严重。你要是直接看，会觉得草跟以前差不多，因为它本来就那么小一点，你要是看看牛就知道了，现在的牛长得不如以前了，小、爱生病。牛比以前多得多了，草就那么点，每头牛能吃的就少了，质量肯定不行。（CRYZ，女，48岁，斯布村，牧民）

> 我觉得草地退化和人多、牲口多有关系，跟雨水少也有关。下雨少，该长的不长，毒草却都长起来了，牧草里面的毒草也比以前多了，好草（相对于毒草而言，指牛羊可以吃的草）却长不大，牲口不够吃。以前下雨多，可以自己去野地里面找各种药草回来自己做药，不管是人吃的还是牲口用的，都可以找得到。现在什么都没有了，如果药草长起来的话，牲口是可以吃得到的，这样对牛羊也有好处，可现在都没有了。以前的牲口质量要比现在的好，原因是现在的草长得不好，牛羊吃得不够，所以长得不如以前那么大，现在牛羊生病也比较多。（DQLZ，男，50岁，甲多村，牧民，兽医）

> 这个村和其他村比起来，地理位置比较差，地方虽然比别的村子大，草场的质量和自然条件都不行，现在养的牛羊多了，人也多了，然后下雨又少，草场也不行了。我们这个组（四组）还好一点，下面的一组、二组、六组那里，你们应该也看见了，有些地方下面的沙子都露出来了，我年轻的时候就根本没这样。尤其现在下雨又少，像2002年到2005年这几年，那时候下雨更少，每年三四月份草刚长出来的时候下雨最好，现在要五六月份才下雨，草都干了。（CRDJ，男，54岁，甲多村，牧民，支书）

> （斯布村）发展牧业最大的麻烦就是这里的草地在退化，草场的质量不如以前了，牛的数量更多了，没有足够的饲草，特别是冬天，每年冬天这里的居民都要买草、饲料，主要是买草，饲料买不起，保证自家的牦牛有吃的才能饿不死。牧民的生产成本就越来越高了。（SLBZ，男，47岁，斯布村，牧民）

图 8-1　甲多村二组部分草场　　　　图 8-2　甲多村一组部分草场
（刘继杰 2012 年 8 月摄）　　　　　　（杨哲 2012 年 8 月摄）

除了地球总体气候的变迁，人们的社会经济生活也在影响着青藏高原的自然环境。过度放牧、过度开垦、过度采掘野生植物等现象都容易导致高原自然环境受到威胁，带来诸如植被减少、草场退化、土地沙化、毒草害草增加等不利于农牧业发展的后果。生态恶化的直接后果就是对以草地为生的藏族群众生计方式的负面影响。草场退化、沙化使牲畜需要的饲草产量降低，牲畜的饲草摄入量不足之后，个体发育不起来，抗病能力下降等，都使当地的畜牧业生产面临更大的不确定性。这种生态领域的风险直接带来了牧民在经济和社会生活领域的风险。

藏族传统的农耕生产当中均以农家肥作为肥料的来源，在一定程度上排斥使用化肥，这一点我们可以从斯布村藏族对使用化肥态度的转变上窥其端倪。

> 村民们都不喜欢用化肥，以前都用土肥，施一些农家肥，用得少，产量也不高。后来才慢慢用了化肥，现在买化肥还有补贴，便宜得很，有的补 40 元，有的补 50 元，用了化肥以后，（收获）粮食也确实比以前多了，但是好像不好吃，没以前不用化肥的好吃，有些人就还是不爱用，有些就这块地用，那块地不用，不用的自己吃，用的喂牲口或者拿去卖。（DWZX，40 岁，男，斯布村加措堆，牧民）

不过就总体而言，近年来斯布村和甲多村以及西藏整体的化肥使用量是在不断增加的。

> 现在种地都会用一些化肥,地大的就多一些,小的就少一些。现在买化肥也便宜,有的一袋也就四五十块钱,用了庄稼长得确实比以前好得多了。我们家(种植)自己吃的(粮食)地里面不用化肥,别的地里面都用着呢,我们家的8亩地,有那么二三亩没用,别的都用。差不多家家都这样。(ZXDZ,男,37岁,斯布村,牧民)

西藏总体的农用化肥施用折纯量从2000年的24955吨持续增加至2011年的47915吨;每公顷化肥施用量由2000年的108千克/公顷上升至2011年的207千克/公顷;粮食作物单产从2000年的约4776.6千克/公顷增加到2011年的约5508.7千克/公顷,产量增长15.3%[1]。粮食增产的原因当中,除了农作物新品种的投产、新农业生产技术的推广应用之外,化学肥料的增加也起了重要的作用。

施用化肥在给藏族群众带来优越性的同时,操作过程中的不合理性则增加了产生生态风险的概率。施肥结构不合理,氮肥、钾肥、磷肥比例失调,施肥方法不合理,作物吸收养分不协调等现象在现阶段西藏农业生产当中仍客观存在,这些都容易导致化肥使用成本的增加和环境污染,同时也会导致农产品质量的下降、农民负担加重、环境安全和食品安全受到威胁以及资源浪费等一系列负面的后果。

(二) 经济领域的风险

经济领域的风险是指人们在从事经济活动的过程当中,"由经济制度的缺位、失范、变异而引起的对人类的生命活动、生活机会、生存质量造成损害的一种可能性关系状态"[2]。根据风险理论的观点,经济风险是一种现代范畴的风险,它是在资本主义兴起之后才逐渐发展兴起的一种制度性的风险。在当代经济的全球化背景之下,经济领域的不确定性因素不断增加,各种潜在的风险在市场经济的大潮下暗流涌动。在乌尔里希·贝克

---

[1] 根据《西藏统计年鉴—2012》中《农村和农业基本情况》和《农业电气化、化学化及水利情况》的相关数据整理所得。详见西藏自治区统计局《西藏统计年鉴—2012》,中国统计出版社2012年版。

[2] 刘岩:《风险社会理论新探》,中国社会科学出版社2008年版,第8页。

眼中,"最引人注目、最有影响力的应用领域也许就是全球性金融流通的风险。……金融潮流(流通绝不是经济的一切贸易关系和生产条件),即这种新的数字化的、在全球范围内实时进行的金融交易本身,就能使整个国家动荡不安。据我看,这种金融流动就是世界风险社会的一个核心领域,可以断言,这一领域也是不可控制的"。① 本书所讨论的藏族草地利用面临的经济领域风险,同样被置于全球化的背景之下,但是是在一个较低的层次当中,更多的是讨论藏族草地利用有关的经济活动自身的一些不足和我国的市场经济背景对藏族草地经济所造成的影响、带来的不利因素与经济风险。

人类的经济活动与自然资源的物质运动密切相关。自然资源的物质运动为人类的经济活动提供了物质基础,没有自然资源作为支撑,人类将无法生存,更不用说开展经济活动。西藏也有丰富的自然资源,但是青藏高原的自然生态系统十分脆弱,这使各种资源在开发的时候难度加大,稍有不慎,就会导致一系列生态与经济的损失。"当整体的自然资源在人们的破坏活动下变成有害的自然资源时,整体的自然资源价值也就下降,甚至会变为负数。"② 脆弱的自然生态条件在一定程度上导致了西藏经济活动的基础相对薄弱,开发难度也更大,其面临的风险也会加大。

对远古时期的藏族先民来说,自然环境当中充满了各种无法控制的力量,更兼自身低下的生产力水平,藏族先民们的生存随时都会面临着来自自然的威胁。实际上,藏族先民需要不时面对的这种暂时无法认识和无法控制的自然力量,对他们而言就是一种风险。这种外部因素导致的经济风险,是古代藏族群众在草地利用过程当中所要面对的主要的风险来源。

除了自然资源导致的经济基础薄弱之外,藏族的经济发展在很长的一段时间内都处于很低的水平。这与其历史背景有关,现代的西藏经济直接脱胎于"政教合一"的封建农奴制度,曾经粗放的生产经营方式导致了经济增长方式落后,市场的发育程度也很低。近30年以来,西藏的经济发展水平不断提高,经济活动取得了令人瞩目的成果,各项事业迅速发展。西藏的经济发展当中,拉萨是一个主要的增长极,在这个增长极以

---

① [德]乌尔里希·贝克、约翰内斯·威尔姆斯:《关于风险社会的对话》,路国林译,薛晓源、周战超主编《全球化与风险社会》,社会科学文献出版社2005年版,第42—43页。

② 王松青:《自然资源物质运动与人类经济活动的互补运动刍议》,《长江大学学报》2008年第1期。

外,其他地区的经济发展相对有限。同时,由于地处偏远地区,自然环境恶劣,交通条件不变,这些地区的基础设施建设往往比较落后,投资环境差,市场容量小,经济活动的成本远高于其他地区。"由于西藏经济基础极其脆弱,经济体制改革进程落后,基本上仍沿袭传统计划体制时期高投入、低产出的粗放型模式"①,这些都使其经济发展的基础受到影响。

我没想过控制牛、羊的数量,反正别人都没有控制,其实我还想再多养一些,这里其他人也都想多养一些。现在国家说是控制,不让多养,还要减少,我们又不会别的事情,不让养了以后我们的生活怎么办?打工我们又不行,家里人又多,要是就那么点牲口,生活就不行。(GB,女,45岁,甲多村三组,牧民)

我们这里牛是比以前多了很多,羊没几家养了,不好养。好像也没人想过要少养一点,还是都想往多里养呢,很多人都这么想。牛羊多就有钱啊,人家一看就觉得,这家有钱。我们家有90多头牦牛,要是有条件,有人放的话还想多养一些。(CRYZ,女,48岁,斯布村,牧民)

牧民么,只会放牧,特别像我们这些年纪大的,年轻的还能出去打打工,我们又没文化,又不会做别的,除了放牧,真不知道干什么,干体力活都不行了。我们吃的、用的都要从放牧里面出,没钱用了就卖牲口,也是靠放牧,大家想多养点牲口也就是为了过得好一点。……今年规定了要减少牲口的数量,在我们看来,还是想养多少就养多少更好。(CRDJ,男,54岁,甲多村,牧民,支书)

斯布村和甲多村的农牧业生产,其经济增长的方式同样主要依赖于扩大牲畜规模、增加耕地面积的粗放经营模式。由于两地可耕地数量有限,所以近年来开垦荒地的办法已经行不通,没有新的农田可供开垦,原有耕地的产量短期无法提升,农业经营受限。依靠增加牲畜数量的牧业生产粗放经营模式随着近年来减畜政策的实施也受到了限制。原有的粗放经营方式受限,新的经营模式一时间无从建立,这对当地经济的发展和藏族群众的生活收入来说,都增加了面临风险的概率。

---

① 赵曦:《中国西藏区域经济发展研究》,中国社会科学出版社2005年版,第93页。

受传统文化的影响，藏族群众的思想观念中仍存有"重义轻财""轻商贱利"的思想观念，这对发展西藏的市场经济是不利的。就总体而言，藏族群众向来非常质朴、热情、好客，《贤者喜宴》当中就有这样规范人们行为的话语："所行事应秉心正直"，"对所发之誓及保证，应视之如生命"。藏族谚语也告诫人们要"记住别人给我的好处，忘掉自己给人的恩情"[1]，认为"千千万万匹走马，换不来真正的友情"。[2] 藏传佛教的信仰对藏族群众的思想观念也有深远的影响，"一切政治、教育、经济、军事、艺术以及语言、文字、风俗、习惯等等，都贯入佛教的意义，带了不少佛教的色彩，就是饮食起居，也充分表现着佛教精神。"[3] 这种影响在现代社会的藏族群众当中仍能够得到体现，藏传佛教的禁忌、习俗都得到藏族群众的遵守和践行，"不杀生""修来世"等观点也体现了藏传佛教当中"重义轻财"的观念。受这些影响，藏族传统社会轻视工商，这并不是说藏族传统社会没有工商业，相反，当时的工商业很发达。但很多普通的藏族群众对工商业并不是很重视，这和生计方式的自给自足性也有很大的关系。必须承认，这些思想观念在很大程度上有其合理和有利于社会发展的一面，但是这种情况的存在，也会抑制商品交换、竞争意识和效益观念等与经济活动有关的因素的存在和发展，对藏族经济发展会产生不利的影响。

与西藏草地利用有关的经济活动所面临的风险当中，人力资本的影响也是一个重要的方面。对发展经济而言，人力资本是一个重要的保证，高素质的人力资源可以有效地促进经济的健康发展，教育则是提高人力资本素质的一个有力的途径。1952年以前的西藏教育，以寺院教育为主，同时还存在官办教育、私塾教育等形式，不过这些形式的教育，藏传佛教的内容无疑是主体。和平解放之后，西藏的教育事业快速发展，取得了较大的成就，但就西藏目前的情况来看，其人口的受教育水平仍然不高。斯布村和甲多村的村民当中，文盲和小学文化的人口比例占了大多数，尤其是在青壮年劳动力和中老年人当中，受教育水平普遍不高。

---

[1] 蒋风、王慈：《中国少数民族谚语选》，湖南人民出版社1982年版，第96页。
[2] 李耀宗、马加林等：《中国少数民族谚语选》，四川民族出版社1985年版，第399页。
[3] 阴景元：《西藏佛教的检讨》，张曼涛主编《现代佛教学术丛刊·第8辑·西藏佛教专集之一》，大乘文化出版社1979年版，第267—288页。

第八章　藏族文化对缓解草地利用风险的贡献　　221

表 8-1　　　分居住地的被访者受教育程度情况（N=289）　　（单位：人、%）

受教育程度 居住地	文盲		小学		初中	
	人数	比例	人数	比例	人数	比例
斯布村	52	40.0	56	43.1	22	16.9
甲多村	83	52.2	62	39.0	14	8.8

目前在斯布村和甲多村从事农牧业生产的藏族群众，其文化水平普遍不高，根据我们在调查过程中接触到的 20 岁以上的成年村民当中的抽样，两地总体的文盲率达 46.7%，小学文化的占 40.8%，另有 12.5% 的受过初中程度的教育。如果以现行学制计算这部分人口的受教育年限，即初中文化程度 9 年，小学文化程度 6 年，文盲 0 年，可以得出如表 8-2 所示的结论：

表 8-2　　基于文化程度的被访者平均受教育年限（N=280）　　（单位：年）

斯布村	甲多村	合计
4.1	3.1	3.6

需要说明的是，这些接受过教育的被访者当中，有很大一部分并没有能够完成相应的学业，即未接受完整的小学或初中教育，所以表 8-2 的数据和实际情况之间存在误差，实际情况要小于目前约 3.6 年的总体平均受教育年限。根据田野调查的结果，其实际的受教育年限约为 3 年[①]，其中斯布村约 2.9 年，甲多村约 3.2 年。

在绿色革命为核心的农村传统生存战略或者是改造传统农业战略的背景下，对农民的文化程度有一个最低标准。没受过学校教育或者受过 2 年至 3 年教育的农村劳动力并不会显著地影响农业生产率，受过 5 年以上教育的农村劳动力就会显著地影响农村劳动生产效率，简单而言，即文化程度能够对农业生产率产生影响的最低年限是 5 年。[②] 根据这种论断，从西

[①] 由于被访者中有部分人因为记忆模糊、不愿回答等，未就具体的受教育年限作答，所以此处的结果是基于其中 232 人的受教育年限计算。

[②] I. Arnon, *Modernization of Agriculture in Developing Countries: Resources, Potentials and Problems*, New York: John Wiley & Sons, 1981, pp. 121-124.

藏农村劳动力受教育水平的现实情况来看，并不能达到明显影响生产效率的要求。

虽然这部分藏族在长期的生产过程当中积累起了丰富的关于农牧业生产的知识，能够为目前的生产实践提供必要的支持，然而从理解、掌握、运用新技术的角度来说，受劳动力文化素质的影响，西藏目前的农牧业经济生产是以劳动密集型为主，科技含量低，生产方式粗放，农业经济总量的增长主要依靠大量的劳动力。同时，农业生产的劳动成果的转化率以及相关的科技成果的转化率普遍偏低。因而，在现代这个对参与者教育水平和技能要求越来越高的社会，藏族的农牧业生产在经济活动当中的生存和发展问题也会受到威胁。这种威胁不仅是对个人的，也是对由这些个体组成的民族而言的，因为在一定程度上，个体的教育水平会最终影响到整个群体的教育水平和职业技能，并最终影响群体的发展。

(三) 社会领域的风险

"社会领域的风险主要是由社会变迁所引发的对人的生命活动、生活境遇造成损害的一种可能性关系状态。这里是指狭义的与生态风险、政治风险、经济风险等相区别的一种风险。"① 人口的不断增长、社会就业不充分、社会财富分配不均、族群间的文化差异等因素都有可能会导致我们无法回避的社会风险。

在农业产生之前，藏族先民依靠渔猎和采集的方式来维持自己的生计，这时候人和自然环境之间需要满足一种平衡，一旦这种平衡被打破，渔猎和采集方式能否满足人们生存的需要就会受到威胁。20 世纪 60 年代末，美国的考古学家 L. R. 宾福德在研究了全球的狩猎采集者之后，通过模拟的方法，把量化了的人口密度作为狩猎采集者选择生计模式的一个重要标准。通过研究，他认为一旦每 100 平方公里内的人口密度达到了 1.58 人的时候，通过狩猎获取足够的食物来源就不再能够满足人的需要，而当每 100 平方公里内的人口密度超过 9.098 人时，采集这种经济模式也会难以为继。② 对处在这个时期的藏族群众而言，人口数量和自然资源的

---

① 刘岩：《风险社会理论新探》，中国社会科学出版社 2008 年版，第 11 页。

② 详见 Lewis R. Binford, *Constructing Frames of Reference: An Analytical Method for Archaeological Theory Building Using Ethnographic and Environmental Data Sets*, University of California Press, Berkeley & Los Angeles, California, 2001, pp. 316-357。

比例问题成为当时他们所要面对的一个主要风险因素。

藏族先民在产生之后,渔猎和采集的方式成为其在一段时间内的主要生计来源。随着青藏高原上藏族先民的增加,原有的资源规模已经无法满足人类生存的需要,所以渔猎采集的方式就面临着一种风险,人也面临着缺乏食物的风险。由于缺乏史料记载,当时的藏族先民人口数量,现在已经无法考证,所以我们无法探讨当时的人口数量和自然资源的比例问题。不过藏族先民经历的这段历史,在其传统的神话故事中却有所体现。如前文已经提及的"猕猴与岩魔女"的故事当中,就反映出生活在"下方朵康之部"①的藏族先民所经历的人口密度增加导致原有的均衡模式被打破,从而导致由食物匮乏引起的社会风险。

发展到阶级社会阶段之后,农业文明成为藏族社会主要的标志之一,这一阶段其所要面临的主要风险仍然是外部性的自然风险。此外,当时的藏族群众需要面临的风险还包括利益冲突导致的社会风险。"伴随着私有制和阶级的出现,人类社会的冲突和对抗开始以集团化、军事化的暴力形式出现,小规模的战争成为人类面临的一种主要的人为风险,但由于暴力工具的使用局限在冷兵器范围,所以造成的损害也局限在有限的地域范围。"②

风险社会当中的风险已经超越了个人的范围,"它是针对全体人类的、系统化的、不可逆的危险。所有国家民族和个人都参与了对这种危险的分配"。③ 同时,"风险分配的类型、模式和媒介与财富的分配有着系统的差别。但并没有排除这样的情况,即风险总是以层级的或依阶级而定的方式分配的。在这种意义上,阶级社会和风险社会存在着很大范围的相互重叠"。④ 在西藏的阶级社会阶段,不同阶级之间在占有社会资源、享受社会权利等方面具有很大的区别,因此,不同阶级的藏族群众在处理、避免或者补偿风险的时候,就会出现在可能性和能力方面的不平等。例如在面对严重自然灾害的时候,富人们能够依靠自身殷实的家底,避免在灾荒之年受到饥饿和死亡的威胁,穷人们对此的抵御能力则相去甚远。这种情

---

① 五世达赖喇嘛:《西藏王臣记》,刘立千译,民族出版社 2000 年版,第 9 页。
② 刘岩:《风险社会理论新探》,中国社会科学出版社 2008 年版,第 4 页。
③ 罗大文:《社会学视野中的和谐社会建设 转型社会进程中的冲突与和谐研究》,陕西人民出版社 2009 年版,第 129 页。
④ [德] 乌尔里希·贝克:《风险社会》,何博闻译,译林出版社 2007 年版,第 36 页。

况下，穷人所要面对的风险要远远大于富人所要面对的风险，而这种不平等关系的存在则巩固了两者之间原有地位的差异。这种不平等的存在容易使原有的基于财富不均而造成的矛盾和冲突激化，于是社会的稳定和团结与否就会面临受到威胁的风险。正如吐蕃王朝末年，"社会政治经济混乱不堪，此时又发生大地震和大水灾，鼠虫灾害也猖獗一时，导致连年饥荒，以致民不聊生，纷纷聚众起义"。①

藏族的农牧业生产属于劳动密集型产业，就其一般的模式而言，藏族的农牧业生产是一种分散的、标准化的劳动，在这个过程当中逐渐形成了一种由个体组成的大众社会，这个社会的就业是充分的。无论古代还是现代，就农牧业生产总体的规模来说，其需要的劳动力总量是有限的。随着现代社会的发展，伴随西藏草场的承载力下降而生的退耕还林、退耕还草、退牧还草等工程的实施，使西藏第一产业需要的劳动力数量下降，需要向第二、第三产业转移的人口增加。在这个前提下，西藏农村人口的不断增长，农村的富余劳动力数量越来越多，牧民就业的充分性越来越不足。限于农村富余劳动力的科学文化水平和劳动技能的水平较低，农村富余劳动力的转移问题在西藏的农村做得并不好，很多青壮年劳动力没有合适的就业岗位。

> 家里的活就这些，牛羊放出去就行了，偶尔去看一下，早上挤牛奶的时候、晚上把牛羊收回来的时候会忙一点，其他时候都比较闲。家里人手也多，干得快。没事的时候就出去转一转，找朋友玩一玩。我们这里出去打工的少，上过学的（指接受过高中、中专或大学教育的）可以在外面找工作，他就可以（指我们的翻译GMTB），我们没文化，只能干体力活，还不如在家放牛呢。（WJ，男，28岁，甲多村一组，牧民）

> 我不想出去打工，没文化，汉话也说不好，不累的工作找不到，只能到工地上干体力活，累得很，有的还不发工资，到时候干了活没工资，就太不值了，邻居家就有一个打工没发工资的。现在没事就在家放牛、放羊，到处转一转，喜欢打台球，村里就有，在一组的那个店里，也喝酒，不过不多。（ZXCR，男，32岁，甲多村四组，牧民）

---

① 王天津：《青藏高原人口与环境承载力》，中国藏学出版社1998年版，第51页。

从普通牧民的角度来说，现实条件限制了他们从事放牧以外的工作，工作技能有限，语言不通、对未来不确定性的担忧、自身生活习惯已经适应了放牧生活的需要等都是阻碍他们去外界寻找工作的因素，最终导致就业能力普遍不足、就业水平较低的现象。西藏农村富余劳动力，虽在部分场合下仍参与农村劳动，但就其本质而言，他们在某种程度上仍旧属于无业、失业或者是半失业状态之下。这类人口的数量增加，对社会的稳定而言是不利的，在一定主、客观条件的作用下，会引起社会的不稳定。一些研究已经证明就业不充分会对社会的稳定带来风险。"2008年3月14日发生于拉萨，蔓延至西藏、青海等省区藏民族聚居区的打砸抢烧严重暴力犯罪事件，2009年、2010年连续发生于青海省黄南藏族自治州冲击政府以及藏族与回族之间民族冲突事件，以及近期发生的自焚事件，其参与者绝大多数来自无业、失业或者是处于半失业状态的世居少数民族人员。"[1]

在现有的草地利用方式当中，出于保护生态环境的考虑，政府制定了草畜平衡的相关政策。例如在西藏自治区印发的《建立草原生态保护补助奖励机制2011年度实施方案》当中，就规定了草畜平衡载畜量的问题，根据规定，2010年年末西藏存栏的4599.14万绵羊单位需要减畜1114.66万绵羊单位才能达到草畜平衡的标准[2]。对甲多村的村民而言，需要减少三分之一左右的牲畜才能达到草畜平衡的要求。这在他们看来，是失去了相对稳定的生活保障，虽然政府制定了各种补偿措施以及分步实施的策略，但是很多牧民对此仍抱有很大的担忧。另外，减畜之后又意味着农村劳动力的需求量减小，短期内他们又无法具备其他的劳动技能，这对社会稳定问题来说又会是一个风险产生的可能。

在文化领域，全球化浪潮的影响也催生藏族文化的变迁。藏族的传统文化，历来具有较高的开放性，是在与其他民族的不断交往中完善和发展起来的。"我们可以看到一个异常显著的事实：西藏文明是一种在地域空间上明显地向东倾斜的文明。这种交往与联系，一方面使得西藏文明在大量摄取中原文明营养的基础上不断充实和发展了自己，另一方面则使西藏文明与中原文明之间逐步形成了一种由文化而及经济，由经济而最终及于

---

[1] 陈书伟：《藏区世居少数民族就业能力对社会稳定的影响研究》，《西北人口》2013年第5期。

[2] 资料来源：西藏自治区政府门户网站，http://www.xizang.gov.cn/zbwj/61605.jhtml。

政治的深刻的有机关系。"① 藏族传统文化在形成之后，对藏族的社会、政治、经济等各个领域都产生了深刻的影响，具有很强的民族凝聚力和向心力。现代社会当中，文化传播和交往的途径更加多样，藏族传统文化面临的冲击也更大。"现代化以及追求现代性的热望，或许是当代最普遍和最显著的特征。今天，大多数国家均置于这一网络之中——成为现代化的国家，或延续自己现代性的传统。"② 随着藏族传统文化与现代社会文化以及其他民族文化之间的交往不断增加，双方之间产生矛盾的机会也在增加，传统文化的发展面临的挑战更多。

这种藏族文化面临的挑战，既有传统文化中与现代社会发展需要不相符面临被淘汰的因素，也有传统文化中的合理成分被现代文化当中的不合理成分影响面临被取代的成分。举例来说，藏族传统文化深受宗教的影响，藏传佛教当中的部分内容有其合理性，但是教义中的一些观念使许多藏族群众对诸佛菩萨的旨意深信不疑，尊崇神命，长久以来的习惯和心理定式容易使藏族群众忽略相应的科学文化知识。当然，随着社会的发展以及社会主义文化在藏族群众当中的传播，这种情况已经有所改变，但这种思想仍在不少人的思想观念当中存在，不利于现代社会文化的传播和发展，因而对现代经济的发展也是不利的。另外，藏族传统文化当中的很多有利成分也受到了现代文化的冲击。如藏族传统文化中倡导人与自然和谐共处、勤劳谋生、诚实公正等，这对于民族内部的团结、社会的可持续发展都有很大的推动作用。现代的市场经济则促使人们尽可能地创造价值，获取更多的经济利益，这个过程当中，一部分人往往会忽视上述价值观念的重要性，产生相反的行为，例如为获得更多的收入而不断扩大牲畜的规模而忽略草畜之间的平衡，为了经济利益而产生的欺骗、讹诈的举动，为了获得矿产资源而破坏草场、草山等一些在短时期内能够带来某种好处的举动。

> 打猎的以前也有，多数都是外面来的，本地的也有，前些年都还有，鹿、狐狸什么的都打，打了卖钱，这样很不好。这几年禁止打猎

---

① 石硕：《西藏文明东向发展史》，四川人民出版社 1994 年版，第 466 页。
② [以色列] S. N. 艾森斯塔德：《现代化：抗拒与变迁》，张旅平等译，中国人民大学出版社 1988 年版，第 1 页。

了，野鹿、野羊什么的也多起来了。(ZM，女，42岁，斯布村，牧民)

我们现在盖的这个房子是给看班禅牧场的这家人住的，那边是实验站的房子。这个房子盖起来肯定有钱呢，这是给班禅大师盖的，不可能不给钱。以前盖别的房子的时候，有时候活干完了老板（指包工头，下同）不给钱，去要的时候他说没钱，看他的日子过得又不像是没钱，有些就是有钱不给，就拖着。我们原来跟的有个老板，都是熟人，是藏族，有两次干活就没给钱，后来我就换了现在的老板，这个就好多了。……我们认识的好几个人都遇到过（不结工资或者不及时结工资的情况）。(GS，男，39岁，南木林县农民，在甲多村二组的工地干活)

这些与藏族传统的文化价值观念无疑是互相冲突的，与现代社会的发展需要也是相悖的。简单而言，藏族社会原有的运行状态被打破，新的运行机制又没有完全建立起来，所以，对社会的稳定运行和发展完善来说，这是一种潜在的风险。

二 藏族文化对降低草地利用风险的贡献

面对各种潜在的和实际存在的社会风险，人们也在不断地探索应对、预防和处理的机制。西藏社会转型的加速以及针对草地利用的改革加快，均伴随着社会问题的产生，也使得牧民、社会、政府的风险意识也在不断地加强。社会的进步总是建立在以往的经验基础与物质基础之上的，藏族文化在应对草地开发可能面对的社会风险时，具有独有的优势，这使我们在应对当前的风险时，仍然可以借鉴以往的经验。藏族群众在漫长的历史发展过程当中积累了丰富的应对风险的知识，这些传统知识对当今社会的藏族社会风险控制同样有很高的实践和指导价值。

由于藏族草地利用过程中存在的各种社会风险，使风险治理成为一个至关重要而又十分复杂的工程。同整个中国社会一样，藏族社会也处在转型的过程当中，发展亦是藏族社会的第一要务，因而经济增长成为重要的内容，但发展并不是单纯的经济增长，其他社会因素的共同发展以及发展过程中的风险控制同样至关重要。在这种转型期社会存在的风险，往往具有更高的复合性,各种因素相互交织,"'三农'问题、失业问题、安全生产问题、金融风险问题、犯罪问题、诚信危机、道德滑坡等这些问题中都隐藏着巨大的社会风险"。①

藏族草地利用过程中存在的风险的这种复杂性,增加了人们在规避风险时需要面对的难度,这也提醒我们在分析风险、控制风险的时候,要采取综合的、灵活的、合理的策略和措施,而不能简单地从社会稳定或者简单地从社会发展的角度思考问题。由于风险的种类繁多,为了简单起见,这里我们主要结合藏族群众对有关西藏草地利用领域的风险的认识和应对为例进行探讨,这样虽然可能会使我们无可避免地失去其他一些同样很有意义的信息,但是却让我们能够在一个更加纯粹的语境内分析风险问题,可以使重点更加突出。

(一) 传统文化强化了藏族民众的风险意识

传统社会的藏族群众受制于自身的科学文化水平,认知和改造客观世界的能力有限,面对社会风险的时候,表现出较强的被动性,但这并不是说他们完全任由风险的发展,他们也在不断的实践当中探索如何预防和控制风险。

在强大的自然环境面前,人类的力量总是显得非常渺小。青藏高原的自然环境和气候条件多变,经常发生的极端气候成为历史上藏族群众需要面对的主要自然风险。在这些无法确定的自然风险面前,藏族群众将其归结为一种更加强大的力量在控制,即视其为超自然的神灵的安排。在这种强大的自然环境面前,人们只能顺从自然的发展,听命于自然,并逐渐产生一种畏惧自然的心理。由于无法改变这种风险的存在,藏族先民逐渐赋予自然界中的各种因素以超自然的力量,包括自然界中的各种动物、植物、山川、湖泊以及风、雨、雷、电等自然现象在内的诸多因素都被赋予神性,人们希望通过这种对自然的崇拜建立起人神之间的沟通,以此来保佑自己的平安,避免自然风险。

存在于藏族宗教中的泛神论和万物有灵论,其产生和发展的过程折射出藏族群众在面对强大的自然环境时由于无助而表现出的一种听命于自然的生存状态,同时也反映了历史上的藏族群众在认知风险起因时的局限性

---

① 刘岩:《风险社会理论新探》,中国社会科学出版社 2008 年版,第 197 页。

以及期望规避风险的观念。

  文成公主进藏以后，应赤尊公主的请求，推算在何处修建寺庙，文成公主经过推算，认为"此雪邦地形如岩魔女仰卧之状。其中卧塘湖为魔女心血，红山及夹波日山作其心骨形状，若在此湖上供奉释迦牟尼佛像，而山顶又有赞普王工，则魔必制矣"。① 其后，又在西藏各地修建了诸多寺庙、佛塔，并供奉佛像，以达到"圆满具足诸种功德""镇压风脉""镇压女妖肢体和肢节"等目的。类似的情况在《西藏王统记》中也有记载②。这段记载当中包含了很多神话的成分，但是这也反映了藏族先民在面对复杂多变的自然环境的时候，在宗教领域采取的措施。仰卧的"岩魔女"此时已经成为条件恶劣的青藏高原的符号象征，通过宗教的力量镇压、制服"岩魔女"则象征着人们改造自然环境的行为，其最终目的是希望改善自然环境，规避自然环境带来的风险。

  对神山、圣水的崇拜在藏族地区至今仍非常流行，是一种带有浓厚的民间氛围的传统信仰。有学者将藏族的神山崇拜归类为民间信仰的范畴，认为它"在世界宗教信仰范围内，既异于自然崇拜，又有别于图腾崇拜，也不是严格意义上的正统宗教信仰"③。受到崇拜的神山具有世俗世界和神圣世界的双重特征，成为沟通现世世界与彼岸世界的桥梁之一，一方面它仍是藏族群众生活的场域，另一方面它又以其神性受到人们的崇拜，被认为是"神"居住的地方。由于被确定为神山，其境内的动物、植物、河流、湖泊甚至岩石等均被赋予了神圣性，地位与神山以外的相应事物有了本质的区别。"彼处的一切藤竹树木花卉皆是空行母的生命树，一切飞禽走兽皆是勇士度母的化现，有些是家畜和家犬，无需畏惧它们。一切果木森林皆是天然的伞盖、宝幢、飞幡和垂帷。"④

    平时自己在家不念，不识字，不会念，六字言会念呢。每年夏天都要请僧人到家里来念经，主要就是祈祷家庭成员健康、幸福，牲口都好，庄稼也好，都没病没灾的。这次请的这个喇嘛是从羊井学寺来的，他要用什么都提前给他准备好，然后他来了念就行了。念经的话

---

① 五世达赖喇嘛：《西藏王臣记》，刘立千译，民族出版社2000年版，第26页。
② 详见索南坚赞《西藏王统记》，刘立千译，民族出版社2000年版，第78—87页。
③ 尕藏加：《藏区宗教文化生态》，社会科学文献出版社2010年版，第133页。
④ 仁钦多杰、祁继先编著：《雪山圣地卡瓦博格》，云南民族出版社1999年版，第167页。

也给钱呢，给多给少都行，这个没有规定的，全凭自己的心意，根据家庭条件，各个家庭的花费不一样。（PBDZ，男，53岁，甲多村二组，牧民）

自己在家念个经，或者请喇嘛来家里念经，都还是很好的，可以保佑家里人不生病，牲口也都长得好，也有人说这都不管用，管用不管用，就是这么个意思。念一下还是好一些，不念就觉得不太好。（LM，女，42岁，斯布村，牧民）

正是由于在观念中认为通过这种人与神之间的交流，能够与神明取得联系，获得神明对自身现实生活的保护，因而在当前斯布村和甲多村的藏族群众当中仍有很多人通过宗教的途径寻求化解现实生活中的风险。斯布村和甲多村的藏族，家家都供奉有佛龛，院子里面有经幡和煨桑炉，每逢重要的日子，如节日和特定的吉日，都要点酥油灯、煨桑、念经，虔诚地祈祷，年长的藏族进行这些活动的频率更高。概括而言，两地藏族已经把出世的信仰和入世的日常行为一体化，希望通过这种一体化的实践规避风险。

此外，藏传佛教所倡导的伦理思想，也能够帮助藏族群众增强风险意识，规避风险。如藏传佛教所倡导的生态伦理，通过约束人们的行为降低人对自然界的负面影响，有助于避免草地开发利用和其他生产生活过程中的风险。藏传佛教对客观世界的解释适应了人们理解客观世界的需要，事实上，这些观念就是藏族在面对恶劣的高原生态环境时逐渐形成的，体现了人对自然的依赖，同时顺应了生态环境的要求，"万物有灵""众生平等""世间生物皆有佛性"等一系列观念，都影响着藏族对生态环境的理解和实践。

村子后面的山就是念青唐古拉山，老人们告诉我们山里有神仙，喇嘛们也说，让我们在山里放牧的时候要注意自己做事、说话（的方式），骂人、打架、乱扔垃圾这些都不行，要不然神会不高兴的。山里的东西不能随便动，挖土什么的都不行，有些地方我们都不上去放牧，去了不好，特别是高的地方，有神仙住的地方，那些地方不能去，在下面一点的地方可以。（ZG，女，53岁，甲多村一组，牧民）

念青唐古拉山神很厉害的，以前是管冰雹的，后来被莲花生收（服）了，就做了护法神，也保佑着我们呢。我们轻易不进到山里面，特别是高的地方，只是（村子）后面这些（相对外围的）山没事，大家都在里面放牧呢。……不能惹他（念青唐古拉山神）生气，生气了他就不保佑我们了，不能随便破坏山里的东西。现在有些人不管了，上去挖雪莲的也有，在里面开矿的也有，有去更里面的地方放牧的，我觉得不好。（QNBZ，男，67岁，甲多村三组，牧民）

念青唐古拉山在西藏神山信仰体系当中占有重要的地位，属于西藏四大山神之一的北方山神。[①] 甲多村的村民背靠神山居住，因此在生活中会更加注意自己的行为。神山是受到保护的，在神山领地砍伐树木、捕杀动物、挖土凿石等行为都被视为对神的大不敬，属于被禁止之列，即使是在神山上建造圣殿、庙宇这种带有神圣性的行为，也需要事先向神山祭祀，获得神山的同意与宽容。青藏高原的神山尤其是那些较大的神山往往都海拔较高，气候更加变化无常，生活在附近的藏族群众需要面临更多的自然风险，此时他们的这种崇拜行为已经不仅仅是藏族先民的一种宗教的意识，同时，这也表现出人们面对风险时的一种求生意识，是人们希望消除风险、改造风险的一种尝试。

（二）民族文化的约束降低了风险的产生概率

西藏地处世界屋脊，高原的气候条件复杂多变，地质运动活跃，孕育灾害的自然因子导致这里容易形成自然灾害，而且历史也证明了西藏的自然灾害种类繁多，灾害分布范围广阔，破坏程度也很大。一般而言，西藏比较常见的自然灾害包括：干旱、雪灾、霜灾、冰雹、洪涝、风灾、地震等。面对这种恶劣的自然条件，藏族农牧业发展需要面对巨大的风险。经过长期的实践之后，藏族群众在不断的实践当中逐渐摸索出一套适合藏区自然环境的农牧业生产体系，如选取适合高原环境的农作物和牲畜种类，如青稞、冬小麦、油菜、牦牛等。

新中国成立以后，中央和当地政府在西藏花费了大量的人力与物力

---

① 西藏四大山神分别是雅拉香波山神、库拉卡日山神、诺吉康桑山神和念青唐古拉山神。

研究、推广新的作物品种，也取得了很大的成就，但是在一些地区，即使对农民给予足够的资助，新的作物品种也难以推广。例如矮秆青稞，国内目前单产最高的青稞品种是"柴青1号"，主要种植在青海格尔木市境内，其植株高度在70厘米以下，2011年和2012年当地柴青1号平均亩产分别达到454.1千克和468.74千克，农户的这一项收益在1200元以上。这种能够增产、增收的品种在西藏却不见踪影①。在历史上，藏族群众选择青稞作为主要的作物品种，就是看中了它能够抵抗青藏高原极端、多变的自然气候条件，虽然总体产量不高，却相对稳定，即使在气候极端恶劣、自然灾害发生的年岁，也能够取得收获，从而将人们的生存风险降到最低。拒绝选择矮秆青稞，则是因为青稞不仅是粮食作物，其秸秆也是牲畜越冬所需饲草的重要来源。冬季草场不能提供足够的饲草，秸秆的存在是一个很好的补充，传统品种的青稞植株在90厘米至110厘米左右，如果种植矮秆青稞，收获的秸秆就会减少，这意味着牲畜饲草的减少。对牧民来说，这无疑是一种得不偿失的行为，会增大牲畜瘦弱、死亡的危险。

> 种的有青稞、油菜、燕麦、马铃薯，小麦有一点，不多，有的人家还弄个小的那种大棚（温室）种点蔬菜。……青稞、燕麦就是那种普通的，不是矮秆，种矮秆的粮食多了，草（秸秆）就少了，对牧民来说，牲口是第一位的，草少了，冬天还要靠这些草喂牛呢，牲口没吃的就要饿死了，肯定不行。（GBSL，男，46岁，斯布村，牧民）

> 我们村现在都没养羊了，以前养，四五年以前也都还有人养。养羊麻烦得很，它（羊群）到处跑，人还必须要跟着，要不然被狼吃了、冻死了，牦牛就没关系，赶到山里，一个月不管都没事。（SLDW，男，50岁，斯布村，牧民）

> 现在年轻人不爱放牧了，加上那些出去打工的、上学的，在家闲着的，上山放牧的人就少了。羊要人看，以前我家的羊就是我孩子在放呢，现在他上学去了，没人管，我们（夫妻俩）忙不过来，就把

---

① 强舸：《发展嵌入传统：藏族农民的生计传统与西藏的农业技术变迁》，《开放时代》2013年第2期。

羊都处理掉了，都卖掉。……处理了有好多年了，七年还是几年，记不清了。（NMCR，男，37岁，斯布村，农民）

牧民对牲畜结构的选择和控制反映了藏族群众控制风险的意识。牦牛是青藏高原上的优势畜种，因而历经漫长的历史依然是藏族群众放牧的主要牲畜，藏系绵羊和藏系山羊也是适合高原环境的牲畜，相比牦牛而言，其适应性仍然较差。斯布村的牧民在放牧的过程中逐渐放弃饲养绵羊和山羊，就是因为这样可以减少不必要的损失。绵羊和山羊体形较小，抵御极端天气的能力较差，而且在放牧过程当中需要耗费更多的人力资源，要有专人看管，牦牛却恰好相反，它们可以很好地适应恶劣的气候，牧民也只需要在放牧的过程当中偶尔进行查看和照顾。斯布村的定居点和牧场之间的距离也比较远，在照看牲畜上本身就具有较高的难度，再加上缺乏劳动力等更现实的原因，绵羊和山羊逐渐被人们排除出牧畜的品种，降低了生产过程中因为容易损失而产生的风险。

我们家家都有羊，有的人家比牦牛养得都多。有的人家是早上、中午、下午赶出去吃一会草再赶回来，有的一直在外面放着，离家远的话有人一直跟着，不跟也没事，没人偷也不怕有狼，近的话更不用管（太多），过一会去看看就行了。羊长得快，卖得就快，还可以卖羊毛，牦牛长得慢，还要挤奶，卖得少。（CJ，男，62岁，甲多村一组，牧民）

甲多村虽然海拔相对斯布村更高，但在定居点周围有足够的牧场，地势平坦，牧民放牧的难度较小，而且牧羊确实为他们带来了更多的经济收入，所以在当地的牲畜结构当中，绵羊和山羊仍占有一定的比例。

在应对自然灾害的过程当中，青藏高原的牧民也积累了一系列预防气象灾害和减轻灾害损失的经验。例如在西藏那曲市安多县，当地的牧民有一套系统的预测雪灾的办法，包括观察不同季节的气候特征及相互之间的联系、风向的变化、日晕和月晕的变化、气温的变化等；动植物的征兆也是他们的主要依据，如石羊夏天不吃草、牛吃皮绳、地皮储草多于往年、乌鸦成群觅食等。雪灾之后，牧民则会通过搬迁草场到未被大雪覆盖的地区，用死畜的肉、骨熬汤喂活畜以及雪厚时让壮畜在前、母畜和弱畜在后等办法减轻雪灾的危害①，从而降低生存的风险。这些做法在今天看来仍具有较高的科学依据、现实意义和可操作性，例如用死畜的肉、骨熬汤喂给活畜的做法，不仅可以保证活畜有充足的蛋白质和能量供应，降低因雪灾产生的牲畜饥荒，而且可以减少死畜处理不当引起的疫情等次生危害。

为了维护社会的良性运行，藏族传统社会诞生了系统的法律制度，这些制度在今天看来虽然有许多不合理和不完善的地方，但是它们的存在对藏族社会的发展确实起到了非常重要的作用。其中的一些法律制度是为了应对社会风险而生的。

对于以农耕种植和游牧经济为主要生计方式的藏族群众来说，农田和草场是他们最主要的生产资料，如何有效、合理地分配和管理农田和草场关系到每一个成员的切身利益，如果处理不当，会引起藏族社会的不稳定。因此，藏族传统社会当中规定了如何使用和管理农田和草场，无论是部落首领还是部落成员，都有使用的权利和管理的义务。概括而言，农业生产方面的规范集中在"护苗制度"和"灌溉制度"方面，前者通常规定了在播种之后，牲畜践踏庄稼要受到处罚，后者则是规定了农田灌溉的时间、顺序、周期、天数以及个别人的特权等，如果违反，也要受到惩罚。传统部落社会的农田和草场管理制度包括以下几个方面："搬迁四季草场，更换放牧场所，由头人择定吉日良辰统一搬迁"；"各部落间草场地界明确，不得越界放牧，否则要受罚"；"引起草山失火者，罚其全部财产的二分之一"②。上述这些规定，明确了在农田和草场使用中的责任，如果违反，就会受到相应的惩罚，从而有效地降低了草地利用过程中由人为因素产生的风险。

在封建农奴制度下，西藏的土地几乎都是属于三大领主所有，例如"卫藏地区约有300万亩的实耕土地，其中封建政权占3.9%，寺庙占30.5%，贵族占29.6%"③。在当时的制度下，政府对土地的所有权具有以下几点内容：

①官府对所辖僧、俗领主的一切土地有封赐或没收的权力。

---

① 尕藏才旦、格桑本编著：《青藏高原游牧文化》，甘肃民族出版社2000年版，第57—67页。

② 华热·多杰：《藏族古代法新论》，中国政法大学出版社2010年版，第139页。

③ 同上书，第23页。

②官府对所辖领主得根据其土地摊派并增减各种差役，包括劳役、实物、货币三种形式。

③凡开垦荒地，必经官府批准，否则，官府可以没收。

④凡土地纠纷最后须由官府裁决。

⑤严禁土地买卖，凡因贵族分家、并家或寺院之间的土地转移，须经官府核准备案，方始有效。凡以土地布施、赠送、抵押、典当都不能影响其对官府应支的差役。①

抛去以上关于官府的所有权、罚没权、差役等内容不谈，其中关于开荒必须得到官府的批准之后才可以进行的规定，在事实上有效地遏制了垦荒的现象，客观上起到了保护生态环境的作用。土地纠纷和土地买卖方面的规定则可以避免因为纠纷和买卖过程当中的不合理现象而可能产生的社会生活和经济领域的风险，使社会和经济的运行秩序得到一定的保障。

藏族传统社会的有效运行，在很大程度上还依赖于其传统习惯法的约束，通过习惯法，部落成员的行为得到规范，制定的一系列行为准则，成为社会稳定、道德评判的依据。在那曲当雄宗牧区，其习惯法与地方政府的法律相互结合，通过罚赔财物和肉体惩罚，约束民族成员的行为。例如一般的家庭纠纷，"给予罚款、皮鞭责打。罚款、鞭笞的多少，视情况而定"。宗政府占有的草场"不准牧民进入放牧。如果牛吃了宗政府牧场的草，一头牛罚驮石头一天"。"宗政府三年清点一次牛羊时，不准少报。少报者经查出后，除没收隐瞒的牲畜外，还要罚款。"对于失火烧毁草场的人，"罚款很重，1马步罚款1.5元"。②

另外，根据《贤者喜宴》的记载，吐蕃时期的法律条款：

> 所订之纯正大世俗法十六条，特别是所订之戒十恶法，内容是：不准杀生之法。此法是赔偿死者命价及赔偿生者损失之法。又，不授则不取之法。此法是盗窃三宝财物者偿百倍；盗窃王之财物者偿八十倍。偷窃属民财物者偿八倍。又勿淫之法。此法是奸淫罚金之法。又，禁诳言之法是以护法神为证遂之发誓。又，饮酒节制之法。以上

---

① 叶鲁、禾示：《西藏封建农奴制度的初步分析》，《民族研究》1959年第3期。

② 尕藏才旦、格桑本编著：《青藏高原游牧文化》，甘肃民族出版社2000年版，第102—103页。

即为佛教之五根本法。再者，以此五根本法为标准，再加上奴隶不造反及不掘墓，则总称为六大法或七大法。总之以戒十恶法外，再加上对母待之以母，对父待之以父，对沙门及婆罗门待之以沙门及婆罗门。尊敬族中长辈。报答恩德。不欺骗他人。以上即纯正大世俗法十六条。①

在《西藏王统记》当中，也有类似的记载，吞弥·桑布札等人秉承王命，仿照佛教的十善法，制定"藏律二十条"，"王臣等均加盖印信，则行颁布，使全藏区如日光普照焉"。②石硕先生在考证之后认为："以《贤者喜宴》为首的史籍中所记载的法律内容可能并非均是在松赞干布时代制定和完成的，这些加在松赞干布头上的各种法律很可能是属于整个吐蕃时代的一些基本法律。"③我们能够确定的是，这些内容都反映了藏族古代社会法律的基本内容，这些法律中包含的内容，可以使人们的善行得到褒赏，恶行受到惩罚，通过将人们的行为限定在一定的范围之内，保证社会的正常运行。

以上这些内容都反映出传统社会的藏族群众为了避免风险，在法律和制度体系内所做的努力。

（三）藏族文化促进了风险应激体系的完整性

应激是生理心理学当中的一个重要概念，它主要是指"机体在对生存环境中多种不利因素适应过程中，实际或认知上的要求与适应和应付能力之间不平衡导致的身心紧张状态及其反应"④，它是一种形容人体在面对某种强烈的刺激时，全身系统做出的带有自我保护的反应过程。应激的存在包括以下几层含义：首先，它需要有应激源的存在，即会使人感到紧张的事件或环境刺激；其次，它是一种人们的主观反应，是人们对刺激源的主观应对过程；最后，应激是人们面对威胁或者紧张状态的一种生理反应，应激往往伴随人类机体包括神经、心脑血管、内分泌等系统的强烈活

---

① 巴卧·祖拉陈哇：《〈贤者喜宴〉摘译（三）》，黄颢译，《西藏民族学院学报》1981年第2期。
② 索南坚赞：《西藏王统记》，刘立千译，民族出版社2000年版，第47—48页。
③ 石硕：《吐蕃政教关系史》，四川人民出版社2000年版，第155页。
④ 钱令嘉：《应激与应激医学》，《中华疾病控制杂志》2003年第5期。

动。社会在面对某种即时性刺激源的时候，其做出的反应与生理心理学中所谓的应激存在某种类似，社会组织体系在面对各种突发事件和风险的时候，需要做出快速的反应和处理措施，社会的这种结构功能体系在做出反应时，所采取的措施也是为了保证社会的健康和有序发展。

在西藏的草地利用过程当中，也会产生一些突发事件，这种刺激源既会有积极因素，也会有消极的存在。这些事件本身往往会导致社会正常运行被打断，因此，社会需要调动自身的各种资源，对其重新加以适应。自然灾害是西藏草地利用过程中需要面临的最大风险，因此，如何应对自然灾害成为能否保证西藏草地利用有效运行的基本保障之一。

> 我们这里的自然灾害主要是雪灾，每年冬天都会下雪，有时候下得大了就要靠救助，前些年还有牲口被饿死的，现在没有了。还有就是夏天有时候发大水，以前这河道没修好的时候，连着下几天雨就漫过来了，离河近的农田里的庄稼都被淹了，有些房子也被淹，特别是下面那个组（多咔），没几天庄稼就全完了。现在好多了，有时候还是会被淹。旱灾也有过，十几年前了①，那时候拉萨好多田都没法种了，我们这里也缺水缺得厉害。……我们这里的（灾害）都不算太大。（SLBZ，男，47岁，斯布村，牧民）

雪灾是西藏地区最常见的自然灾害，几乎每年都会发生，而且范围很广，每年的不同仅仅是程度和地区上的差别，因雪灾导致的房屋损毁、牲畜死亡、道路受阻、电力中断等现象，时有发生。

> （甲多村）最多的应该是雪灾，也不算太大，小一些的有不少，其实每年冬天都会下很多雪，对我们放牧来说困难就很大。我小的时候有几场雪灾下得特别大，牲口都冻死了。现在冬天一般的下雪都不怕了，我们存的有草，秋天割了存起来的。……春天不下雨的话容易旱，庄稼就没办法种，草长得也不好，想从山上引水浇地太困难了，没有水渠。（GS，男，62岁，甲多村二组，牧民）

---

① 根据描述，他所指的这场旱灾应当是2001年发生在西藏拉萨、阿里、日喀则等地区的旱灾，导致32个县受灾，15611公顷农田因缺水无法播种。

有雪灾了村民都会互相帮助，比如说你们家草有多的，就给我分一些，家里人不够我帮你照顾一下，有的几家把牛羊关到一起，多嘛，能暖和一些。村上的干部统计受灾的情况，你家有几头牛、几只羊都搞清楚，跟政府要救济（物资）。这几年我们秋天能割的草多了，冬天不怕（有雪灾），而且村民家里的粮食现在也多了，我们的粮食基本上都是买的，因为我们不种地，就几家人种一小块地，二组的粮食多，他们有地。我们家的粮食现在够吃半年的吧，不够了再去买，也方便，不怕冬天没吃的。（GMGL，男，57岁，甲多村四组，牧民）

图8-3　WJ家的粮食
（刘继杰摄 斯布村2013年7月）

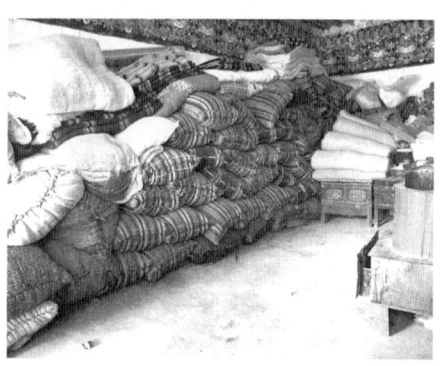

图8-4　GS家的粮食
（杨哲摄 甲多村2013年9月）

面对农牧业生产中的自然风险，斯布村和甲多村藏族通常会通过自救和等待政府救灾两种形式减少损失。自救主要以村民自发地互相帮助为主，如物资共享、共同劳动等，这些形式都是村民代代相传的救灾经验，可以尽可能地减少损失。

从整体情况来看，目前西藏已经建立起了比较健全的自然灾害风险的应对体系。第一，与灾害救助有关的法律体系的建立和完善[①]。第二，建

[①] 1985年西藏自治区财政厅和民政厅联合下发《关于加强和改革我区救灾工作的意见》。此后，又陆续颁布了《西藏自治区农牧区救灾扶贫互助储金会章程（试行）》（1991年）、《西藏自治区农牧区救灾扶贫互助储金会资金使用管理试行办法》（1991年）、《西藏自治区救灾工作分级管理规定（试行）》（1995年）、《西藏自治区破坏性地震应急预案》（1997年）、《西藏自治区灾害应急救助工作规程》（2005年）、《西藏自治区水利工程管理条例》（2007年）等一系列地区性条例、办法等规章制度，这些与中央政府颁布的《中华人民共和国防震减灾法》和《中华人民共和国防洪法》等国家层面的法律制度相配合，一起构成了系统的应对自然风险的法律体系。

立了应对自然风险的各级管理机构,由西藏自治区政府负责全区的救灾工作,各地、市级单位负责本地、市的救灾工作,县(市、区)的地方人民政府负责本地的救灾工作。第三,建立自然灾害救助基金和救灾物资储备仓库,应对自然风险。目前,西藏各地市普遍建立了自然灾害救助基金,自治区、山南、那曲、日喀则、阿里等地的救灾物资仓库也建成使用,这为应对自然风险的发生提供了坚实的物资保障。第四,建立风险信息采集,提高自然风险的预测能力。1995年成立的西藏高原大气环境科学研究所、自治区先后举办的各类与灾情相关的信息培训班、为与防灾、救灾有关的各单位更换、配备相关的救灾设施,如车辆、仪器等,有效地提高了防灾救灾工作的时效性。第五,动员各种社会力量,包括军队、企事业单位等,共同应对自然风险。第六,通过金融保险市场,探索筹集物资、资金,应对自然风险的新途径。

如何有效地分配各种资源是影响风险应激体系建设的一个重要因素,而这当中,经济实力又是一个基本的因素,是否拥有足够的经济实力,将影响到是否拥有足够的资源来应对风险。目前西藏在全国的支援之下,已经基本建立了比较系统的自然风险应激体系,为西藏各族人民的生活和西藏的和谐发展构筑了一道屏障。普通群众根据文化传统建立起来的应对风险的互助机制和传统经验则有效地补充了宏观应激机制的不足,共同为应对风险提供了保障。

(四)藏族传统文化完善了现代风险控制体系

这里所说的风险控制,是这样一个过程:国家或者其他社会组织通过法律、政府职能部门或者其他国家机器、文化、宗教、思想道德、经济体系等手段,合理分配各种社会力量的相关责任之后,采取控制风险的行为,从而达到预期的防范或者化解风险的过程。这种控制需要建立在对原有的社会风险的认识基础上,即它是通过对已经产生的风险的分析和认识之后建立起来的一种预防在今后继续发生风险的可能的一种行为。

在西藏草地利用过程当中所体现出的风险控制,主要表现为不同的社会组织或成员所采取的保护草原生态环境的措施,政府所采取的退耕还林还草、退牧还草等措施,以及不同藏族社区自发形成的一些民间的风险控制方式共同构成了西藏风险控制的主要内容。

长期以来的现实已经证实在陡坡地上从事种植业是引起水土流失以及

其他自然灾害的一个重要原因。2002 年以前,西藏境内存在大量的坡耕地和陡坡耕地,其中坡度在 25 度以上的坡耕地就达到了 24.5 万亩。为了改善脆弱的生态环境,从 2002 年开始,继实施长江天然林资源保护工程、拉萨市及周边地区造林绿化工程后,西藏全面启动了退耕还林还草工程,"工程范围涉及雅鲁藏布江中上游地区以及横断山脉西北部、青藏高原东南部的边缘地带的 7 个地(市)46 个县(市、区)"。[①] 根据统计,自 2002 年年初退耕还林还草工程开始,至 2010 年年底的 8 年间,西藏已完成退耕还林还草总面积为 82892.4 公顷,其中包含退耕地造林 16689.4 公顷,荒山荒地造林 66203 公顷[②]。

通过退耕还林还草工程的实施,有效地增加了生态脆弱地区的森林和草场资源,原来的水土流失区和土地沙化较严重的地区,重新被林地和草地覆盖,区内水土流失大幅下降,风沙危害明显减轻,对保护和改善西藏的脆弱生态系统起到了重要作用。同时,退耕还林还草工程的实施,还促进了相关地区藏区群众的增收和农村产业结构及劳动力结构的转移和优化,例如农牧民通过直接参与生态林的建设和保护工作,可以从中获取直接的劳务收入。据西藏林业局的有关人员介绍,通过参与对重点公益林的管护工作,人均每年可以增加收入 5400 元左右,另外,如果需要对公益林进行补植,参与人员还会直接获得额外的经济收入。劳动力的转移主要体现在外出打工人口的增加,这既可以解决富余劳动力的问题,也增加了农牧民的收入。另外,退牧还林还草工程的实施,通过直观的生态环境的改善以及农牧民收入的增加,使藏族群众看到了生态环境恶化的不利影响以及生态环境改变的优点,促使其参与生态环境保护与建设的意识增强,有利于今后的风险控制措施的实行。

西藏全面的退牧还草工程始于 2004 年,其核心是通过控制牧民的放牧规模和放牧习惯,以封育禁牧、休牧、轮牧等作为主要的方式,同时结合人工种草和天然草场保护等工程项目,遏制西藏草地退化的趋势,提高优良牧草的比例。多年的实践和相关的科学研究都表明,实施退牧还草工

[①] 周永锋等:《西藏自治区退耕还林工程林碳汇潜力研究》,《林业资源管理》2013 年第 3 期。

[②] 西藏自治区林业局:《西藏自治区 2002—2010 年逐年退耕还林工程计划任务及复查报告》,引自周永锋等《西藏自治区退耕还林工程林碳汇潜力研究》,《林业资源管理》2013 年第 3 期。

程确实是一项有效的手段,不仅有效遏制了草原生态系统的退化趋势,同时使草原的物种多样性、种群的均匀性、土壤的结构、土壤中有机物的含量以及饱和持水量等均有不同程度的改善,植被的覆盖率、植株的高度等均有明显的提高,草地具有的涵养水源、防风固沙、防止水土流失等方面的生态功能得到提升,有效地降低了西藏草地利用过程中可能遭遇的风险[①]。

> 国家的政策(指退牧还草及相关的禁牧、休牧、减畜措施)肯定是好的,肯定也是为我们好。禁牧、休牧确实有好处,冬天牛、羊都有草吃了。但是我们就靠放牧生活,吃的、用的、花钱都从放牧里面出,现在不让我们放那么多牲口了,我们肯定要担心以后的生活怎么办,所以,说实话,我不想(减畜)。(CP,男,45岁,甲多村三组,牧民)

普通的牧民需要通过放牧获得生活中的各种需求,退牧还草中的各项规定对他们来说,还存在暂时无法接受的情况,在某些场合下,部分牧民会认为这是切断了自己的衣食来源,所以在实施的过程中会遭受阻力。生态保护补偿和奖励机制的实行则可以相对缓和这种矛盾,通过补偿和奖励的形式为牧民提供资金和技术的支持,帮助其通过其他方式增加收入,从而有助于打消牧民的疑虑和排斥心理。从2010年开始,西藏开始推广草原生态保护补偿和奖励机制,通过这种机制为相应地区的藏族群众提供资金、物资和技术上的支持,从而调动牧民参与退牧还草工程的积极性。

普通的藏族牧民也有自己特有的一套控制风险的体系,例如藏族群众需要在生产生活当中遵守一些乡规民约、禁忌等,都被认为能够在最大范围内控制风险的发生。此外,他们还会采取一些措施,以便在风险来临之后降低其造成的损害程度,例如在斯布村和甲多村的村民都会在冬季到来之前储备草料,以备冬、春季的不时之需。每年冬季斯布村和甲多村都会有大量的降雪,这会进一步加大牲畜觅食的难度,这时储备的草料是否充

---

① 关于退牧还草工程对西藏草原生态和草地利用的改善情况,参阅王大明、颜红波《退牧还草改善草地生态环境》,《青海草业》2001年第3期;赵成章、贾亮红《黄河源区退牧还草工程生态绩效与问题》,《兰州大学学报》(自然科学版)2009年第1期;郭铌、韩天虎、王静等《玛曲退牧还草工程生态效果的遥感监测》,《中国沙漠》2010年第1期。

足，就成为影响牲畜能否顺利越冬的必备条件。

> 我们村有好几块地都用铁丝网围起来了，这里面不许进去放牛、放羊，谁都不能在里面放牧，里面的草就让它自己长，因为没有牛、羊吃，所以长得特别好。要是谁家的牛、羊进去了，要赶紧弄出来，要是故意放进去的，要罚款呢，罚得不多，就是意思意思，警告一下，有人看着。铁丝网哪里坏了有人来修，经常有人检查。秋天到了我们就进去割草，存起来，冬天的时候牛、羊草不够吃了，再拿出来喂，再买点饲料（作为补充），这样牛羊冬天就不掉膘，下大雪也不怕。割草的时候大家都看着割，觉得够用了就行了，没人管，也没人多割。冬天真的哪家不够了，去别人家借一点也可以。外村的人来割的话要收钱的，本村的比如他们一组的到我们六组这来割，那不收钱。（BB，男，45岁，甲多村六组，牧民）

> 我们这里冬天下雪多，这几年没有大雪灾，小一点的还是经常有。（积雪）有时候都能超过膝盖，雪一多就不容易化，牛羊就吃不到草，就可能饿死。所以我们秋天的时候就把这些围栏里面的草割掉（指禁牧区的草），放起来，割的时候只要是我们村的就能去割，想割多少割多少，看着割，（家里牛羊）多就多割一点，少就少割一点，觉得够用就可以了。有些家里有一点地的，把青稞收了以后，秆子（指秸秆）留下来，冬天也能喂牲口，像他们二组的田多，草（秸秆）就更多一些。把这些草存起来以后，冬天就算下雪也不怕了，喂点草，上面还会补助一些饲料，冬天就不会死牛、死羊了。（CJ，男，62岁，甲多村三组，牧民）

在经历了世代的放牧生活之后，藏族牧民对如何应对自然风险有深刻的认识，在他们的认知里面，人无法和自然灾害直接抗衡，但是通过储备草料等方法，可以降低自然灾害的影响，控制风险的危害。

斯布村位于河谷地区，河流众多，水量充沛，在降水量过大的时候容易形成水灾，影响河岸附近的农田和居民点的安全，因此他们在关键河段比较险要的河段，例如紧邻定居点和农田的河段、水流较急的河段等，都修建了堤坝，通过这种方法预防水灾，保证农田、牲畜和人的安全。

通过以上的分析可以看出，西藏草地开发利用的过程当中，存在很多的风险，人们为了应对这些风险建立了应激和预防体系，其中既有政府层面的行为，也有普通藏族群众基于自身文化特征而展开的自发行动。普通藏族应对风险的行为是通过自身长期的农牧业生产经验逐渐积累起来的，整合了藏族传统文化和现实生产经验中的各种成分，具有较强的可行性，对政府的风险应激和控制体系来说，二者相辅相成，互为补充。

第九章

草地可持续利用的民族文化反思

概言之,斯布村和甲多村草地开发利用的过程实质上是社会系统与生态系统之间的互动过程,藏族文化以及伴随社会变迁而来的其他文化要素在这个过程中同样扮演着重要的角色。从现实情况来看,藏族文化在现代自然科学飞速发展和社会变迁的影响下,未能充分发挥其应有的积极作用,文化与生态之间产生了背离。科学知识对草地可持续利用确实发挥了巨大的促进作用,但是它并不能解决其中的所有问题。藏族文化以其特有的价值观和思维方式影响着藏族的生存智慧和技能,促进了人与自然之间的和谐共生。因此,发挥藏族文化的积极作用,对于斯布村和甲多村草地的可持续利用来说,具有重要的意义。

一 社会系统与生态系统的互动

我们可以将生态系统与社会系统之间存的关系归结为:生态系统为人类社会提供生态服务功能,人类社会系统则通过自己的行动作用于生态系统,并将二者紧密地联系在一起,成为一对互相影响的整体。社会系统的文化属性影响着人类与自然环境之间的互动,因此在研究社会系统与生态系统之间的关系时,必须对文化加以重视。

(一) 生态系统对社会系统的作用

"生态系统所指的范围有:空气、土壤、生物体,也包括所有人类创造的物质结构。其中生态系统的生物部分——微生物、植物、动物(包括人类)都是其生物群落。"[1] 显然,人类也是生态系统中的一部分,由

---

[1] [英] 杰拉尔德·G. 马尔腾:《人类生态学——可持续发展的基本概念》,顾朝林等译,商务印书馆2012年版,第1页。

于人类的社会性，以一定的社会结构进行活动，因而，我们也可以将人类与生态环境之间的关系和作用视为社会系统与生态系统其他部分之间的关系。在社会系统、物质基础以及人类心理活动、价值观念和掌握的知识与技术等因素基础上的人类活动，对生态系统产生影响。生态系统则"为社会系统提供所需要的服务，包括物质、能量和适合人类需要的社会系统的信息"。[①] 藏族群众生存地区的生态系统中的草原、水源、动物以及其他资源，为藏族提供了生存和发展所需的食物、燃料、服装材料、建筑材料等各种物质上的需要。这些物质原料当中则包含有能量，如食物和燃料。物质材料在形成和组织的过程中包含有各种信息，这些信息往往与社会系统过从甚密，如牧民在放牧过程中对草地生长过程和水源的关注，以此来选择放牧的地点，农民则专注于他们的耕地以及其中生长的作物，并根据天气条件和作物生长的变化判断收成，这些都是信息从生态系统向社会系统转换的具体表现，而这些均建立于人类在自然环境中的活动之上，通过藏族群众的活动，积累成为适合当地的地方性知识的组成部分。

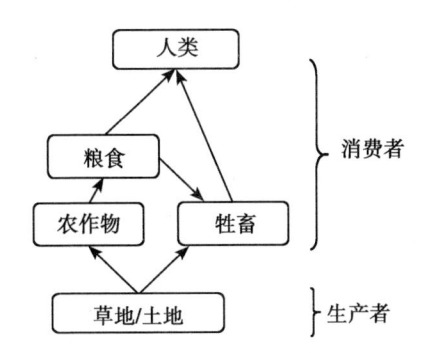

图 9-1　藏族农牧业生产过程中的简单食物网络

图 9-1 展示了藏族农牧业生产过程当中简单的食物网，其基础部分在于其中的生物群落，即所有生活在当地生态系统之中的植物、动物和微生物。草地/耕地构成了最初的生产者，农作物和牲畜则消费其中的养分——如牲畜所需的饲草、水源以及空间，农作物所需的空间、养分等，人类在这一食物网中处于顶级消费者的地位，消费农作物和牲畜的产出，牲畜作为次级消费者，在供人类消费的同时，也消费农作物产出的粮

[①] [英] 杰拉尔德·G. 马尔腾：《人类生态学——可持续发展的基本概念》，顾朝林等译，商务印书馆 2012 年版，第 1 页。

食——以作物秸秆或品质较低的青稞作为天然饲草的补充喂养牲畜。在这个过程当中，任意一方的变化都极有可能对其他方面的生存和运行产生影响。这一点很容易理解，例如草地/土地的退化会导致承载力/农作物产量降低，进而会导致以此为生的藏族群众生活水平乃至生存条件的变化；从人类的角度而言，藏族群众过度扩大牲畜数量和耕地面积的行为则容易导致过度放牧或过度开垦的后果，草地和耕地的质量下降，更严重的则是出现草地/耕地退化的现象，进而导致牲畜/农作物的生存环境恶化，最终仍会影响藏族的生存。

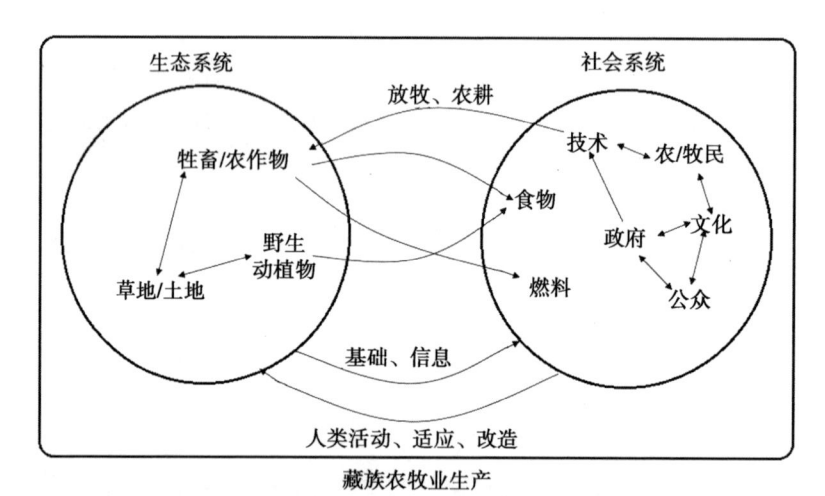

图 9-2　生态系统与社会系统在藏族农牧业生产中的关系

　　生态系统和社会系统之间通过人类的行为作为媒介联系在一起。如图 9-2 所示，在藏族的农牧业生产过程当中，以农耕和放牧行为为代表的人类活动直接影响着青藏高原相应地区的生态系统，藏族群众依据已经掌握的技术和知识从事农牧业和种植业生产，通过在草地上放牧牲畜和在土地上种植农作物为媒介，将自然生态中的动植物转化为人类所需的食物。生态系统在为人类行为提供各类基础的同时，也将各种信息反馈给藏族的社会系统，藏族群众则根据其中的反馈调整自己的行为。甲多村藏族在放牧的时候，会根据特定区域内饲草的生长情况和天气状况决定在哪一块草场放牧，经过长期的演变和积累之后，这种建立在实践基础上的经验逐渐转变为一种在放牧时定期转移牧场的自觉行动，表征为一种固定模式下的生产方式。人们为应对青藏高原生态恶化所采取的改造藏族原有农牧业生产体系的行动则是一个更宏观的例证：政府在认识到过度放牧对青藏高原生态环境造成的不利影响之后，通过行政策略控制牧畜的规模，公众（如非政府组织、普通民众、科研人员、宗教人士等）亦通过自身的行动对当地生态保护施加影响，牧民中接受过度放牧不利于生态平衡观念的人也在逐渐增多。上述的人类行为可以理解为：人类在面对生态环境变化时，通过对社会系统中相应部分的改造，有意识地通过自身的行动重建或重组已有的生态系统，或者创建一个新的生态系统（如人工种草增加饲草供应）以便获得更好的生态服务功能。

（二）社会系统对生态系统的回馈

生态系统与社会系统之间的回馈因为人类活动的存在继续往来于二者之间。由于传统知识体系中关于众生平等、禁止杀生等观念和某些场合下禁止打猎的规定，斯布村和甲多村境内在很长一段时期内野生动物的种类和规模都保持着非常可观的水平，对人们有益的野生动物控制着鼠兔等会破坏草场的动物数量，草原的质量也得到了保障。但是由于人们观念的变化，本土居民和外来人口为了获取更多的经济利益采取的一些短视的行为导致野生动物数量下降，草原生态平衡被破坏。如果继续这种行为，当地的野生动物种类会被消耗殆尽，因此当地的政府和牧民将禁止打猎的规定重新加以重视，于是野生动物的数量也在逐渐增加。①

青藏高原不同地区在使用燃料方面的差异也可以有助于我们理解这种生态系统与社会系统之间的回馈。由于海拔高，甲多村境内只有草原，长期以来当地居民一直依靠捡拾、晾晒牛粪作为日常生活中烹饪和取暖的燃料。随着当地人口的增长以及牛粪的商品化，当地对牛粪的需求量越来越大，甲多村每家每户都堆有大量加工晾干后待用的牛粪。在斯布村，人们以牛粪作为主要的燃料来源，不同于甲多村的是，因为海拔相对较低，有一定数量的灌木和乔木存在，人们也会捡拾一些干枯木柴或者砍一些小树枝作为补充。其实这种情况还有一个更为现实的原因，即当地多山的客观环境所致。斯布村境内多山，且落差较大，当牛群进入高山牧场放牧时，捡拾、晾晒、运输牛粪成为一项高劳动强度的行为，获取生长在山脚、河

---

① 由于目前尚且没有专门进行针对斯布村和甲多村野生动物的调查，所以无法确定当地野生动物的数量，但是在我们的调查过程中，两地的村民根据自身的观察和经历，在主观上均觉得境内野生动物的种类和数量都有明显的增加，近年来在斯布村经常会发现有野生山羊、石羊、鹿等在清晨跳过围栏啃食庄稼的事情。

谷地带的树木则相对简单，既可以降低劳动成本，也可以补充牛粪不足带来的燃料损失，同时，二者互为补充，也不至于对自然环境造成过大的破坏。

图 9-3　和平村一隅
（刘继杰摄　和平村 2013 年 5 月）

图 9-4　柴堆
（刘继杰摄　和平村 2013 年 5 月）

如果我们拓展视野，将会发现更多的例证：生活在云南迪庆藏族自治州香格里拉县小中甸镇的藏族，当地林木资源丰富，因而当地藏族选择了木柴作为日常生活中的主要燃料[①]，牛粪反而很少利用。和平村的牧民在放牧时更是直接形成了禁止捡拾牛粪的规定，希望以此举来保证草场的肥力，提高牧草的质量。在上述三个地区，均存在规模不等的种植业，每年也会产生不同数量的作物秸秆，但这三个地区无一例外地将秸秆排除在燃料来源之外。由于这些地区的气候条件，植物的生长期都较短，冬季饲草枯黄且数量少，不足以提供牲畜所需，因而，作物秸秆被保存下来，作为饲草不足的补充。

生态系统和社会系统之间的相互作用当中，一个很重要的原则是要保持生态系统功能的充分完整性，以便使其能够不断地向人类和生态系统中其他生物提供生存和发展所需的各种资源。由于二者之间密切的相互联系，能否满足这一原则将会直接影响到生态系统与社会系统之间相互作用的可持续性。无论社会系统和生态系统之间的具体关系如何表现，我们都可以将其简单地归纳为社会系统从生态系统中获取各种自然资源，同时将利用后的废弃物重新归还给生态系统。

[①] 木材同样是香格里拉县藏族建造房屋使用的主要材料。

斯布村和甲多村的藏族在利用青藏高原草地生态系统的过程当中，获得的原料和能源主要是可再生资源，如食物、水、森林资源以及燃料等，利用后以废弃物的形式还给生态系统，如废水、废气或其他一些生活垃圾等。在传统社会，藏族获取的资源都直接源自周围的生活环境，加工的技艺也相对有限，因而排出的废弃物较少，而且可以较快地降解，重新转化为生态系统中的各类元素。随着社会不断的发展，大量工业化的产品进入当地藏族的生活当中，因而他们在向自然排放废弃物的时候，无法降解的物质增加，由于这些垃圾的大量存在，使自然生态系统的压力增加。近年来当地矿产资源的开发则增加了对资源的使用强度，人类对生态系统的索取增加，也越来越具有不可持续性。斯布村和甲多村境内的开矿行为虽然和当地居民没有直接的关系，但是这种对当地不可再生资源的透支，使得当地的草原、水源等都受到不同程度的损害，如草场被破坏、水源被污染，造成可再生资源也被透支，其为社会系统持续提供给养的能力受到影响，被消耗殆尽的概率和速度增加。

在西藏草地利用的过程当中，应当注重将对生态系统的需求控制在一定的范围之内，从而实现生态系统持续提供资源的能力，从而实现人类社会系统与自然生态系统之间相互作用的可持续性。

（三）文化对生态系统的适应

"文化作为人类为了谋求生存与发展而建构起来的人为信息系统，只有与自然生态系统的信息架构具有一定程度的兼容性，才能确保文化与生态系统的寄生关系得以持续。这一客观存在导致了人类不管按什么样的办法去建构自己的文化，都必然依存于自然生态系统，以确保人类建构起来的不同社会始终能与自然生态系统保持寄生关系。"[①] 脱胎于青藏高原生态系统的藏族社会，虽然具备文化的属性，但是它依旧必须寄生在自然生态系统之中，在文化的指导下根据自然环境的变化对社会结构作出相应的改变，以此来维系社会的稳定和延续。

从斯布村和甲多村藏族文化的特点来看，其中所反映的是当地藏族对生活区域内生态环境脆弱性和自然资源珍贵性的认知结果。在当地藏族看来，人和自然界构成的是一个和谐的统一体，人和自然之间互为支撑，缺

---

① 罗康隆：《族际文化制衡与生态维护研究》，《鄱阳湖学刊》2009年第2期。

一不可。

> 我们人跟这个世界（自然界）都是一样的，谁都离不开谁，人要活下去，那就要种地、放牧，要是没有这些我们就没有吃的、穿的，要是这个世界上没人了，我觉得那也没意思，多了我说不上，反正就是不好。（GSWM，女，39岁，斯布村，牧民）

"藏族生态伦理具有统一完整的生态文化体系，它建构了人、神与自然为一体的宇宙观与人、神与自然相互依存、同生共存的自然—人文生态系统；认为宇宙一切生物与非生物的环境都是一个完整的统一体；宇宙统一体中的一切因素都处于相互依存、相互联系、互为条件的因果关系中。"[1] 基于对人与自然关系的这种认识，藏族对人与动植物之间的关系也持和谐共存的观念，保护自然、爱护自然成为其生态伦理的重要出发点，在此基础上创造属于本民族的物质文化和精神文化。

青藏高原特殊的地理环境也促成了生于斯长于斯的藏族群众创造出与众不同的游牧文化。青藏高原独有的地理特征使之相对于周边地区而言，表现出一种较为孤立的特征，这也为藏族游牧文化的发展创造了独立的空间，"历史几乎没有给它与农耕文化、工贸文化冲撞、融合的机会，苍天也没有赐予它大规模创造农耕文化的背景条件"。[2] 在某种程度上，正是由于青藏高原在地理上相对封闭性的这种特殊自然环境，使藏民族的游牧文化在很长的一段历史时期内都处于独立发展的境地，而且青藏高原生态环境的现实情况也不适合大规模地发展其他经济，所以藏族的游牧经济在和其他民族的交流之中保持了自身的独立性，成为一种特殊的高山草场畜牧型的经济文化类型，未被其他经济形式所同化或吸收，进而为藏族文化在和其他文化的交流中保持自身的特性和独立提供了一项有利的条件。除此之外，藏族游牧文化能够长期存在和发展的一个重要原因就是它能够适应高原的自然环境，在尽量减少对自然影响的前提下，对自然中的植物资源和动物资源加以充分地利用，既能够达到维系人类生存的目的，也不至于对自然环境有过多的破坏。现代社会的变迁和开放性的增强使藏族游牧

---

[1] 熊坤新、颜顺新：《藏族生态伦理思想概论》，《青海民族研究》2007年第2期。
[2] 尕藏才旦、格桑本：《青藏高原游牧文化》，甘肃民族出版社2000年版，第5—6页。

文化受到了或多或少的影响，但是在一定的范围内，游牧生产方式和游牧文化的优越性是不可替代的，甲多村农业文化的迅速发展和衰退过程中既体现了文化影响下的社会变迁，同时也反映了文化对生态环境的适应。

> 当雄县甲多村曾经一直是一个纯牧业村，没有种植业，1958年以后，随着当时种植业自东南向西北推进，而且由于当时的种植技术也已经有了一定的提高，所以种植业生产在这里得以扎根，当地牧民开始种植青稞。经过一段时间的实践之后，村民中的绝大多数人又放弃了大规模的种植业，较大规模的生产只在第二村民小组有所保留。原因之一就是甲多村的自然条件限制了当地农业的发展，无霜期短，作物生长期短，投入远大于产出，而且相对于畜牧业来说需要面临较大的风险，是主要诱因。（甲多村调研日记，2012年8月1日）

农业文化在甲多村的着陆和发展是受到外界文化影响的，在当时的大环境下，传统文化的制衡力量衰退，生产方式发生改变，这种变迁是依靠行政力量得以推行的。经过实践之后农业生产又大量被放弃与少量保留，则反映了这种生产方式只在小范围内的适应性，是文化与自然之间相互适应之后的结果。斯布村村民根据海拔高度和地形、土壤条件的变化调整农牧业生产的具体方式，则是文化和自然之间适应的另一例证。

在藏族的节日文化当中，也能够体现出文化与自然之间的耦合，以望果节为例。首先，望果节的时间充分体现了对气候、温度变化以及作物生长规律的认识。西藏望果节的日期通常在每年藏历七八月间进行，通常是在每年青稞黄熟以后，开始收割前的两三天进行，每年举行望果节的具体日期会根据各地农事活动的季节性变化而有所差异。由于自然环境的影响，西藏的地形、海拔、气温、光热等条件的地区性差异比较大，所以作物成熟的时间往往会有所差异，这就直接导致了不同地区望果节时间上的差异，我们在2012年7月下旬的调研期间，墨竹工卡县以西的达孜县塔吉乡巴嘎学村的藏族群众就已经举行了望果节，而斯布村的望果节则要到8月底。其次，望果节的分布也体现了人们对自然环境的认知。主要分布在西藏东南部，海拔相对较低，气候条件较好，适宜从事农耕的地区。牧区通常是赛马节，在每年夏秋季举行，不同地区的赛马具体时间亦不相同。

"人类社会与自然生态系统作为两个并存的自组织复杂系统,其间存在着诸多相似性,这种相似性贯穿到各民族文化与生态系统的互动关系中,在民族文化中得到完整的反映。"① 从斯布村和甲多村的生态系统与社会系统的结构来看,无论是生态系统还是社会系统,都由多层次的有序结构组成,"在自然生态系统中,小到具体的物种和生物个体,进而到不同的群落和种群,再到不同的自然生态系统",最后才构成了当地自然生态系统的总体,这个总体则存在于整个地球系统之中。当地的藏族社区的构成也与此十分相似,小到作为社区成员的个人,到由不同血缘、地缘、业缘关系组成的社会集团,如亲属、朋友或是因合作放牧组成的临时组织,再到整个村民小组乃至村落社区。当地生态系统中的各个子系统通过相互间的制约维系着生态系统和子系统各自的稳态延续,人类社会也是如此,无论是其中的行政力量、民间组织抑或是个人,都以一定的形式组织起来,通过自身的影响维持社会系统的稳态延续,并在整体的稳态延续中维持自身的发展。"人类社会不是自然生态系统的对立物,而是可以与之长期共生并存的两个复杂体系。这两个复杂体系既存在着寄生关系,又是可以自立运行的自组织体系,因而其间的关系总是表现为复杂系统之间的互动过程,这是分析人类社会与自然之间关系的基本出发点。"②

二 文化协从机制与草地可持续利用

生态系统是由"众多生物体相互制衡的复合产物,生态系统的稳态延续不是靠自然达成平衡,而是靠生物体之间能动地应对环境、能动地吸取外界的物质和能量去建构自身;并在相互依存、相互制约的关系网中共同维护了生态系统的稳态延续。因而这种稳态延续是凭借生命遗传信息制造出来的聚合态平衡,称为制衡"。③ 斯布村和甲多村的生境系统由多种复杂的系统共同组成,简单而言可以分为生态系统、社会系统和文化系统,其中前者包括了当地生物的多样性和多样化的生态子系统,社会系统同样囊括了多种子系统,如人际关系、宗教、行政、社会组织等,文化系

---

① 罗康隆:《论民族文化与生态系统的耦合运行》,《青海民族研究》2010年第2期。
② 罗康隆:《族际文化制衡与生态维护研究》,《鄱阳湖学刊》2009年第2期。
③ 杨庭硕、吕永锋:《人类的根基——生态人类学视野中的水土资源》,云南大学出版社2004年版,第202页。

统则包含了诸如信仰文化、政治文化、与生产生活有关的地方性知识、风俗习惯、社会结构、民族心理等众多内容。如果继续将这三个系统进行简化，我们可以将其视为人与自然之间的互动，人类的文化属性使这种互动不可避免地具备了文化的特征，人们在文化的指导下与自然进行着互动，适应和改造自然。

组成斯布村和甲多村社会有机体的这三种系统之间的互动与制衡，使当地社会成为一个完整的复合体，成为无论是当地草地的可持续利用还是社会的良性运行的关键因素。当地社会的文化特性以及村民行为受文化影响的属性使得文化在这一制衡关系中占据了重要的地位，藏族文化通过自身的作用方式对斯布村和甲多村村民施加影响，通过文化制衡影响当地社会各系统之间的平衡。

(一) 文化协从的内涵

协从即和合、顺从之意。文化协从是我们从生态人类学的视角首次提出的一个概念，目的是解决人类在与生态环境相互作用中，文化在其中发生的机制与意义。文化协从这里特指文化对于草地利用的辅助、协助、协同、协理之意。文化系统与生态系统都是复杂的体系，同时又具有相近的结构，各民族形成的传统文化在其发展中起着一种协同与协理发展的作用。对文化协从的研究，其目的在于使我们更好地认识和把握"具体文化和并存多元文化的运行规律，以便利用这些规律去调整人类社会的运行，为人类社会铺垫更为坚持的可持续发展基础"[①]。本书对斯布村和甲多村藏族文化对当地草地可持续开发利用的研究，属于对藏族文化这一具体文化运行规律的讨论。

结合藏族文化在斯布村和甲多村社会的实际情况，可以将当地草地利用过程中文化协从的特征总结为以下几点。

首先，文化协从促使藏族文化不断地适应当地变化中的生态环境。斯布村和甲多村的生态环境存在较大的差异，位于拉萨地区唯一牧业县境内的甲多村，畜牧文化的特征明显，斯布村则因为种植业的大量存在而体现出更多的农耕文化特征，但这并不影响藏族文化在两

---

① 罗康隆：《文化适应与文化制衡：基于人类文化生态的思考》，民族出版社2007年版，第191页。

地的共同特征，而且能够很好地适应两地的具体情况，确保当地文化的平稳和延续。

其次，藏族文化在文化协从中发挥着巨大的"替补储备能力"。事实上，斯布村和甲多村也是两个多元文化共存的地区，其中最主要的莫过于藏族文化本身，随着社会的变迁，其他文化进入当地社会，如我们常说的科学文化、官方知识、市场经济等，这些也以文化的形式对当地产生作用，这些文化之间都具有互为"替补"的能力，这些文化要素构成了不同的制衡力量，共同促进当地草地利用和社区发展的延续。

再次，文化协从在两地均表现出外显性和内隐性的特征。这里所说的外显性是指以具体的物质形态表现出来的文化制衡的结果，如斯布村和甲多村藏族的藏传佛教信仰、生态伦理观念、对科学技术的掌握等，这些都以物质和行为的形式得以表征，如藏传佛教寺院、僧人、生态保护的行为、现代科技产品等。这些都是可以被直接观察和认知的对象。其内隐性则是指文化制衡在人们意识中发生作用的过程，文化通过对人的心理产生影响才能发挥作用，例如其中的认知过程、逻辑分析过程、产生认同的过程等，这些都是隐藏在前述外显性因素之中的，是一种潜在的过程。

最后，在无序性的表象下隐藏着文化协从的有序特征。文化丰富的内涵和外延使之显得十分庞杂，同时文化又影响着斯布村和甲多村社会结构多样性的诸多方面——可谓是"无孔不入"——这容易使人们产生杂乱的错觉。其实这种无序仅仅是现象上的，文化协从的作用机制是有序的，它一直遵循着相同的原则，即文化制衡是通过影响人类的行为发挥作用的，其中经历了观察、认知、逻辑分析、产生认同和付诸实践的过程。

（二）文化协从机制在草地利用过程中的体现

藏族草地开发利用的资源当中，草地、土地、水、空气、阳光等是其中直接涉及的几种主要自然资源，都具有自然的属性，但是，资源的界定并不是自然的，而是通过文化来定义的。"资源是文化规约下的资源。……人类世世代代都是用文化模塑下的生计方式探测、归类、评价和利用自然资源，人类的文化只有在对自然环境实体获得利用它的知识和技术技能以及对所产生的物质或服务有了某种需求之后，自然环境中的成分才能归为资源。"① 由于斯布村和甲多村藏族的需要以及他们所具有的适应和改造自然的能力，并且通过自己的生产实践赋予上述自然要素以资源的价值，它们才得以成为村民赖以利用草地从事农牧业生产的资源。村民实践的文化属性使这些资源受到文化的制约，成为文化制约下的资源。在斯布村和甲多村的村民看来，草地（还应包括水源等）是他们所要利用的主要资源，这是受到其自身农牧业生产文化影响的，对于部分地区的草地之下蕴藏矿产的事实，他们虽有所了解（或者很了解），但是因为在生产生活中并不需要（或很少需要），所以并未被纳入其生存所需资源的清单，而一些采矿企业则将其视为自身发展和国民经济建设的重要资源，这种差异中所反映的就是在特定情境下，文化对资源价值不一致的判断。

在斯布村和甲多村藏族利用草地从事农牧业生产的过程当中，文化发挥协从作用主要通过两种方式，其一是制度性因素的协从，其二是非制度性因素的协从。所谓制度性因素指的是政府机构及其代理人（主要包括中央政府部门、自治区政府、地县乡各级党政部门以及村委会、村党支部等各级机构）自身及其所制定的各种法律制度、行政措施等。其中对两地草地利用影响最为直接的莫过于草场/土地家庭承包责任制、草畜平衡、禁牧蓄草、牲畜防疫、草场改良等各项政策和措施。当地藏族原有的放牧方式因为受到这些制度性因素的影响而或多或少地发生着或快或慢的改变，改变的初衷和最终的方向则都是为了能够使草地利用体系和当地的草原生态能够稳定地延续下去。

影响斯布村和甲多村藏族草地利用的非制度性因素当中主要包括其地方性知识，也包括来自其他民间文化的要素。仅藏族地方性知识当中就已经包含了丰富的文化要素，如前文所说的藏族的生态伦理、禁忌、宗教信仰、社会组织、生产习俗、风俗习惯等均会对藏族草地利用的方式产生作用，目的都是维护当地社会和草地利用体系的稳态延续。斯布村和甲多村的许多村民都将随意捕杀野生动物视为一种"罪孽"，受当地舆论的谴责，这种观念受到藏传佛教众生平等和因果报应等观念的影响，这对于维持生存环境内的生物多样性是有利的。从文化制衡的角度来说，多样性的

---

① 罗康隆：《文化适应与文化制衡：基于人类文化生态的思考》，民族出版社2007年版，第206页。

存在为生计方式的多样性提供了潜在的条件，使特定的人群可以有更多的选择性。藏传佛教信仰尤其是神山、圣水的崇拜观念，增加了生态保护的神秘性和严肃性，在这一前提下，当地村民严格遵守禁止开垦神山以及在神山打猎、挖药的不成文规定，以免惹怒山神，同样的，需要遵守禁止污染泉水、河流的规定，以免触怒龙神。概括而言，藏民族的神山和圣水体系是极其庞大的，甚至每到一地，就有一座神山，每一条河流、泉眼中都居住有龙神，山神和龙神广泛地存在于村民生活的场域之中，世间的众多事物都受到神灵的主宰。在这样的背景下，当地村民的生产生活行为都必须是谨慎的，任何被视为"不洁的"事情都属于被禁止的行列，如果打破了某一个禁忌或规定，就会受到相应的惩罚。这些非制度性的因素对于当地藏族开发利用草地的影响是深刻的，通过将人们的行为限定在特定的范围内，尽量减少人类活动对自然环境的负面影响，从而达到文化制衡的目的。

斯布村和甲多村的制度性和非制度性文化协从机制，并不是孤立存在的，二者之间相互联系，互为补充，共同发挥作用，具体表现在：发挥作用的共同场景——特定的藏族社区、一致的作用对象——草地利用方式和农牧业生产过程、同样的作用途径——通过影响村民的心理和行为达到制衡的目的。因此，我们可以将这种制度性因素和非制度性因素的文化协从机制模式视为文化互动的过程，同时它也是文化互动的结果。

在文化协从机制的作用下，斯布村和甲多村藏族草地利用的特点主要表现在以下几个方面：一是对草地资源利用的节制性，在制度性和非制度性因素的共同作用下，当地草地利用方式的节制性特征日趋明显，并且更具合理性；二是草地利用的形式和利用资源的种类都在朝向多样化发展，斯布村和甲多村草地利用的方式都从原有的局限于农耕和放牧向更多的利用途径发展，如旅游，可利用资源的种类也在逐渐增加，如村民从事的运输业、零售业、手工业等领域的生产；三是文化协从机制由单一性、封闭性走向多元性和开放性，斯布村和甲多村传统社会中主要的文化制衡模式是基于宗教文化以及在此基础上的世俗文化发挥作用的，对外表现出一定的封闭性，现代社会的文化机制则日趋多元化，多种因素共同发挥作用，社会开放性的增强使得更多的文化要素能够发挥协从的作用；四是对资源利用的均衡化，通过人与自然的和谐互动促进草地的可持续利用，这也是文化制衡所要达到的重要目的之一。

(三) 变迁背景下藏族文化协从机制建构

利用草地从事生计活动是斯布村和甲多村藏族长期依赖的主要生计方式，在未来的很长一段时间内都将继续下去，因而如何运用具有长期稳定持续能力的社会和文化力量促进当地草地利用的可持续发展，建立怎样的文化制衡机制，是发展过程中必须面对和思考的问题。这种文化协从机制应当是当地固有的藏族文化在社会变迁的新背景下达成的符合时代要求的新型文化协从，以此来推动当地居民开发利用草地过程和社会的稳态延续。具体说来，当地文化协从机制的完善应当从以下方面进行思考。

其一，正确理解文化适应的双向性。所谓文化适应的双向性是从文化适应需要调试和应对的对象而言的，即自然环境和社会环境，因此这里所说的适应的双向性就是同时满足对二者的适应。"生物性适应和社会性适应都是文化适应不可分割的组成部分。两者在相关民族文化中同时并存，但两者适应的对象、手段和方法却互有区别，并最终导致了这两种适应在取向上的各不相同。"[1] 斯布村和甲多村藏族在适应当地自然环境中形成的农牧业生产体系、社会运行知识、社会文化体系等文化结构和元素，能够适应当地的生态环境和社会情境，对于帮助村民规避当地生态环境系统的脆弱环节，维持生存和发展提供了重要的帮助。现代社会变迁的背景之下，无论是所谓城市化、市场化、全球化的宏观发展模式，还是在日常生活中的微观社会交往，由于面对的是更加强势的文化影响，所以当地文化的社会性适应增强，使他们适应社会发展的需要，但同时对生态系统的适应性相对被削弱，引起对生态系统的偏离，导致如草场退化、水源污染等生态问题的产生。因此，需要正确地理解文化适应的双向性特征，在延续民族社会发展和民族文化的基础上，促进经济的发展和生态的延续，避免因忽略其中某一因素而导致民族文化协从机制弱化造成的生态问题。

其二，重视地方性知识在生态建设中的应用价值。"历史上的任何一个民族由于要受到所处时空域的限制，从来不会在全面认识自然生态系统后再着手安排生态环境的维护，而是在文化建构的过程中从所处的自然生态系统内人为地分割出一个最适合于本民族生息的区域，照本民族文化的

---

[1] 杨庭硕：《生态人类学导论》，民族出版社2007年版，第73页。

理解去建构并精心维护本民族特有的民族生境。"[①] 斯布村和甲多村藏族的地方性知识是藏族群众经过长期观察、记录和分析后积累而成的,具有复杂性、稳定性和传承性的特征。无论是由宗教信仰、习惯法规和民众高度自律形成的圣境文化,由传统习惯法、宗教禁忌、风俗习惯、生产经验发展而来的生活习俗和村规民约,还是以对自然环境中资源的认知与生产经验为基础的具有循环性和适应性的生产方式,又或者是当地藏族群众中广泛存在的人与自然和谐共生的观念,都是"富有生命力的文化生态资源,其价值和效益是一般科学技术无法取代的,值得重视、挖掘、传承和开发"[②]。究其实质,这些地方性生态知识是藏族群众在对自身行为方式和生存环境以及二者之间制衡互动过程进行认知,并将这些认知成果积累下来的结果,其中所包含的生态智慧和生态技能客观地反映了这一制衡互动过程,"可以帮助我们突破实践与空间的双重限制,凭借最小的的投入获取现代自然科学难以获取的生态资料"[③]。因此,在研究斯布村和甲多村草地可持续利用与当地生态建设的问题时,不仅需要科学技术的贡献,同样需要重视和发挥地方性知识的协从作用,从而提高文化和自然之间的相互适应性。

需要强调的是,斯布村和甲多村藏族的地方性知识与其他民族或其他地区的地方性知识一样,具有特殊性,"往往仅适用于该民族生境中,或在有限范围内可以直接借用,要纳入普适性的科学知识系统有很大的难度,这乃是此类智慧和技能在通常的科学知识架构中不得不割爱放弃的原因"[④]。对于复杂的社会体系来说,以地方性知识应对生态问题成为稳妥的办法,但地方性知识的特殊性却使其文化协从的范围受到限制,只能在一个有限的时空范围内发挥作用,这也解释了为什么民族间或同一民族不同地区间的地方性知识差异。所以不能盲目地借鉴和使用异文化中的地方性知识,而应该是建立在全面、科学的研究分析,确定二者之间的兼容性和适用性之后,辩证地采纳。

[①] 游俊:《古代的生态维护与文化制衡》,《广西民族研究》2006 年第 4 期。
[②] 尹绍亭:《人类学的生态文明观》,《中南民族大学学报》(人文社会科学版) 2013 年第 2 期。
[③] 杨庭硕:《生态人类学导论》,民族出版社 2007 年版,第 99—100 页。
[④] 罗康隆:《文化适应与文化制衡:基于人类文化生态的思考》,民族出版社 2007 年版,第 219 页。

另外，建立以地方性知识为基础的文化协从机制，还需要在宏观上对其进行引导与支持。斯布村和甲多村的社会变迁带来的村民行为变迁确实为当地区域社会发展做出了一定的贡献，但是这也导致了作为文化要素的地方性知识与生态系统之间的偏离，传统文化中有利于促进人与自然和谐相处的内容被有意或无意地忽略，导致原有的文化协从机制被弱化。例如涉及斯布村、甲多村和整个西藏在内的退耕还草、退牧还草、禁牧、草畜平衡政策，通过制度性因素对当地的草地利用进行制衡，而在村民看来，这会对自身的生活条件造成不利的影响，因而排斥这些做法，仅仅依靠地方性知识已经不足以有效地解决，为此，政府部门又制定了与此相应的生态补偿政策，同时通过宣传和示范消除牧民的顾虑，提高了这些政策的可行性。因此，在宏观上对当地的地方性知识进行影响，如引导和完善传统文化的宣传教育机制，提供当地社会发展的有效支持，深化当地居民对地方性知识的认知和应用水平，通过将行政、教育等宏观方式以及当地民间力量等微观因素相结合，对于寻求文化对生态的回归、强化地方性知识的文化制衡作用，将会更加行之有效。

三 文化自觉与草地可持续利用

费孝通先生最早将"文化自觉"作为一个明确的概念提出，认为"文化自觉只是指生活在一定文化中的人对其文化有'自知之明'，明白它的来历，形成过程，所具的特色和它发展的趋向，不带任何'文化回归'的意思，不是要'复旧'，同时也不主张'全盘西化'或'全盘他化'。自知之明是为了加强对文化转型的自主能力，取得决定适应新环境、新时代时文化选择的自主地位。文化自觉是一个艰巨的过程，首先要认识自己的文化，理解所接触到的多种文化，才有条件在这个已经在形成中的多元文化的世界里确立自己的位置，经过自主的适应，和其他文化一起，取长补短，共同建立一个有共同认可的基本秩序和一套各种文化能和平共处，各舒所长，联手发展的共处守则"。[①] 文化自觉首先要求对自身的文化有清晰的、全面的认知，同时，需要根据客观情境的变化发展自身

[①] 费孝通：《反思、对话、文化自觉》，《北京大学学报》（哲学社会科学版）1997年第3期。

所具有的文化，并且要积极地参与和适应当前的多元文化社会，通过与其他文化的交流、碰撞，借鉴其中的合理成分，发展自身的文化。

（一）科学认识藏族文化的价值

对藏族社会来说，在其发展历程中积累起来的民族文化对藏族社会的发展具有重要的意义，对维系藏族社会的有序运行做出了巨大的贡献。就草地利用而言，藏族文化通过规约民族成员的心理和行为，发挥着自己的作用。对草地可持续利用而言，藏族文化的价值主要表现在以下几个方面。

1. 文化延续藏族草地利用的知识体系

藏族草地利用中的知识体系，蕴含在其文化资本的诸多方面，"每个民族的传统知识在该民族的话语实践中无所不在。民间故事、传说、诗歌、谚语，无一不是本土生态知识的载体，各民族的年轻一代在接受这些知识的口头话语资料时，都会从中获得相关的本土生态知识。此外，跟着父辈从事生产活动，参加各种社交礼仪，也就从中学到了各种有用的生态知识和技术技能"。[1] 藏族的宗教信仰、民间故事、民俗禁忌、民间文学、道德体系、制度体系等载体当中蕴含着众多与草地利用有关的地方性知识，例如耕作方式、放牧方式、牧畜结构等，如何在生产生活当中维持人与自然之间的和谐共生，如何在有限的自然资源中尽可能地满足生存的需要，等等。由于这些知识的实践性特征，通过学校教育的形式传递明显是难以实现的，所以，通过社会实践进行传播成为主要的代际传播方式。

> 没人教我们怎么放牧，我们藏族生在这个地方，从小就看着大人放牧，自己也就学会了，大人们给我们教怎么放。挤奶、接羔，什么时候上山，什么时候赶下来，哪里能放，哪里不能放，都是跟着大人们学的。（BZ，女，58岁，甲多村二组，牧民）
>
> 小时候就跟着大人放牛放羊，小的时候先放羊，长大一些了才放牛，慢慢地就学会怎么放牛、放羊、挤奶，哪块地好、哪块地不好慢慢地也就会看了。都是跟着大人们学的。现在我们自己也有了小孩了，他们也跟着我们学，不上学的时候就给家里帮忙，慢慢地他们也

---

[1] 杨庭硕、田红：《本土生态知识引论》，民族出版社2010年版，第8页。

就知道怎么放牧了。(CRYZ，女，48岁，斯布村加措堆，牧民)

藏族群众世代生活在青藏高原的环境当中，能够明确地认识自己所在的生存环境，与其中的动物、植物形成密切的关系，因而其农耕与畜牧生产方式都以与自然的和谐为特征，尤其是畜牧业生产，对自然环境并没有过多的干扰。对于畜牧业的生产方式，牧民也在自己的生存环境中形成了适应性的选择，在选择牲畜的时候，牧民发展出根据不同的草地类型、气候、土壤条件放牧不同牲畜的知识。牧民直接参与畜牧业生产的过程，在实践中加深了对这些知识的认知，逐渐转化为自己的知识加以储存，并通过今后的活动将其传递给下一代成员。

藏族草地利用知识体系传播过程的实践性，要求其具有延续性，即必须不断地有新的民族成员加入到实践的过程中来。根据在斯布村和甲多村以及在云南和青海等地的田野调查经验，我们发现许多年青一代的藏族人都逐渐转出了畜牧业生产领域，造成地方性知识传播的局部断裂，在斯布村和甲多村的年轻人当中，尤其是在外打工、求学的这一部分人，对农耕和畜牧的相关知识所知已经远不及他们的前辈。

藏族草地利用中的地方性知识包含在许多不同的载体当中，虽然其目的都是维系生产的可持续发展和社会的健康运行，但是地方性知识的离散性特征比较明显，没有系统化的表达，然而这并不影响藏族地方性知识在其社会中所具有的作用和传承性，它可以推动着藏族草地利用的延续和藏族社会的持续发展。

2. 文化为藏族的草地利用提供必要的规范

藏族的地方性知识中，很多内容直接规定了人们在利用草地进行生产活动时所要注意的各种规范，都对藏族生产生活的有序运行提供了保障。如藏传佛教所提倡的众生平等的理论以及佛教义理"十善法"的规定等内容，均认为人和世间万物一样，都是共同生活在有情世界的组成部分，具有平等的地位，所以人们对待客观环境和其中的各种生物时应当有悲悯之心，在追求自身的生存权利的同时，也要注意保护自然环境。

以藏传佛教为代表的藏族宗教信仰体系、民间的神山圣水崇拜、图腾崇拜等信仰层面的内容，以部落习惯法、政府成文法为代表的制度层面的内容，以及在生产实践当中的具有方法论意义的各种规定，都为藏族草地利用的顺利发展提供了必要的规范。对于普通的藏族群众来说，这些规范更多地以习俗、禁忌的形式得以体现。藏族的许多禁忌都以明确的规定说明了在日常生活中"可为"与"不可为"的问题，如禁止乱采滥挖、禁止在神山上捕猎、禁止污染泉源与河流、禁止捕捞水中动物、禁止食用某些特定动物等。

  （关于什么事情不能做）我知道的就是不能在泉水里面乱扔垃圾，会惹神不高兴的；不能在山上放火，必须要用火的话也要注意不能把草原烧了；有些地方我们不能去，特别是高山上面，那边那座山，我们就不去；不能在田里面骂人；不能吃水里的东西；要是不小心做了不该做的事情，就要赶紧找喇嘛来念经。……好多我现在都想不起来了，我们就这么做，有时候要是真让我说为什么，我也说不好。（GSTJ，男，39岁，斯布村，牧民）

  在日常生活中，普通藏族群众很可能无法系统描述传统文化中规定的各种行为规范，但是这并不影响他们遵循这些规定，因为对他们来说，这些规定已经成为其日常生活的一部分，通过民族成员共同的历史记忆不断地在代与代之间传递，建立在这种规范基础上的行为已经成为自然而然发生的事情，即使有很多普通藏族群众不能很好地将其表达出来，但这并不影响他们践行这些规范。

  又如藏族保护植被的规定。植被是衡量草原质量高低的重要标准，因此藏族人民采取各种措施禁止乱采滥挖的行为，以达到保护草原的作用。"藏族将草原上的一些植物视为大地的圣物，或者神灵的特殊表现形式。认为如果挖了它们，就会触怒神灵，招致灾祸，因而禁止采挖。"[①] 又如藏族放牧过程中的轮牧的规定，则有效地起到了防止过度放牧的作用，尤其是在历史上的人口较少、牲畜规模较小的阶段，这种放牧模式的合理性尤为突出，不仅保证了藏族可以充分地利用草原生态，同时也使草原的生态环境得到了休养生息的机会，维护了生态环境的平衡。在历史上，不同的部落都规定了草场迁徙的时间，如果违反了相关的规定，就会受到惩罚。1959年以后，尤其是随着牧民定居工程的实施，牧民固定居住地点之后，随着草场变化的季节性迁徙放牧出现了松懈，曾经以游牧为生的甲

---

① 何峰主编：《藏族生态文化》，中国藏学出版社2006年版，第441页。

多村居民就在很长一段时间内过度集中在定居点周围放牧，近年来甲多村又重新制定了草场迁徙的同一时间和相关的管理规定，并制定了相应的惩罚措施，传统的地方性知识又以新的形式重新发挥着作用。

> 我们村的草场大得很，从后面的山里一直到前面的路还要过去，都是我们村的草场。以前我们放牧的时候就在离家近的地方，不喜欢去太远的地方，离家远不方便，好多人都不愿意去山里（放牧）。其实山里的草长得还比这好，因为去吃的牛羊少，它有时间（生）长，村子附近的，你想想，天天被牛吃呢，能长得好吗？后来我们村上规定了每年必须要到山里去一段时间，从2000还是哪一年，就这么规定了，要是不去还罚钱。我们家现在年年都到山里去，时间长的从7月底上去，到10月了才下来，我们去两个月吧，冬天我们不怎么去，山上太冷。在山里面放的时候就只带牛上去，特别是冬天。这么放了几年，（定居点附近的）草地比以前要好多了，牛羊吃得少了，而且山里的草也不浪费了。（GMGJ，男，42岁，甲多村四组，牧民）

传统藏族游牧文化中的定期迁徙草场的制度在现代甲多村社会被重新加以改造，以基层社会组织——行政村为单位，对村民的生产活动进行管理。在这种管理体系中，既有行政村的权威，也有民间道德伦理的约束，通过行政和文化的双重约束规范村民的行为。村委会在这个过程当中充当了规则制定者和监督者的角色，其权威性不亚于传统藏族社会的部落领导者。违反相关规定的村民，将罚款交给村委会，村委会则使用这笔罚款作为表现良好者的奖励或村中集体事务必要支出的经费。经过实践之后，村民发现了其中的优点，所以也乐于遵守，在实际生产生活中，村委会居中协调的职能逐渐取代了监督者的职能（但并不意味着村委会的监督职能已经消失）。

民族文化的存在为藏族群众的意识和行为提供了具有指导意义的原则和规范的引导，使之保持在一定的范畴内。通过影响藏族的思想观念、劳动生产、生活消费、社会交往以及其他文化活动，实现了行为方式和内在价值的统一，对草地及其相关资源的开发利用来说，起到保护诸如土地资源、水资源、野生动植物资源等自然资源的客观作用，维持草地利用的持续性发展。

(二) 重视利用藏族优秀传统文化

"从人与自然关系角度看,人类社会的发展从根本上说是文化的发展,文化是人类主体力量对象化于自然的确证,人类实践的结果形成了文化,构造完全不同于自然的属人世界。因此人类社会实质上就是文化社会。"① 所以,提倡文化自觉,通过发挥藏族文化本身所具有的生态保护功能,对于与藏族社会的和谐发展以及这种发展的可持续性来说,都是具有极大帮助的。

文化在民族的形成和发展过程中具有决定性的作用,民族文化则可以被视为民族最根本的特征。长期生活在青藏高原上的藏族群众对高原的自然环境有独特的认识和见解,他们所选择的生存方式与周围的自然环境相适应,并且创造出了一套系统的文化体系。现代藏族文化即是在"松赞干布统一青藏高原的过程中,在象雄游牧文化与雅隆农业文化等的结合过程中逐渐形成和发展起来的"②,在融合了周边民族的文化因素之后,藏族文化逐渐形成今天的规模。藏族利用草地的方式,即其游牧方式、农耕方式是其传统文化的一个重要的组成部分。藏族优秀传统文化是藏族群众在认知客观世界的过程中对长期以来的生产生活经验的总结,其中凝聚着诸多合理的科学成分,在其传统的草地利用方式之中,蕴含着生态保护和可持续发展的朴素哲理。

随着藏族社会经济的发展,藏族群众也越来越多地被卷入市场经济的浪潮之中,希望创造更多的社会财富,提高自身的经济水平,享受现代文明带来的优越生活,他们拥有这样的权利。在这种社会变迁的背景下,藏族群众更多地着眼于在技术理性的指导下通过对自然环境的改造创造能够满足需要的物质生活条件,但是在这个过程中,其传统文化中所提倡的人与自然和谐相处的各类知识被有意或无意地忽略,因此造成的自然环境的恶化,不同程度地阻碍着藏族生存和发展环境的改善。

民族心理的形成和发展同样受到文化的影响,"民族文化是民族心理的外化,而民族心理是民族文化的内化,二者是相互转换的"③。民族心理具有相对稳定的特征,一经形成,就不容易改变,更重要的是,民族心

---

① 唐婷、陈先奎:《文化自觉视阈下的生态文明转型》,《广西社会科学》2013 年第 5 期。
② 许广智:《西藏传统文化与社会可持续发展的关系》,《西藏研究》2007 年第 4 期。
③ 张世富:《民族心理学》,山东教育出版社 1996 年版,第 73 页。

理在形成之后，会对民族生活的方方面面产生不同程度的影响，它指导着民族成员对客观世界的认知方式、思维活动以及日常行为，最终通过民族成员在日常行为中的言行举止得以表现。就其深层而言，藏族牧民在日常生活中的行为是与其民族心理和民族文化相对应的，这些行为作用于自然环境之后，对草原生态产生了正反两方面的影响。

藏族传统的草地利用和管理模式与其独特文化背景具有很高的兼容性。"人类的社会行为始终受到各种知识系统的规约和引导，除了普同性知识外，各民族各地区的地方性知识，一直在潜移默化中规约和引导着不同人们群体的社会行为。"[①] 因而，从民族文化层面厘清藏族传统草地利用和管理系统的特点，发现其中的合理因素并将其与正在进行中的改良实践相结合，可以使新的草地利用和管理模式与传统文化良好地契合为一体，使其与藏族的民族心理相适应，以达到更容易为藏族群众所接受的目的。

（三）借鉴他文化中的有益成分

在长期和自然相处的过程当中，我国各民族都形成了具有自身特点的生态保护知识，其中一些民族的生计方式（如蒙古族、裕固族、哈萨克族等）、文化背景（如蒙古族、裕固族、门巴族、珞巴族等）等与藏族也具有较高的相似性。同时，这些民族在历史上一直具有较多的交往，因此，他们的生态保护知识也可以为藏族的草地利用过程提供借鉴。从历史上看，藏族社会一直具有较高的开放性，正是在与周边民族的交往和共同生活中，藏族创造了丰富的物质和文化成果，现在我们看到的藏族文化，就是在与其他民族文化和其他文明的交往过程中不断发展和壮大起来的。这种开放性使藏族群众容易接受新鲜事物，尤其是对其自身发展有利的新事物。

社会的不断发展使藏族社会的开放性不断增加，在客观上促使现代社会中的藏族文化与其他文化的交往也在不断增加，而藏族文化自身的开放性，则为藏族吸收和借鉴其他生态知识中的有益成分提供了良好的前提条件。事实也证明，不同文化之间的共性正在逐渐凸显，而且藏族和我国其他民族一样，都是生活在社会主义大家庭中的成员，共同建设社会主义文化是其共同的追求，在这种共同的追求下，藏族与其他民族之间的文化交

[①] 杨庭硕：《论地方性知识的生态价值》，《思想战线》2004年第3期。

往和吸收借鉴会更加顺畅。

  主张地方性知识并不意味着对具有普遍性意义的科学知识的否定，在挖掘地方性知识作用的同时，对科学知识的接受与吸纳同样需要人们的实践。现代科学技术的研究已经证实，目前西藏农牧业生产过程中仍存在过度放牧的问题。在人口较少的历史阶段，由于人口总量的原因，牧畜的总量较少，此时扩大牲畜规模并不会对生态环境造成太大的影响，因为此时自然环境仍能够承受当时的牧畜规模；现代藏族社会，由于医疗卫生、生活水平等各方面都有了很大的提高，人口的规模不断扩大，牲畜的规模也随之增长，各地的放牧规模都不同程度地超出现有自然条件的承载力。在经过一系列的研究之后，政府和科研机构提出了控制载畜量，实行退牧还草、退牧还林等利于保护高原生态的措施。由于传统观念的影响，部分藏族群众对此并不支持，仍希望保持和扩大牧畜的放牧规模。虽然通过政府行政手段，退牧还草、还林，降低牧畜规模，实行生态保护等政策都得到了推行，但是在推行中，由于部分群众的不理解，这些政策、措施的推行遇到了不同的阻力。从目前的实践来看，通过长期的教育、宣传，以及与上述政策相配套的生态补偿政策等的实施，使藏族群众不仅明白了降低牲畜规模的重要性和现实意义，同时也使他们减少了对未来生活不确定性的担忧，从而能够更加积极地配合相关的实践活动。

  "文化自觉是一个充满实践意向的理论概念，或者说，是一个富有理论深度的实践理念。它既强调各类人群对其所属文化及其他文化进行独立的精神探索和深刻反思，也满含进行文化改造和创新的行动意志。"① "维护人类的生态安全当然需要各种工程维护措施，但更需要的却不是单一的对策，而是协调一致的可持续社会行动。协调的社会行动又只能建构在并存的各种社会行为之上。"② 文化自觉最终需要依靠文化实践的自觉得以实现，吸收和借鉴其他生态保护知识中的有益成分，可以使自身的实践活动具备更多的借鉴和可参照物，对藏族草地利用的过程而言，可以减少生产生活中出现违背人与自然和谐发展的负面因素。

  生态系统的整体性决定了生态保护工作并不是某一个民族或者某一个地区可以单独完成的。从文化制衡的角度来说，"文化制衡是在人类文化

---

① 王学兵：《文化自觉：一个满含实践意向的理论概念》，《思想战线》2008年第4期。
② 杨庭硕：《论地方性知识的生态价值》，《思想战线》2004年第3期。

总体系内展开的，在这些点上的具体文化可以存活、延续与壮大，但必须接受来自异种文化的制约，并需要其他异种文化为其提供存货和延续的条件"。①"生态文明转型是一个全球性进程，而不是中国自己的事情，那么文明转型中的文化价值宣传也应该具有全球性视野，力求从人类全局的价值视角去思考问题。"②藏族草地利用过程中的生态保护以及利用方式的可持续发展也不仅仅是藏族自身的责任，更不是仅仅依靠藏族自己就可以顺利完成的。社会经济的发展使人们对自然资源的诉求不断增加，西藏地区则储备了大量的自然资源，因此开发和利用当地的资源无疑可以带来巨大的利益，促进社会发展水平的提高。但是，社会发展水平的提高也不仅仅是经济水平的提高，必须重视整体的发展，包括生态文明的建设。只有不同民族、不同社会力量的共同参与，才可以使西藏的草原生态获得更好的保障，使其获得可持续发展的能力。

（四）顺应藏族的民族心理需要

"在现时代，影响民族基础的主要是文化因素，文化的最根本标志在于文化心理层面的区别。亦即在文化因素中具有核心意义的是心理层面的因素，是心理文化。"③ 生活在青藏高原的藏族群众，基于共同的物质和精神生活，通过自己的生产生活实践，造就了特殊的生态文化，在这种文化的影响之下，形成了具有相对稳定性和独立性的心理特征，"民族共同体的心理融会在其载体——共同的物质和精神生活之中，不同的民族共同体心理又铸就各具特色的民族物质和精神生活"。④ 藏族群众在这种共同体心理的基础上，指导着自己的活动，凝聚、整合本民族的民族心理特征，规范社会的运行。作为社会的存在物，藏族与青藏高原的环境无时无刻不在发生着联系，自然地理的因素对藏族的生存和发展作用巨大，在这种背景下，藏族的民族心理特征中，生态保护的伦理思想得以产生和发展，使藏族和青藏高原的自然环境建立起紧密的联系。

随着人们对西藏地区的开发力度不断加大，当地工业化程度和市场经

---

① 罗康隆：《文化适应与文化制衡：基于人类文化生态的思考》，民族出版社2007年版，第192页。
② 邹广文、王纵横：《当代中国生态文明转型的文化解读》，《人民论坛》2011年第1期。
③ 李静：《民族心理学》，民族出版社2009年版，第9页。
④ 同上书，第143页。

济水平不断提高,工业化在提高西藏经济水平的同时,不正确利用自然资源所引起的资源枯竭、生态破坏、环境污染等问题却给当地的自然环境带来威胁。社会发展同样带来了藏族生活方式的变迁,客观情境的差异会导致特定场合下的民族心理产生不同特点的具体表现。周围环境的变化刺激作用于藏族群众时,会对其民族心理产生影响,伴随着社会文化的变迁,其民族心理出现了不同于以往的特征,例如部分藏族群众就产生了随着经济意识兴起而导致的生态保护心理的淡化。

为改善藏族生活环境,保护西藏的生态环境,各级政府机构实行了一系列的措施,如为改善藏族居住环境而制定的牧民定居的方针、针对高原鼠害而实行的灭鼠行动、为降低草原生态压力而采取的禁牧和草畜平衡的政策等。这些政策都取得了不同程度的成绩,通过牧民定居,曾经逐水草而居的藏族牧民不仅提高了生活水平,而且众多其他社会发展的指标都获得了进步;随着灭鼠行动的展开,高原鼠害的危害程度得到了不同程度的缓解;草畜平衡和禁牧的执行,确实改善了草原生态系统的质量。但是,这些措施对于牧民传统的生产生活方式以及与之相适应的心理特征来说,是新鲜事物,需要他们经历一个重新适应的过程。因为在原有生存环境下,藏族牧民通过与客观事物、社会以及他者之间的互动,使生活环境中的各种能够接触和注意到的存在物具有了特殊的意义,并以此为依据对其采取行动,形成独特的文化面貌和民族身份的认同。上述这些政策、方针或措施,与藏族原有的意义体系明显是相悖的,所以,需要他们经历一个重新加以认知的过程。

"任何一种本土生态知识都必然具有明确的文化归属性,仅流行并且实际应用于特定的民族内,仅适用于特定的自然与生态系统中,以至于任何一种本土生态知识的价值取向、解释系统和逻辑推导都附属于特定的民族文化。"[1] 因此从民族心理中文化认同的角度来说,地方性知识取得民族成员的认同,内化为特定民族精神生活的范畴之后,会对民族成员的社会生产与生活产生影响,在其日常生产和生活中表现出相对一致的行为。藏族群众对民族文化当中有关生态知识的认同心理,提高了传统知识的地位和作用,在民族成员将其升华为民族文化、民族心理的组成部分之后,对民族的认同影响着藏族对地方性知识的认同,这又反过来加强了藏族地

---

[1] 杨庭硕、田红:《本土生态知识引论》,民族出版社2010年版,第9页。

方性知识在民族成员心理中的地位和约束力。

新的草地管理措施和利用办法在一定程度上改变了牧区藏族固有的生计模式和生活空间,传统文化和民族心理结构也出现了新的变化,这些因素都使得他们原有认知结构的基础被打破,其民族心理也出现了重新解构的取向。社会认知是社会行为的重要基础,社会认知的结果在一定程度上调节着人的社会行为。对生活于其中的人来说,客观社会世界具有特殊的意义和关联结构,人们依靠在意识中对其做出反应进行思考并开展活动,在现实世界发生变化的情况下,这些"现有的知识"不足以为藏族解释这些全新的社会事实提供足够的"参照图式",他们必须重新认识社会事实以储备足够的经验来应对。这个重新解构的过程将影响到新的草地管理政策和措施能否顺利地建立并实施,所以,在制定和施行生态保护的方针政策并将其付诸实践的过程当中,应当对藏族固有的民族心理特征加以重视,促进生态保护的实践与藏族的民族心理特征相适应。

(五) 发挥藏族草地保护利用的主观能动性

藏族是西藏草地利用最直接的参与者,他们长期以农牧业生产作为生计方式的主要来源,对草地利用和草原生态环境有最直接的认知。当前在西藏地区实行的与草地利用有关的各项生态保护政策,从制定到施行都由政府占据主导性的地位,牧民的主观能动性发挥不足。各项与草地利用有关的经济发展、生态保护政策的概括性,使其在总体上能够大致适应社会发展的需要,但是在藏族社会总体一致的特征之下,其内部各组成部分之间的异质性则使得这些统一的政策措施表现得无法完全适应社会现实。牧民的积极性和主动性没有得到有效的调动。

1984年的第二次西藏工作会议之后,西藏开始执行土地、牲畜的家庭承包经营,2005年又开始全面地执行草场家庭承包经营的规定。这些政策的执行,都是为了调动农牧民的生产积极性,同时,也是为了促进牧民更好地保护草场和草原生态环境。耕地和牲畜的承包,的确增强了农牧民的生产积极性,在调查中,一些牧民将牲畜承包的过程称为"解放",因为在他们看来,这与西藏民主改革时期的政策有同样的效果,都使自己的生活得到了明显的改善。草场的承包则不然,虽然草场承包与草原退化的关系仍有争论,"反对草原承包的人认为承包导致了原有游牧方式的停止,这是草原退化最重要的原因,而支持草原承包的人则认为草原退化是因为承包没有被真正落实"。① 从实践效果来看,牧民对草场承包的积极性并不高,斯布村和甲多村的很多牧民甚至并不清楚草场承包的真正含义,除了在领取生态补偿时作为依据之外,《草场承包经营权证》对他们来说也不具有多大的实际意义,一些牧民则将其理解为国家给予的某种福利,具有象征性的意义,把承包证端正地摆在佛像的下面。在实际操作过程中,牧民仍是以公用草场的形式进行放牧,在一定程度上延续着传统的放牧形式。

牧民的生产和生活行为对青藏高原草地的影响是最直接的,二者之间存在紧密的联系,将其视为高原牧区的真正主人并不为过,而为了保护青藏高原生态环境所采取的各项措施,都会不同程度地影响牧民的利益;同时,保护高原生态的大多数措施又需要由牧民来最终实施,在自身利益受到负面影响的前提下,牧民实践生态保护措施的行为会缺乏积极性。从这个角度来说,当前各种社会力量在保护草原环境的过程中首先应当考虑的因素,需要将如何维护牧民的切身利益纳入其中,以达到提高牧民积极性的目的。但如果只是单纯地把牧民视为保护高原生态环境过程中一系列行为的牺牲者,从而只是简单地通过外部补贴对牧民进行补助,却在制定高原环境保护措施的决策过程中将牧民排斥在外,并不能真正地调动牧民的积极性,有时甚至会消极对待保护高原环境的要求,使其转向草原环境的"消极破坏者"的行列。

此外,还应当注重通过宣传、教育强化藏族群众和决策者对文化、环境、草地可持续利用等因素的科学认知。人类的环境行为依赖于在人类的教育和社会化过程中于心理上形成的基本价值和观念,这种教育和社会化受到特定时代下社会特征的规约。处于不同时代,接受不同教育和社会化过程的人对待环境的态度和价值观都是不同的。藏族历史上对人与自然和谐相处的提倡,使社会成员广泛重视保护自然环境,并以地方性知识的形式在代与代之间进行传承。现代藏族社会结构较历史上已经发生了较大的变化,例如其教育方式就已经由宗教色彩浓厚的寺院教育和世俗教育转变为现代的学校教育,社会经济和科学文化的发展也导

---

① 王晓毅:《生态压力下的牧民与国家》,《公共管理高层论坛》(第7辑),南京大学出版社2008年版,第258—269页。

致生态环境传统的神圣性程度降低，以人类中心主义的价值观念、消费主义的生活方式同样在影响着藏族社会，藏族群众"经济人"的属性逐渐增强。

社会的发展需要人们发挥"经济人"的作用，社会的可持续发展也要求重视生态保护，因此需要人们同样要重视"生态人"的属性。"生态人"是人类向自然的延伸，从广义上来说，具备生态意识，在社会活动过程中能够尊重自然，通过主观的生态保护意识约束个人与集体的行为，在经济和社会发展过程中实现人与自然的和谐相处，实现社会的可持续发展，这样的个人或是群体都可以称为"生态人"。"生态人"的属性并不是简单地对生态保护的强调，而是强调在经济开发过程中应当对生态环境的保护予以同样的重视，不能以牺牲生态平衡作为社会发展的前提。藏族群众对生态环境保护的历史由来已久，社会经济的发展使现代社会的部分藏族忽视了生态保护的重要性，自身文化水平有限则限制了他们科学地认识到生态环境与经济发展之间的系统联系。通过教育的方式，可以使藏族和其他民族的群众更好地认识到在经济性之外，人类还应当注重自身的生态性，改变在经济发展过程中的盲目性，建立对待生态环境的科学态度。

牧区牧民有些受教育程度不高，从而在一定程度上限制了藏族群众对环境问题和生态保护的理解，对政府制定的各种方针政策的理解也受到影响。在斯布村和甲多村，文化水平较高的的藏族群众对生态环境保护的理解以及对藏族地方性知识中生态保护内容的了解程度，往往高于教育程度较低的那部分群众，受过寺院教育的出家人，对生态知识的了解程度则更高。这也解释了普通藏族群众难以系统表达其民族文化的原因。通过发展教育提高藏族牧民的科学文化水平，有利于提高藏族群众对生态环境问题、生态保护政策和法律制度、地方性知识中的生态知识等知识体系的认知和支持，提高其在生产生活中的行为自律性和对生态保护的关心程度，促进藏族群众思想观念和行为方式的环境友好性。

在草地利用的过程中保护青藏高原的生态环境，要实现青藏高原环境特征的认知、人与自然和谐相处的心理、如何保护环境的技能以及将这些付诸行动的实践四者的统一，因此无论是学校教育还是社会实践中的教育，都需要将上述知识融会于其中，进而提高生态知识教育的科学性。

注重通过环境教育促进公众保护生态环境的同时，也不能忽视提高决策者在制定和实施相关环境方针政策时的科学性。决策者作为权威的环境管理主体，制定的各种政策、法律、方针等都具有强制性管理的特征，随着政策的执行，会对环境造成直接的后果，因此，决策者在制定政策之前，必须对环境保护、地方特征（包括环境特征和人文特征）等相关知识都要有系统的、科学的认知，这样才能够提高具体措施的科学性、适应性，才真正可以达到保护环境的目的。

结　语

本书以拉萨墨竹工卡县斯布村和当雄县甲多村这两个位于西藏农牧过渡地带的藏族村落作为研究对象，在田野调查的基础上对当地藏族草地开发利用过程中的民族文化因素进行了梳理，并从理论层面对其进行了分析，认为其文化在当前草地可持续利用和社会可持续发展的实践过程中，仍能够发挥积极的作用。

一　作为资本的藏族文化

简单而言，我们可以将斯布村和甲多村社会中存在的与草地利用有关的文化归纳为以下几点：其一，尊重自然、追求与自然和谐共生的生态伦理；其二，宗教及其影响下的圣境文化，以神山、圣水信仰为典型；其三，适应自然的循环经济生产方式；其四，对自然环境的认知；其五，以保护生态、维护社会发展秩序为目的的村规民约；其六，社会治理中的地方性组织；其七，存在于历史记忆中的生态智慧和技能；其八，本土化了的异文化，即被当地藏族接纳和采用的外来文化因素。

我们认为，以上种种均构成了当地藏族社会发展所需的文化资本，它是当地藏族长期社会行动的结果，是经过在特定生境中"当地人"的主动选择而产生和积累下来的人类劳动成果，同时，它也是人类进行下一轮社会实践的起点。这些文化资本对于当地社会的发展来说，居于核心的地位，构成了当地社会发展所需诸资本的根基和纽带。斯布村和甲多村藏族的文化资本和社会实践之间，构成了一个系统的、能动的文化生态空间，在这个空间内，文化资本的诸要素之间、文化影响下的人类实践之间以及二者与社会和生态环境之间，形成了互相制约、互相解释、互相指涉以及互相循环发展的有机系统。上述这个系统构成了文化资本发挥作用的基本场域，其中的诸要素都受到文化资本的影响，因而，研究草地的可持续性利用、生态系统的稳态延续以及社会系统的可持续发展诸实践都必须对文化资本加以重视。

二 藏族文化对生态系统的适应

无论是斯布村和甲多村的藏族还是任何其他民族，维护生存环境内的生态平衡都是适应生境、稳定栖息环境需要面对和解决的重要前提，斯布村和甲多村藏族的文化当中具有许多为达到这一目的而产生的措施：用朴素却系统的生态伦理指导社区居民的日常生产、生活行为，最大限度地保证人与自然的和谐相处；采用畜牧与农耕相结合的草地利用方式，根据地形、海拔和气候的变化最大限度地寻求资源利用的合理性，体现在当地农耕/畜牧的品种、生产制度以及生产技术等一整套生产范式中；利用宗教和禁忌的力量弥补行政力量的不足，约束人们的行为，尽量减少人们对自然的影响；利用民间组织的力量发挥社会治理的作用，通过其中的乡规民约将人们的行为限定在合理的范围之内。"藏族文化是在长期的历史发展过程中经过特殊进化积累的结果，其文化与生境之间呈现出多层次多形式的综合适应状况。"[1] 斯布村和甲多村的个案也证明了藏族文化对其生活环境的适应，绝非单一的、孤立的应对，而是建立起了一套综合的、系统的适应体系。

在特殊的生境场域下，藏族数千年来的文化探索和发展使得其传统文化的许多因素被调整得更加适应其生存环境，使藏族文化对生态系统形成高度的适应性。这里所谓的文化对生态系统的适应，所指的是文化的生物性适应，即"一个民族针对其所处生态环境做出的认为信息系统创新和社会程序化，目的是使该民族获得高效利用生物资源和无机资源的能力，并在利用的同时确保所处生态系统的稳态延续"。[2] 斯布村和甲多村藏族文化的生物性适应，不仅使当地藏族的生存能力获得了提升，而且在这个过程中使其对自身所处的生态系统有了更加深刻的认知，积累起一系列的生态智慧、技术和技能，拓展了人们合理利用自然发展生计的能力。

---

[1] 罗康隆：《文化适应与文化制衡：基于人类文化的生态思考》，民族出版社2007年版，第98页。

[2] 杨庭硕：《生态人类学导论》，民族出版社2007年版，第73页。

作为藏文化持有者的藏族群众，文化不断变化发展的过程使民族成员也处在不断的演化发展之中，文化与生态系统趋于适应、平衡的发展趋势，使人与自然之间亦形成动态的平衡体系，文化与生态系统失衡的倾向则会影响人与自然的平衡状态，不利于人的生存、发展。因此，在文化与民族生境的互动过程应当以是否促进二者的协调运动作为前提。

三　藏族文化与草地可持续利用

"文化在处理地球资源上可以从三个方面发挥效用，首先是资源更新上，文化可以促成资源的更新和资源的重新估价。其次，文化可以引导资源向深层发展，提高资源的利用效率。再次，文化之间的交互制约关系可以造成资源利用的总体平衡，避免资源的单项倾斜，提高资源的综合利用效率。"①

藏族文化是斯布村和甲多村草地可持续利用和生态环境保护的宝贵财富和重要资源。从斯布村和甲多村的案例来看，在长期的历史发展过程中，基于人与自然环境的相互依存、相互作用的亲身实践，当地居民创造了丰富的生态文化，如村民中广泛存在的人与自然和谐相处的思想、相对稳定的草场使用权和使用形式、轮耕轮牧的农牧业生产方式、开发利用自然资源过程中的生态保护行为、狩猎禁忌等，都在客观上促进了当地草地的可持续利用，形成人与自然共生互利、和谐相处的良性互动。

利用文化因素实现斯布村和甲多村藏族草地利用的可持续性，其优越性在于它能够较好地与藏族草地利用的实践以及其他社会活动保持联系和适应性，能够从地方文化的角度提供控制对策，并且由于社区成员对本民族文化的认同，能够确保社区成员能动、积极地参与。

必须承认的是，藏族文化当中也存在不利于草地可持续利用和环境保护的因素。这在斯布村和甲多村的生产、生活方式当中有集中的体现：藏族传统的农牧业生产方式虽然注重人与自然之间的和谐相处，但是受制于科学文化水平和生产技能，当地很多牧民都希望通过扩大牲畜的种群规模获取更多的收入，这与藏族传统的财富观念也有一定的关联。近年来斯布

---

① 罗康隆：《文化适应与文化制衡：基于人类文化的生态思考》，民族出版社2007年版，第224页。

村和甲多村草场退化的原因当中，虽然有气候条件变化的因素，但是草场的过载也是不可忽视的原因。社会的发展和人们的实践活动正在使不利于草地可持续利用和生态保护的民族文化因素逐渐被摒弃，这是值得欣慰与坚持的。

四　文化向生态回归的路径选择

"人类社会与地球生命体系并不完全处在同一复杂体系中，人类社会的文化建构仅是以自然生态系统为蓝本，而不是抄写和照搬，因而人类社会可以在一定程度上保持自身的独立性。"[①] 斯布村和甲多村藏族社会的这种独立性决定了他们可以能动地认识、利用周围的自然生态系统，人类社会系统与生态系统之间存在一种并行延续的客观事实。简单而言，人类社会寄生于生态系统，但是又超越自然生态，可以独立地运行，并与自然长期共存，因此二者之间的并行延续会出现一定的偏离，这是必然发生的。当这种偏离保持在一定范围内的时候，人类社会和自然生态之间的关系是和谐、稳定的，二者处于稳态延续的状态下，当这种偏离超出了容许的范围之后，人类社会与生态系统之间的和谐关系便遭到破坏。

值得庆幸的是，人类社会和自然生态系统都是具有自组织能力的复杂体系，二者过度背离导致的问题，可以通过人与自然的相互调适得到恢复。藏族草地利用过程中造成的生态和可持续发展问题，是在社会发展过程中逐渐发生的、人类社会与自然生态之间的过分背离导致的结果。在意识到这一问题之后，人们通过在文化影响下的主动改造，适应生态环境，改变过分背离的不利局面。无论是哪种形式的适应，我们都可以将其本质归结为：人类文化在适应和重构之后对生态的回归，因而文化在其中的作用是不可忽视的。本书认为，文化向生态的回归可以通过文化制衡和文化自觉来实现。

（一）文化协从

文化协从及其机制是一个从人类历史及其文化出发，关注的是人、自

[①] 杨庭硕、吕永锋：《人类的根基——生态人类学视野中的水土资源》，云南大学出版社2004年版，第213页。

然与社会互动中文化的协理意义。在生态与草地利用中提出文化协从的概念，就是认识到环境和文化不是分离的，而是包含着"辩证的相互作用……或谓反馈或互为因果性。生态学观点的两个基本思想是互为因果概念中固有的，即一是环境和文化皆非'既定的'，而是互相界定的；二是环境在人类事物中的作用是积极的，而不仅仅是限制或选择。同时还必须牢记，在反馈关系中环境和文化的相对影响是不同的。据此观点，有时文化起着更为积极的作用，有时环境又占了上风"。[1] 这里我们更关注的是，文化形貌如何与环境特征协变关注的是在藏区的草地利用中，如何发挥文化协从作用。凭借藏族文化的正常运行，发挥其中的积极作用，通过文化的适应和重构应对当前斯布村和甲多村藏族社区的生态环境问题，符合藏族社会与生态这两个复杂系统间固有的运行规律，在互动中实现二者间的耦合。

在文化协从机制的作用下，斯布村和甲多村的藏族文化通过规约当地居民的心理活动和行为方式，促使人们不断地适应当地的生态环境变化，针对特定的生态环境采取相应的实践行为。社会开放程度的增加使当地出现了多元文化的共存，这些多元文化之间的互动和合理利用，有利于促进当地藏族社会与生态系统的稳态延续。在文化协从的格局下，斯布村和甲多村藏族的草地利用方式与生态系统的适应性在不断地增强，正在实现可持续发展的目标。

从民族到具体的社区成员，其主观性赋予了他们认知和改造客观环境的能动性，这一前提给文化协从机制带来了目的性和功利性的特征，这也解释了文化协从在斯布村和甲多村这两个藏族社区发挥作用时所表现出来的"外显性和内隐性"以及"无序性和有效性"。

（二）文化自觉

对于文化向生态回归的意义来说，文化自觉在于促使人们认识到文化中的生态价值。对于文化制衡来说，文化自觉也是制衡作用发生的一个重要前提。文化自觉功能的实现，需要建立在正确认识文化价值的基础上。现代社会的多元性导致了斯布村和甲多村社区的文化多元性，因此文化自

---

[1] [美] 唐纳得.L.哈迪斯蒂：《生态人类学》，郭凡、邹和译，文物出版社2002年版，第8页。

觉的前提既包括对本地区、本民族文化的认知，也包括对异文化的正确认知。在正确认知的基础上，对藏族文化加以合理地利用，同时吸收和借鉴其他民族文化中的有益成分。需要指出的是，不同文化的建构有它自己的价值观和思维方式，因此，不同民族的文化之间具有的只是相对的价值，相互之间并不可能自然而然地达成相互的协调性和兼容性。基于文化的这种特殊性，跨文化的信息交流和借鉴必须建立在对特定对象的充分调查、认知、研究和谨慎对待的基础上。

在大尺度空间内，自然生态系统是无比庞大和复杂的，具体的文化为了确保文化体系能够保证知识的传承和延续，"它就必然要将关注点集中在一个有限的时空域内，在该时空域内建构自身的知识体系，并将这种知识体系视为普遍适用的价值"[①]。在这样的前提下，在某一特定空间内形成的文化及其相关产品与另一种文化之间会形成一定的距离，使二者之间的信息传递和相互借鉴利用产生困难。斯布村和甲多村藏族在草地利用过程中所表现出来的文化体系以及其中所暗含的生态智慧和技能，具有很高的特殊性，对于当地的生存环境而言，它们具有很高的适应性。对于同样生活在青藏高原其他地区的藏族来说，由于相互之间文化背景和生存环境的相似性，互相之间的借用并不会引起太大的问题，但如果将其放入更大的范围之中，如纳入普适性的科学知识系统，或者在其他民族的生产生活中借用，就会产生较大的难度。因此，本书在对斯布村和甲多村进行调查研究后所得出的观点，对于当地社会来说具有较高的适用性，如果要在更大的时空域内使用本书的观点，则需要进行更深入的研究。

五 构建生态文明共同体与草地可持续利用

从构建生态文明共同体的角度思考青藏高原草地的可持续利用，有利于从最大范围调动广大人民群众参的积极性和创造性，共同参与其中，有利于保障从根本上把握青藏高原草地的可持续利用的发展方向，推动相关生态保护和修复实践的科学开展。

青藏高原草地可持续利用所追求的目标，与我国生态文明建设的基本

[①] 罗康隆：《文化适应与文化制衡：基于人类文化的生态思考》，民族出版社 2007 年版，第 219 页。

要求与发展目标是一致的。党的十九大指出,"人与自然是生命共同体,人类必须敬畏自然、尊重自然、顺应自然、保护自然。"① 十九届四中全会进一步强调,"生态文明建设是关系中华民族永续发展的千年大计。必须践行绿水青山就是金山银山的理念,坚持节约资源和保护环境的基本国策,坚持节约优先、保护优先、自然恢复为主的方针,坚定走生产发展、生活富裕、生态良好的文明发展道路,建设美丽中国。"② 青藏高原草地可持续利用的实践,其根本目标同样是为了通过生态文明建设构建生态文明共同体,追求青藏高原人与自然之间的和谐,追求绿色发展、永续发展,追求科学的生态治理,在加强人与自然和谐共生的同时,促进人与人、人与社会的和谐,加强青藏高原各族人民之间的紧密联系,更好地促进中华民族共同体地永续发展。

青藏高原草地的可持续利用,是我国生态文明建设与构建生态文明共同体的有机组成部分。全球生态系统的一体性,决定了我们在处理人与生态环境之间的关系时,任何个人、地区、民族、国家都不可能"独善其身"。我国生态文明共同体的建设,需要全国各地区、各族人民的共同参与。青藏高原生态系统在我国乃至全球生态系统中的重要性,使得青藏高原的生态环境问题不仅会影响到直接生活于其中的各民族,而且关系到整个中华民族和全人类。青藏高原生态治理与保护、生态文明建设的实践,与全国其他同类实践一样,与我国生态文明建设、构建生态文明共同体的实践存在着天然的联系。从这一点来说,我国生态文明共同体建设必然包括对青藏高原生态可持续的关注。

生态文明建设与构建生态文明共同体的实践,为青藏高原草地可持续利用提供了建设方向。"生态文明是指以人与自然、人与人、人与社会和谐共生、良性循环、全面发展、持续繁荣为基本宗旨的文明形态。"③ 青

---

① 习近平:《决胜全面建成小康社会 夺取新时代中国特色社会主义伟大胜利——在中国共产党第十九次全国代表大会上的报告》,中国政府网,http://www.gov.cn/zhuanti/2017-10/27/content_5234876.htm。

② 《中共中央关于坚持和完善中国特色社会主义制度 推进国家治理体系和治理能力现代化若干重大问题的决定》,人民网,http://cpc.people.com.cn/n1/2019/1106/c64094-31439558.html。

③ 潘岳:《以生态文明推动构建人类命运共同体》,《人民政协报》,2018年11月08日第5版。

藏高原草地可持续利用，是构建生态文明共同体实践过程中的一项具体工作，是一项系统性、综合性的工程，不仅涉及具体生态环境的保护与治理，还包括生态文化建设、生态意识培育等，其根本目的，是为了追求青藏高原人与自然、人与人、人与社会等各领域的和谐、持续、全面发展。

十九届四中全会从"实行最严格的生态环境保护制度""全面建立资源高效利用制度""健全生态保护和修复制度""严明生态环境保护责任制度"四方面为我国的生态文明制度体系建设建设提出了基本要求，这为青藏高原草地可持续利用目标的实现提供了理论指导与发展思路。对藏族优秀传统文化的关注，为理解和寻求青藏高原草地可持续利用提供了一种"基于地方性实践的逻辑"，而"坚持和完善生态文明制度体系"的提出，则从国家在场的视角下，提供了实现青藏高原草地可持续利用的"制度性逻辑"。后者是在众多"地方性实践"基础上，结合科学理论与我国整体国情所提出的，兼具实践总结与理论升华的双重性质，既为青藏高原草地可持续利用的实践提出了具体的要求，也指导着人们如何通过各项制度体系的建设，不断促进人与自然和谐共生。

参考文献

一 中文著作

巴沃·祖拉陈哇著：《贤者喜宴》，民族出版社1986年版。

白涛：《从传统迈向现代——西藏农村的战略选择》，西藏人民出版社2004年版。

白涛：《西藏农牧区的变革》，西藏人民出版社2005年版。

曹建军：《青藏高原地区草地管理利用研究》，兰州大学出版社2010年版。

常丽霞：《藏族牧区生态习惯法文化的传承与变迁研究——以拉卜楞地区为中心》，民族出版社2013年版。

次顿等：《西部大开发中的西藏生态环境建设研究》，西藏人民出版社2003年版。

达仓巴·班觉桑布：《汉藏史集》，陈庆英译，西藏人民出版社1986年版。

丹珠昂奔：《藏族文化发展史》，甘肃教育出版社2001年版。

多杰才旦、江村罗布：《西藏经济简史》（上、下），中国藏学出版社2002年版。

多识仁波切：《爱心中爆发的智慧》，兰州大学出版社2005年版。

范远江：《西藏草场产权制度变迁研究》，四川大学出版社2009年版。

费孝通：《江村经济——中国农民的生活》，商务印书馆2001年版。

尕藏才旦、格桑本编著：《青藏高原游牧文化》，甘肃民族出版社2000年版。

尕藏加：《藏传佛教与青藏高原》，江苏教育出版社2004年版。

尕藏加：《藏区宗教文化生态》，社会科学文献出版社2010年版。

格桑本、尕藏才旦：《青藏高原游牧文化》，甘肃民族出版社2000年版。

善慧法日：《宗教流派镜史》，刘立千译，西北民族学院研究室1980年版。

何峰主编：《藏族生态文化》，中国藏学出版社2006年版。

华热·多杰：《藏族古代法新论》，中国政法大学出版社2010年版。

黄万伦编著：《西藏经济概论》，西藏人民出版社1986年版。

江帆：《生态民俗学》，黑龙江人民出版社2003年版。

绛求坚赞：《朗氏家族史》，赞拉·阿旺等译，西藏人民出版社1989年版。

李亦园编：《文化人类学选读》，食货出版社1980年版。

李静：《民族心理学教程》，民族出版社2006年版。

李静：《民族心理学》，民族出版社2009年版。

吕大吉：《宗教学通论新编》，中国社会科学出版社1998年版。

吕昌河、于伯华：《青藏高原土地退化整治技术与模式》，科学出版社2011年版。

罗大文：《社会学视野中的和谐社会建设转型社会进程中的冲突与和谐研究》，陕西人民出版社2009年版。

罗康隆、黄贻修：《发展与代价》，民族出版社2006年版。

罗康隆：《文化适应与文化制衡：基于人类生态文化的思考》，民族出版社2007年版。

罗莉、拉灿：《西藏50年·经济卷》，民族出版社2001年版。

罗荣战堆：《西藏的贫困与反贫困问题研究》，中国藏学出版社2002年版。

罗荣战堆、杨明洪等：《西藏农村经济发展研究》，中国藏学出版社2006年版。

梁治平：《清代习惯法：社会与国家》，中国政法大学出版社1996年版。

刘俊哲：《四川藏族价值观研究》，民族出版社2005年版。

刘同德：《青藏高原区域可持续发展研究》，中国经济出版社2010年版。

参考文献

刘岩：《风险社会理论新探》，中国社会科学出版社2008年版。

马鹤天：《甘青藏边区考察记》，甘肃人民出版社2003年版。

马戎：《西藏的人口与社会》，同心出版社1996年版。

马戎主编：《西藏社会发展研究》，民族出版社2011年版。

马生林：《青藏高原生态变迁》，社会科学文献出版社2011年版。

梅雪芹：《环境史学与环境问题》，人民出版社2004年版。

南文渊：《高原藏族生态文化》，甘肃民族出版社2002年版。

南文渊：《藏族生态伦理》，民族出版社2007年版。

全国13所高等院校社会心理学编写组：《社会心理学》（第四版），南开大学出版社2008年版。

冉光荣：《西部开发中西藏及其他藏区特殊性研究》，黑龙江人民出版社2003年版。

仁钦多杰、祁继先编著：《雪山圣地卡瓦博格》，云南民族出版社1999年版。

石群勇：《文化自觉与文化生态保护》，民族出版社2011年版。

石硕：《西藏文明东向发展史》，四川人民出版社1994年版。

石硕：《吐蕃政教关系史》，四川人民出版社2000年版。

时蓉华：《社会心理学》，浙江教育出版社1998年版。

宋蜀华：《中国民族学理论探索与实践》，中央民族大学出版社1999年版。

孙鸿烈主编：《世界屋脊之谜》，湖南科学技术出版社1996年版。

索代：《藏族文化史纲》，甘肃文化出版社1999年版。

佟德富、班班多杰：《藏族哲学思想史论集》，民族出版社1991年版。

索南坚赞：《西藏王统记》，刘立千译，民族出版社2000年版。

王清先：《转轨、转型与发展跨越：西藏农民增收与农牧业发展研究》，中国藏学出版社2006年版。

王天津：《青藏高原人口与环境承载力》，中国藏学出版社1998年版。

王晓毅：《生态压力下的牧民与国家》，《公共管理高层论坛》（第7辑），南京大学出版社2008年版。

王兴先主编：《格萨尔文库》第1卷，甘肃民族出版社1996年版。

温军：《西藏农业可持续发展战略研究》，中国藏学出版社 2006 年版。

五世达赖喇嘛：《西藏王臣记》，刘立千译，民族出版社 2000 年版。

西藏自治区文物管理委员会、四川大学历史系：《昌都卡若》，文物出版社 1985 年版。

西藏社会历史调查资料丛刊编辑组：《藏族社会历史调查》，民族出版社 2009 年版。

徐凤翔：《西藏 50 年·生态卷》，民族出版社 2001 年版。

薛晓源、周战超主编：《全球化与风险社会》，社会科学文献出版社 2005 年版。

杨庭硕、吕永锋：《民族、文化与生境》，贵州人民出版社 1992 年版。

杨庭硕、吕永锋：《人类的根基：生态人类学视野中的水土资源》，云南大学出版社 2004 年版。

杨庭硕等：《生态人类学导论》，民族出版社 2007 年版。

杨庭硕、田红：《本土生态知识引论》，民族出版社 2010 年版。

叶浩生主编：《心理学理论精粹》，福建教育出版社 2000 年版。

尹绍亭：《人与森林——生态人类学视野中的刀耕火种》，云南教育出版社 2000 年版。

尹绍亭主编：《文化生态与物质文化》，云南大学出版社 2007 年版。

尹绍亭：《人类学生态研究中历史与现状》，中央民族大学民族学与社会学学院、中国民族研究中心编《中国民族学纵横》，民族出版社 2003 年版。

于惠：《青藏高原草地变化及其对气候的响应》，博士学位论文，兰州大学，2013 年。

余振、郭正林：《中国藏区现代化——理论·实践·政策》，中央民族大学出版社 1999 年版。

张春兴：《现代心理学》，上海人民出版社 1995 年版。

张济民：《藏族部落习惯法法规及案例辑录》，青海人民出版社 2002 年版。

张济民：《青海藏区部落习惯法资料集》，青海人民出版社 1993 年版。

张江华、揣振宇、陈景源：《雅鲁藏布江大峡谷生态环境与民族文化考察记》，中国藏学出版社 2007 年版。

张世富：《民族心理学》，山东教育出版社 1996 年版。

张天增等：《西藏自治区土地资源评价》，科学出版社 1994 年版。

赵曦：《中国西藏区域经济发展研究》，中国社会科学出版社 2005 年版。

赵曦、周炜：《中国西藏扶贫开发战略研究》，中国藏学出版社 2006 年版。

赵曦、周炜：《21 世纪西藏农牧民增收的途径》，中国藏学出版社 2006 年版。

郑杭生等：《转型中的中国社会和中国社会的转型》，首都师范大学出版社 1996 年版。

智观巴·贡却乎丹巴绕吉：《安多政教史》，吴均、毛继祖、马世林译，甘肃民族出版社 1989 年版。

中国社会科学院民族研究所、西藏自治区档案馆：《西藏社会历史藏文档案资料译文集》，中国藏学出版社 1997 年版。

庄孔韶主编：《人类学通论》，山西教育出版社 2004 年版。

二　中文期刊

巴战龙：《地方知识的本质与构造——基于乡村社区民族志研究的阐释》，《西北民族研究》2009 年第 1 期。

才旦扎西：《初论吐蕃王朝时期的土地所有制》，珠佩译，《西藏研究》1993 年第 3 期。

蔡琼等：《生态人类学的理论源流及其后现代特征》，《黑龙江民族译丛》2004 年第 5 期。

陈爱东、代卫川：《经济学视角下西藏草地退化的成因探讨》，《经济与管理》2011 年第 5 期。

陈利顶、马岩：《农户经营行为及其对生态环境的影响》，《生态环境》2007 年第 2 期。

陈书伟：《藏区世居少数民族就业能力对社会稳定的影响研究》，《西北人口》2013 年第 5 期。

次仁多吉、翟源静：《论地方性知识的生成、运行及其权力关联》，

《思想战线》2011 年第 6 期。

陈心林：《生态人类学及其在中国的发展》，《青海民族研究》2005 年第 1 期。

崔海洋：《生态人类学的理论构架略论》，《贵州民族学院学报》2006 年第 6 期。

崔天兴：《"广谱革命"及其研究新进展》，《华夏考古》2011 年第 1 期。

崔孟宁、朱美玲：《牧民行为与草原生态矛盾机制研究》，《青海草业》2012 年第 3—4 期。

达扎、玉珍：《论西藏农业文明的起源》，《西藏研究》1992 年第 2 期。

范远江：《西藏草场退化的解决途径》，《黑龙江民族丛刊》2008 年第 2 期。

范远江：《西藏草场制度变迁的实证分析》，《华东经济管理》2008 年第 7 期。

费孝通：《反思、对话、文化自觉》，《北京大学学报》（哲学社会科学版）1997 年第 3 期。

顾乃忠：《地理环境与文化》，《浙江社会科学》2000 年第 3 期。

华锐·东智：《浅论藏族的禁忌文化》，《西藏民族学院学报》2007 年第 6 期。

贾秀兰：《藏族生态伦理道德思想研究》，《西南民族大学学报》2008 年第 4 期。

杰安娜姆：《西藏人口与生态保护问题分析》，《西藏科技》2012 年第 10 期。

李静：《民族认知结构研究的心理学取向》，《民族研究》2004 年第 6 期。

李全生：《布迪厄的文化资本理论》，《东方论坛》2003 年第 1 期。

李霞：《文化人类学的一门分支学科：生态人类学》，《民族研究》2000 年第 5 期。

李霞：《生态人类学的产生和发展》，《国外社会科学》2006 年第 6 期。

李雪：《吉尔兹真的错了吗？——吉尔兹认识论原则再探》，《开放时代》2006 年第 2 期。

李志昆：《青海省高原草地生态系统退化的成因分析》，《养殖与饲料》2008 年第 5 期。

林崇德、张文新：《认知发展与社会认知发展》，《心理发展与教育》1996 年第 1 期。

刘俊哲：《藏传佛教生态伦理试析》，《西南民族大学学报》2007 年第 2 期。

刘正刚、王敏：《清代藏族农业经济初探》，《西藏研究》2003 年第 3 期。

卢晖临、李雪：《如何走出个案》，《中国社会科学》2007 年第 1 期。

陆永刚：《生态人类学的研究对象与任务》，《贵州民族学院学报》2006 年第 6 期。

罗康隆：《生态人类学述略》，《吉首大学学报》（社会科学版）2004 年第 3 期。

罗康隆：《论文化多样性与生态维护》，《吉首大学学报》（社会科学版）2007 年第 2 期。

罗康隆：《人类学的生态困境与生态人类学的研究取向》，《吉首大学学报》2007 年第 6 期。

罗康隆：《生态人类学的"文化"视野》，《中央民族大学学报》2008 年第 4 期。

罗康隆：《地方性生态知识对区域生态资源维护与利用的价值》，《中南民族大学学报》2010 年第 3 期。

罗康隆、杨曾辉：《藏族传统游牧方式与三江源"中华水塔"的安全》，《吉首大学学报》2011 年第 1 期。

罗绒战堆：《藏族地区"惜杀惜售"问题的研究》，《西南民族大学学报》2009 年第 11 期。

吕永锋：《地方性知识：作为应用的中国生态人类学实践和反思》，《原生态民族文化学刊》2011 年第 2 期。

麻春霞：《生态人类学的方法论》，《贵州民族学院学报》2006 年第 6 期。

马戎：《试论语言社会学在社会变迁和族群关系研究中的应用》，《北京大学学报》2003 年第 2 期。

马晓琴、杨德亮：《地方性知识与区域生态环境保护》，《青海社会科学》2006 年第 2 期。

南文渊：《藏族牧民游牧生活考察》，《青海民族研究》1999 年第 1 期。

南文渊：《藏族神山崇拜观念浅述》，《西藏研究》2000 年第 2 期。

南文渊：《藏族农耕文化及其对自然环境的适应》，《青海民族学院学报》2000 年第 2 期。

南文渊：《藏族生态文化的继承与藏区生态文明建设》，《青海民族学院学报》2000 年第 4 期。

南文渊：《古代藏族关于自然崇拜的观念及其功能》，《青海民族研究》2001 年第 2 期。

南文渊：《论藏区自然禁忌及其对生态环境的保护作用》，《西北民族研究》2001 年第 3 期。

南文渊：《从现代生态伦理学的发展看藏族传统生态伦理在现代社会中的作用》，《青海民族学院学报》2004 年第 4 期。

强舸：《发展嵌入传统：藏族农民的生计传统与西藏的农业技术变迁》，《开放时代》2013 年第 2 期。

任国英：《生态人类学的主要理论及其发展》，《黑龙江民族译丛》2004 年第 5 期。

邵伟、蔡晓布：《西藏高原草地退化及其成因分析》，《中国水土保持科学》2008 年第 1 期。

石硕：《女国是苏毗吗？——论女国与苏毗之差异及女国即苏毗说之缘起》，《西藏研究》2009 年第 3 期。

宋蜀华：《人类学研究与中国民族生态环境和传统文化的关系》，《中央民族大学学报》1996 年第 4 期。

苏永杰：《试论藏族传统文化与青藏高原游牧经济的相互影响》，《西南民族大学学报》2011 年第 6 期。

谭淑豪等：《公共资源可持续利用的微观影响因素分析》，《自然资源学报》2008 年第 2 期。

唐健：《大学生民族认知特征初探》，《广西民族学院学报》1995 年第 2 期。

唐婷、陈先奎：《文化自觉视阈下的生态文明转型》，《广西社会科学》2013 年第 5 期。

田红：《生态人类学的学科定位》，《贵州民族学院学报》2006 年第 6 期。

王彩霞、郭雅婧、郭正刚：《宗教信仰对人们认知甘南草地功能及管理方式的影响》，《草业科学》2011 年第 6 期。

王大明、颜红波：《退牧还草改善草地生态环境》，《青海草业》2001 年第 3 期。

利华：《"生态认知系统"的概念及其环境史学意义：兼论中国环境史上的生态认知方式》，《鄱阳湖学刊》2010 年第 5 期。

王守春：《地理环境在经济和社会发展中的作用的再认识》，《地理研究》1995 年第 1 期。

王学兵：《文化自觉：一个满含实践意向的理论概念》，《思想战线》2008 年第 4 期。

吴兆录等：《轮牧传统衰退：滇西北藏区亚高山草地退化的人文因素》，《云南地理环境研究》2005 年第 6 期。

先巴：《生态学视阈中的藏族能源文化》，《青海民族研究》2005 年第 3 期。

许广智：《西藏传统文化与社会可持续发展的关系》，《西藏研究》2007 年第 4 期。

闫红霞：《基于生态人类学的西藏原生态旅游研究》，《西藏大学学报》2012 年第 2 期。

晏辉：《伦理生态论》，《广东社会科学》1999 年第 5 期。

杨华军、陈昌文：《西藏人口统计的历史和分析》，《中国藏学》2005 年第 3 期。

杨晨：《藏传佛教寺院经济及其社会影响》，《青海民族学院学报》2007 年第 2 期。

杨庭硕：《论地方性知识的生态价值》，《思想战线》2004 年第 3 期。

尹绍亭：《阅尽山林求学问：人类学学者访谈录之四十五》，《广西民族大学学报》2007 年第 3 期。

尹绍亭、赵文娟：《人类学生态环境史研究的理论和方法》，《广西民族大学学报》2007 年第 3 期。

袁同凯：《地方性知识中的生态关怀——生态人类学的视角》，《思想战线》2008年第1期。

张曦：《生态人类学思想述评》，《云南民族大学学报》2010年第2期。

何群：《生态人类学与地理学、环境史亲和性论辩》，《西北民族研究》2009年第4期。

张静：《"雷格瑞事件"引出的知识论问题》，《清华社会学评论（特辑）》2000年第2期。

张静：《解读吉尔茨——回应李雪的批评》，《开放时代》2006年第5期。

张天华：《浅议西藏牧区能源与草地生态环境的关系》，《环境保护》2001年第2期。

张曦：《生态人类学思想述评》，《云南民族大学学报》2010年第2期。

张志亮：《试论生态人类学对西藏旅游业的意义》，《西藏研究》2011年第2期。

赵好信：《和平解放以来的西藏畜牧兽医事业》，《西藏农业科技》2001年第3期。

赵好信、张亚生、旺堆：《谈西藏草地鼠害及其天敌》，《西藏研究》2002年第1期。

赵好信：《西藏草地退化现状、成因及改良对策》，《西藏科技》2007年第2期。

周雪荣等：《高原鼠兔和高原鼢鼠在高寒草甸中的作用》，《草业科学》2010年第5期。

宗喀·漾正冈布、何乃柱：《地方性知识与藏区和谐社会的构建——以民间或非政府组织为视角》，《藏学学刊》2008年第4辑。

宗喀·漾正冈布、拉毛吉：《探究藏族传统天文历算的渊源》，《西藏大学学报》2011年第2期。

纵瑞彬：《全球化境遇下藏族传统文化的观念整合与价值重构》，《西藏民族学院学报》2008年第5期。

邹广文、丁荣余：《当代中国的文化失范现象及其价值建构》，《社会科学辑刊》1993年第6期。

邹广文、王纵横：《当代中国生态文明转型的文化解读》，《人民论坛》2011年第1期。

邹志伟、侯甬坚：《民国时期拉卜楞寺僧侣制度与甘南藏区环境初探》，《西北人口》2012年第2期。

三 译著译文

［奥地利］许茨：《社会实在问题》，霍桂恒等译，华夏出版社2001年版。

［奥地利］沃杰科维茨：《西藏的神灵和鬼怪》，谢继胜译，西藏人民出版社1994年版。

［德］黑格尔：《历史哲学》，王造时译，上海书店出版社2001年版。

［德］乌尔里希·贝克、约翰内斯·威尔姆斯：《自由与资本主义——与著名社会学家乌尔里希·贝克对话》，路国林译，浙江人民出版社2001年版。

［德］乌尔里希·贝克：《风险社会政治学》，刘宁宁、沈天霄译，《马克思主义与现实》2005年第3期。

［德］乌尔里希·贝克：《风险社会》，何博闻译，译林出版社2007年版。

［法］列维·施特劳斯：《野性的思维》，李幼蒸译，商务印书馆1997年版。

［法］马塞尔·莫斯：《社会学与人类学》，佘碧平译，上海译文出版社2003年版。

［法］石泰安：《西藏的文明》，耿昇译，中国藏学出版社2005年版。

［加拿大］陈淳：《最佳觅食模式与农业起源研究》，《农业考古》1994年第3期。

［罗马尼亚］泰纳谢·亚：《文化与宗教》，张伟达译，中国社会科学出版社1984年版。

［美］本尼迪克特：《文化模式》，王炜译，社会科学文献出版社2009年版。

［美］丹尼尔·米勒：《游牧民族的本土知识及经验对中国西部草原牧场发展策略的重要性》，《草原与草坪》2001年第4期。

［美］克利福德·吉尔兹：《地方性知识：阐释人类学论文集》，王海龙、张家瑄译，中央编译出版社2000年版。

［美］J. 唐纳德·休斯：《什么是环境史》，梅雪芹译，北京大学出版社 2008 年版。

［美］J. D. 道格拉斯、F. C. 瓦克斯勒：《越轨社会学概论》，河北人民出版社 1987 年版。

［美］J. H. 斯图尔德：《文化变迁的理论》，张恭启译，远流出版事业股份有限公司 1989 年版。

［美］J. H. 斯图尔德：《文化生态学的概念和方法》，王文华译，《世界民族》1988 年第 6 期。

［美］马文·哈里斯：《好吃——食物与文化之谜》，叶舒宪、卢晓辉译，山东画报出版社 2001 年版。

［美］梅·戈尔斯坦：《喇嘛王国的覆灭》，杜永彬译，中国藏学出版社 2005 年版。

［美］乔纳森·特纳：《社会学理论的结构》，邱泽奇等译，华夏出版社 2001 年版。

［美］R. Mc. 内亭：《文化生态学与生态人类学》，张雪慧译，《世界民族》1985 年第 3 期。

［美］唐纳德·L. 哈迪斯蒂：《生态人类学》，郭凡等译，文物出版社 2002 年版。

［美］吉洛维奇等：《吉洛维奇社会心理学》，周晓虹等译，中国人民大学出版社 2009 年版。

［美］约翰·B. 贝斯特：《认知心理学》，黄希庭等译，中国轻工业出版社 2000 年版。

［挪威］克瓦尔耐：《苯教及其丧葬仪式》，褚俊杰译，《西藏民族学院学报》1989 年第 1、2 期。

［日］秋道智弥等：《生态人类学》，范广融、尹绍亭译，云南大学出版社 2006 年版。

［日］田中二郎：《生态人类学》，诸葛蔚东译，《世界民族》1987 年第 3 期。

［瑞士］皮亚杰：《发生认识论原理》，王宪钿等译，商务印书馆 1996 年版。

［意］图齐、［德］海西希：《西藏和蒙古的宗教》，耿昇译，天津古籍出版社 1989 年版。

［以色列］S. N. 艾森斯塔德：《现代化》，张旅平等译，中国人民大学出版社 1988 年版。

［英］埃文斯·普理查德：《努尔人》，褚建芳等译，华夏出版社 2002 年版。

［英］埃里克·诺伊迈耶：《强与弱：两种对立的可持续性范式》，王寅通译，上海译文出版社 2006 年版。

［英］安东尼·吉登斯：《失控的世界》，周红云译，江西人民出版社 2001 年版。

［英］安东尼·吉登斯：《现代性的后果》，田禾译，译林出版社 2011 年版。

［英］F. W. 托马斯：《东北藏古代民间文学》，李有义、王青山译，四川民族出版社 1986 年版。

［英］杰拉尔德·G. 马尔腾：《人类生态学》，顾朝林等译，商务印书馆 2012 年版。

［英］凯·米尔顿：《多种生态学：人类学，文化与环境》，仕琦译，《国际社会科学杂志》1998 年第 4 期。

［英］雷蒙德·弗斯：《人文类型》，费孝通译，商务印书馆 1991 年版。

四　英文著作

I. Arnon, *Modernization of Agriculture in Developing Countries：Resources, Potentials and Problems*, New York：John Wiley & Sons, 1981.

Lewis R. Binford, *Constructing Frames of Reference：An Analytical Method for Archaeological Theory Building Using Ethnographic and Environmental Data Sets*, University of California Press, Berkeley & Los Angeles, California, 2001.

Clifford Geertz, *Agricultural Involution：The processes of Ecological Change in Indonesia*, Berkeley & Los Angeles, California：University of California Press, 1963.

S. Chaiken, Y. Trope, *Dual-Process Models in Social Psychology*, New York：Gull-ford, 1998.

J. T. Dreyer, *Economic Development in Tibet under the People's Republic of*

China, *Journal of Contemporary*, 12 (36), August, Carfax Publishing, Taylor & Francis, Group, London, 2003.

ShinobuKitayama, Dov Cohen, *Handbook of Cultural Psychology*, The Guilford Press, New York, 2007.

John Hartley, *A Short History of Cultural Studies*, SAGE Publications, London, 2003.

J.Donald Hughes, *An Environmental History of the World: Humankind's Changing in the Community of Life*, London & New York: Rout-ledge Press, Taylor & Francis Group, 2001.

K.V.Flannery, *Origins and Ecological Effects of Early Domestication in Iran and the Near East*, In: Peter J.Ucko and G.W.Dimbleby (eds): *The Domestication and Exploitation of Plants and Animals*, Chicago: Aldine Publishing Company, 1969.

Mark Q.Sutton, E.N.Anderson, *Introduction to Cultural Ecology* (second edition), Lanham: AlraMira Press, 2010.

William Beinart, Peter Coates, *Environment and History: The Taming of Nature in the USA and South Africa*, London & New York: Rout-ledge Press, Taylor & Francis Group, 1995.

W.F.Keegan, *The optimal foraging analysis of horticultural production*, American Anthropologist, 1986.